哈日情報誌
伊勢志摩

就在伊勢神宮（內宮）旁！

U0076951

& 托福橫丁 BOOK

#oharaimachi

#donburi

也有伊勢神宮的 MAP 唷！

#sweets

#zakka

#akafuku

#nekoneko

#tekonezushi

#okageyokocho

Contents

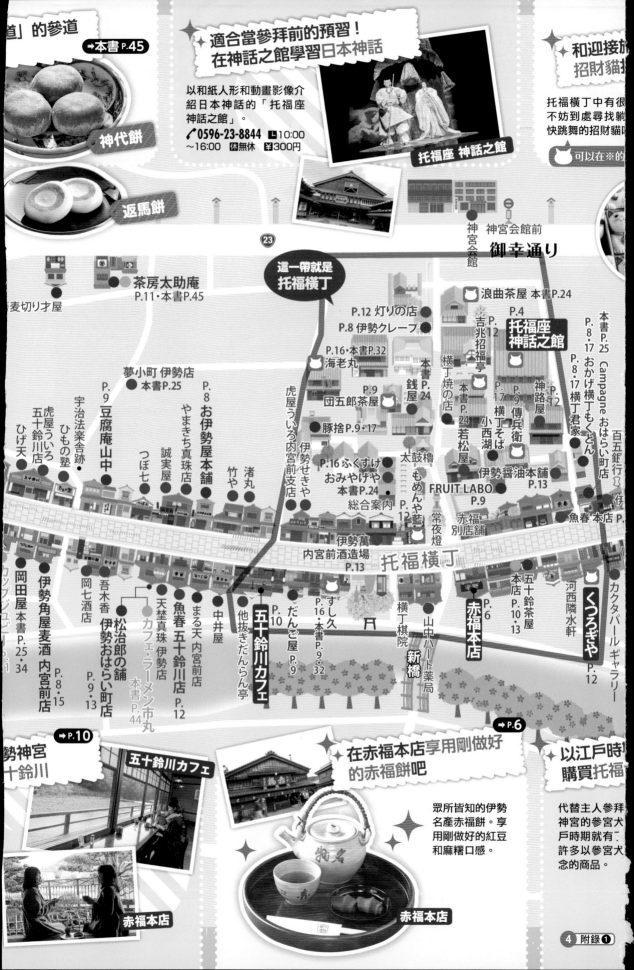

「道」的參道
➡本書P.45

神代餅
返馬餅

✦ 適合當參拜前的預習！
在神話之館學習日本神話

以和紙人形和動畫影像介紹日本神話的「托福座神話之館」。
☎0596-23-8844　🕙10:00～16:00　休無休　¥300円

托福座 神話之館

✦ 和迎接旅
招財貓

托福橫丁中有很
不妨到處尋找躲
快跳舞的招財貓

🐱可以在※的

23

茶房太助庵
P.11・本書P.45

麦切才屋

這一帶就是
托福橫丁

P.12 灯りの店
P.8 伊勢クレープ

浪曲茶屋 本書P.24

托福座
神話之館

本書P.25 Campagne おはらい町店

神宮会館
御幸通り
神宮会館前

夢小町 伊勢店
本書P.25

宇治法楽舎跡
ひもの塾

豆腐庵山中
P.9

お伊勢屋本舗
P.8

やまきち真珠店

誠実屋

つぼ七

竹や

渚丸

虎屋ういろ内宮前支店

伊勢せきや

海老丸
P.16・本書P.32

団五郎茶屋
P.9

豚捨 P.9・17

ふくすけ
P.16

おみやげや
本書P.24

錢屋

本書P.24

吉兆招福亭

横丁焼の店

P.8・17 おかげ横丁もくどん
P.8・17 横丁君家

横丁そば

小西湖

傳兵衛

神路屋
P.9

P.12

ひげ天
五十鈴川店
虎屋ういろ

太鼓櫓

もめんや藍
FRUIT LABO
P.9

若松屋

伊勢醤油本舗
P.13

百五銀行

魚春 本店

總合案內

常夜燈

赤福別店舖

伊勢萬
内宮前酒造場
P.13

托福橫丁

岡田屋本店 本書P.25・34

伊勢角屋麦酒 内宮前店
P.8・15

岡七酒店

吾木香
松治郎の舗
伊勢おはらい町店
本書P.44

天琴真珠 伊勢店

カフェ・ラーメン市丸

魚春五十鈴川店
P.12

まる天 内宮前店

中井屋

他抜きだんらん亭

五十鈴川カフェ
P.10

だんご屋 P.9

すし久
P.16・本書P.9・32

横丁棋院

山中ハート薬局

新橋

赤福本店
P.6

五十鈴川茶屋
本店 P.10・13

河西隣水軒

くつろぎや
P.12

カクタパールギャラリー

➡P.6

勢神宮
十鈴川
➡P.10

五十鈴川カフェ

✦在赤福本店享用剛做好的赤福餅吧

眾所皆知的伊勢名產赤福餅。享用剛做好的紅豆和麻糬口感。

✦以江戶時
購買托福

代替主人參拜
神宮的參宮犬
戶時期就有許
許多以參宮犬
念的商品。

赤福本店

→本書 P.24

...人的
...白照

多招財貓！
著睡覺或愉
...！

店見到喔！

放鬆一下

→本書 P.38

充滿開運能量的猿田彥神社也在徒步圈內！

位於厄除町東側約200m的位置，祀奉能將事物引導至好方向的神明。

宇治浦田町

全長步行約10分左右！

- …購物
- …美食
- …咖啡廳
- …景點

本書 P.25
藤屋窓月堂本店

真珠SAKURA

五十鈴川郵便局

五十鈴塾左王舎

Little Italy

●くみひも平井 P.12

鈴木水産

P.11・13
Ise Fruit laboratory

由里美容室

俵田屋

勢茶翆 P.9

祭主職舎

厄除町通（猿田彦神社側）

神宮道場

松谷ノ世古

白壁の道

香煙香味 酉一本店

へんばや商店おはらい町店

やきもの泰二郎 P.14

浜与本店おはらい町店

村田酒店

五十鈴塾中王舎

五十鈴塾右王舎

東谷商店

藤波の松

ハート石

宇治園

P

13

御師
・蒲田大夫
梅谷ノ世古
の門

藤波長官遺跡の碑

内宮おかげ参道（地下道）

内宮おかげ参道

宇治浦田観光案内所

Family

N

伊勢くすり本舗

宝彩

手こね茶屋本店

とうふや
P.14

市営駐車場
P
P

五十鈴川野遊びどころ

赤福五十鈴川店 P.7・本書P.9
・五十鈴茶屋五十鈴川店

赤太郎ショップ P.7

野あそび棚
P.15・本書P.32

→P.12・本書 P.24

...的風俗為主題！
...犬商品當紀念品

伊勢
在江
。有
為概

只能在這裡找到的夢幻4色赤福！

2018年發售的話題新商品。購買僅在五十鈴川店販售的珍貴商品吧！

→本書 P.9

赤福五十鈴川店

厄除町 & 托福橫丁 是 這樣的地方！

要介紹喵！

先來掌握「厄除町」和「托福橫丁」這2個地區與伊勢市站、伊勢自動車道、伊勢神宮的內宮與外宮呈現什麼樣的位置關係吧！

翻開後可以看到整體的MAP！

伊勢神宮周邊 MAP

就是這裡！

只要先了解這些就沒問題了！ 伊勢參拜與參道的基本資訊

Point 1 伊勢神宮有內宮和外宮！

內宮祀奉約於2000年前鎮守於此的天照大御神，在那之後約500年，建設了祀奉掌管天照大御神飲食的豐受大御神的外宮。兩宮距離約5km。

Point 2 內宮的參道是厄除町

從宇治橋沿著五十鈴川是一條石舖參道。切妻、妻入樣式木造建築相連，手捏壽司、伊勢烏龍麵等鄉土料理和伴手禮店林立。

Point 3 厄除町的中心部有最多店家聚集的是托福橫丁

1993年誕生的街道，集結了伊勢志摩的人氣店。移建並重現了江戶到明治時期充滿情懷的建築物。

走逛 Q&A

Q 推薦的時間是?

A 內宮從早上5點就可以開始參拜了，因此有很多店家很早就會開始營業，像是赤福本店5點開店，早點出發就能避免人潮眾多。另外要特別注意有很多店家17時就關店。每月1日從早上開始人會很多，需特別留意。

Q 有停車場嗎?

A 內宮周邊有一些市營停車場，約可停1800輛。內宮、宇治橋附近的停車場容易停滿，猿田彥神社方向離內宮越遠就越空位。假日等時期參拜訪客較多，可能會因為等待停車場空位而塞車。人潮眾多時也會設立臨時停車場（1次1000円，視時期而異）。「らくらく伊勢もうで」（www.rakurakuise.jp）可及時確認停車場空位狀況。

Q 大概有多大?

A 厄除町是從宇治橋起約800m的石舖道路，路上有許多店家林立。托福橫丁約4000坪腹地，有密集的餐飲店、伴手禮店、體驗設施等櫛比鱗次。

Q 大約要逛多久?

A 如果只是來邊走邊逛街的話約1小時，如果還要吃午餐和找伴手禮，需2小時30分至3小時左右。（不含內宮參拜時間。）年初～2月、週末人潮特別多，行走道路不暢通，吃午餐也可能要排隊，因此建議多預留一些時間。有些店家傍晚早早就會關店，需留意。

搭巴士、自駕交通資訊

◇ 自駕 Car

伊勢西IC

↓ 經由縣道32號・2km／7分

厄除町托福橫丁

◇ 巴士 Bus

搭乘三重交通巴士、CAN巴士

伊勢駅前

↓ 巴士約2分

♀ 外宮前

↓ バスで約15分

♀ 猿田彥神社前
往厄除町猿田彥神社方向步行即到

↓ 巴士約1分

♀ 神宮会館前
往托福橫丁步行即到

↓ バスで約1分

♀ 內宮前
往托福橫丁內宮方向步行即到

參拜伊勢神宮的樂趣♪靠這1張就很足夠了！

厄除町＆托福橫丁的
玩法攻略MAP

網羅厄除町和托福橫丁
所有資訊的方便MAP。
介紹能讓散步時能夠更
有樂趣的各種玩法♪

在不知不覺被稱為「餅街
尋找喜歡的名產餅吧

江戶時期桑名到伊勢的街道
上有很多名產餅店，因此被
稱為餅街道，現在仍有許多
店家還在營業。

太閤餅

勢乃國屋 ●

美し国観光ステーション

乗合自動車
内宮前駅 内宮前

駐在所

本書P.45 太閤餅

P.15 手こね茶屋内宮店

若美屋
茶房山中
だるまや
松山海産店
榊原物産店

二光堂寶来亭
本書P.35

赤福団体案内所

P.13 岩戸屋

布遊舎
真珠珠庵
伊勢宇治園

やまとの姫

天柱真珠
高橋酒店
喜久屋
伊勢型紙
わらじや

定期観光バス乗場

從內宮入口
步行2分

宇治橋
衛士見張所
参宮案内所

宇治橋

伊勢神宮
（內宮）

はまや
海産店

岩戸屋

赤福内宮前支店 P.7

ゑびや大食堂 P.15・本書P.33

牛ステーキ おく乃

和想食ラウンジ香奥

二光堂支店

上地木工所

寺子屋本舗 伊勢おはらい町店
史努比茶屋 伊勢店 P.11・12

白鷹三宅商店

厄除町通（內宮側）

五十鈴川

五十鈴川

ichishina

奧野家 P.14・本書P.35

➜P.14・16

✦ 參拜後一定要吃的
伊勢名產美食

品嘗伊勢烏龍麵、手捏壽司等豐富的伊勢名
產。也有很多座位寬敞的店家。

手捏壽司

想吃各式美食的人，
推薦邊走邊吃！
➜P.8

這裡有很多像是
牛肉串、糰子、
甜點等可單手拿
著吃的美食！可
當作輕食輕鬆享
用。

伊勢烏龍麵

悠閒眺望從伊
流經而來的王

五十鈴川沿岸有
時髦的咖啡廳和
餐廳，是悠閒眺
景的人氣景點。

◆建於明治10（1877）年，可看到伊勢特有的切妻式屋頂

番茶是使用朱色爐灶煮的熱水泡製而成!!

參觀「入餅員」製作赤福餅!

在赤福本店享用剛做好的赤福餅吧

140多年、歷史悠久的建築物和持續310年以上的名產餅

托福橫丁

赤福本店
◆あかふくほんてん

赤福餅是寶永4（1707）年創業以來，連續310年以上深受歡迎的名產。在充滿情懷的本店，除了能享用剛做好的赤福餅，還有伴手禮可購買。

MAP 附錄①4
☎ 0596-22-7000
🕐 5:00～17:00　休 無休

10月中旬～4月上旬限定
赤福紅豆湯　520円
大納言紅豆的高雅甜味是極品，點餐後放入烤年糕。可在本店對面的店舖吃到

經典菜單
歡迎品嘗「盆」
210円
2個赤福餅和香氣濃郁的番茶是經典套餐。由於過去會代替三餐食用，因此使用筷子享用

伴手禮也要CHECK!!

赤福餅「銘銘箱」
2個裝240円
很適合當伴手禮。也有3、6、12、18個裝的組合

赤福餅「折箱」
12個裝1100円
希望可以大家圍著一起吃，因此放在折箱中。包裝紙上畫著伊勢神宮的宇治橋和正宮。也有8個裝

4月下旬～9月下旬限定
赤福冰　520円
淋上微苦抹茶蜜的刨冰，另外還加上和冰融在一起的特製紅豆餡和麻糬

參拜伊勢神宮一定要吃赤福餅。在製作名震全國的名物餅老字號本店不僅可品嘗到傳統美味，莊嚴且充滿情懷的空間也很特殊。季節限定的品項也非嘗不可!

每月1日限定的味道！

赤福本店的朔日餅（ついたちもち）

為了招待每月1日前往伊勢神宮參拜的「朔日參拜」訪客所誕生的朔日餅。除了元旦之外，每月1日限定販售，每月販售不同的餅菓子，因此人氣非常旺盛。包覆朔日餅的包裝紙是版畫家德力富吉郎所設計的伊勢千代紙。

購買方法

◆ **當天購買**
前一天17點起會發放號碼牌，當天早上3點30分用號碼牌兌換隊伍整理券，4點30分按照號碼排隊，4點45分開始販售。

◆ **也可以事先預約**
前一個月的15日起可在本店店面或電話（☎0596-22-2154）預約。之後會寄送介紹信（兌換券），當天再到赤福本店附近的指定地點兌換。

⊙視野良好的緣廊是人氣座位

坐在緣廊 眺望五十鈴川

⊙一整天都會有很多客人 最好一大早來

可以伸腳悠閒坐

6月 麥手餅

麻糬外皮內加入糯麥粉，裡面包黑糖口味的內餡，表面灑上麥粉，樸素又充滿香氣

◆2個裝210円
◆6個裝620円
◆10個裝1030円

3月 艾草餅

麻糬外皮內揉入了過去被稱為「除魔草」的艾草，裡面包紅豆餡。艾草清爽的香氣會在口中擴散

◆2個裝210円
◆6個裝620円
◆10個裝1030円

11月 惠比須餅

以生意之神惠比壽為概念，做出2種仿造小判和鎚子的餅

◆2個裝250円
◆6個裝740円
◆10個裝1240円

7月 竹筒水羊羹

將使用赤福的內餡特製而成的水羊羹放入青竹中的清涼和菓子，口感極佳

◆2個裝310円
◆5個裝780円
◆10個裝1550円

赤福的冷知識

▶**名字由來？**
名字「赤心慶福」中取2字，意思是「以赤子般直率的心為他人的幸福感到高興」。這句話也是現在赤福的經營理念。

▶**為什麼是這個形狀？**
以波浪狀表現五十鈴川的清流。

▶**伊勢小信是什麼？**
放在赤福餅折箱內給客人的信紙。每天內容都不一樣，記載伊勢神宮和季節的儀式。

人氣角色！ 尋獲赤太郎週邊！！

販售昭和38（1963）年誕生的赤福吉祥物「赤太郎」的週邊商品。以赤太郎作為設計的文具、日用雜貨等商品琳瑯滿目，還可和店門口的赤太郎人形拍照留念。

■**紙膠帶**
1捲360円
有很多圖案和顏色都很可愛的紙膠帶。共有6種。

■**赤太郎＆赤福鑰匙圈**
760円
赤太郎和赤福折箱合為一體的鑰匙圈

■**原子筆**
1支360円
畫有赤太郎的彩色原子筆，共6色

念↑
太和
郎大
人尺
形寸
拍的
照赤
留

厄除町（猿田彥神社側）

赤太郎ショップ
◆あかたろうショップ
☎0596-22-7000　**MAP**附錄①3
🕘9:00～17:30　無休

本店人太多時可以到這裡！

厄除町（內宮側）　**MAP**附錄①5

赤福內宮前支店
◆あかふくないくうまえしてん
☎0596-22-7000
🕘9:00～17:00　無休

厄除町（猿田彥神社側）　**MAP**附錄①3

赤福五十鈴川店
◆あかふくいすずがわてん
☎0596-22-7000
🕘9:00～17:30（咖啡廳10:00～）　無休

外宮參道　**MAP**附錄②7 A-2

赤福外宮前特設店
◆あかふくげくうまえとくせつてん
☎0596-22-7000
🕘9:00～17:00

加入珍珠粉
口感Q彈的極品可麗餅

伊勢抹茶可麗餅
550円
餅皮中加入伊勢抹茶，
上面擺滿不會太甜的鮮
奶油、紅豆和蕨餅

這道也很推薦

◆珍珠鹽焦糖‥‥‥‥‥500円
◆結緣巧克力香蕉‥‥550円
◆五十鈴川藍莓&起司蛋糕
　‥‥‥‥‥‥‥‥‥600円
◆冰凍芒果‥‥‥‥‥‥600円
◆珍珠草莓‥‥‥‥‥‥650円

托福橫丁周邊
伊勢クレープ
◆いせクレープ

使用三重縣產麵粉「Ayahikari」的
餅皮內加入具美容效果珍珠粉的可
麗餅專賣店。飽滿的分量、Q彈的口
感和高雅的甜味不分男女老幼都很
有人氣。

MAP 附錄①4
☎ 0596-22-9012
🕐 11:00～17:00
休 無休

↑草莓可麗餅的挖洞拍
照看板也很有人氣

在店內
休息一下
也不錯！

↑從經典口味到獨特口
味都有

↑時髦的店內有吧檯座和
餐桌席

平價便宜！所以
可以輕鬆享用!!

簡便 外帶美食

托福橫丁

厄除町

有各式餐飲店林立的厄除町&托福橫
丁也有很多簡便的美食。方便食用又
價格適中，最適合趁著休息的時候到
處吃！

托福橫丁
橫丁君家
◆よこちょうきみや

正統壽司店，店門口販售的外帶美
食也大受好評。推薦松阪牛握壽司
和伊勢龍蝦湯。

MAP 附錄①4
☎ 0596-23-8850
🕐 11:00～22:00
(20:00～需預約)
休 週三

入口即化的松阪牛握壽司

↑外帶美食在
大門口旁的攤
販販售

松阪牛握壽司 1貫500円
以炙鹽調味的松阪牛放入口中，牛肉
的鮮甜就立刻在嘴中擴散

炸牡蠣串
5顆550円
使用鳥羽產牡
蠣，附特製塔塔
醬。也有2顆的
炸牡蠣串250円

鳥羽產牡蠣
炸物搭配
極品特產酒

神都麥酒 550円
使用伊勢志摩產古代米
（黑米）的啤酒

厄除町（內宮側）
伊勢角屋麦酒 內宮前店
◆いせかどやビールないくうまえてん

剛炸好熱騰騰的大顆炸牡蠣可單手
拿著邊走邊吃。這間店是由特產酒
釀造所直營，因此也能外帶罕見啤
酒的木桶生啤酒。

MAP 附錄①4
☎ 0596-23-8773
🕐 11:00～19:30
(20:00閉店，週四為
～15:00)
休 無休

↑在國際上評價很高
的釀造所

厄除町（內宮側）
お伊勢屋本舖
◆おいせやほんぽ

名產福包內含滿滿的A5松阪牛時雨
煮。100%松阪牛的可樂餅和松阪牛
串也很受歡迎。

MAP 附錄①4
☎ 0596-22-7193
🕐 10:00～17:00
(旺季9:00～18:00)
休 不定休

↑假日會有很多人
來排隊購買福包

加入滿滿松阪牛的名產肉包

福包 400円
鬆軟的包子皮內有滿滿的
甜辣牛肉時雨煮，後勁無
窮的美味

托福橫丁
おかげ横丁もくとん
◆おかげよこちょうもくとん

「伊賀之里 MOKUMOKU手工農場」
直營的三重縣產豬肉料理專賣店。店
內可吃到厚切炸豬排和豚蒲丼，還有
很多外帶美食。

MAP 附錄①4
☎ 0596-24-0910
🕐 11:00～19:30
(20:00閉店，外帶
10:00～)
休 週二晚

分量味道都大為滿足！

香腸圈
500円
大分量的香腸，肉汁飽
滿味美

↑招牌為小豬

托福橫丁
FRUIT LABO
◆フルーツラボ

販售現榨當季水果的新鮮果汁。使用特殊果汁機，讓人可直接攝取水果的營養。水果果凍等甜品也大受好評。

堅持使用當季的新鮮果汁

豆乳巴巴露亞水果 420円
風味溫和的豆乳巴巴露亞上妝點新鮮水果

MAP 附錄①4
☎0596-23-8830
🕐9：30～17：30（視季節而異）休無休
●位於名為「井戸世古」的小巷裡頭

托福橫丁
豚捨
◆ぶたすて

明治42（1909）年創業的老字號精肉店，外帶區可購買黑毛和牛的可樂餅和炸肉排。推薦淋上當地產的醬汁享用。

滿滿的黑毛和牛肉汁！！

可樂餅 100円
僅用胡椒鹽調味，可以吃到黑毛和牛原有的鮮甜美味

除了販售精肉之外，外帶區內還可以吃到正式的料理

MAP 附錄①4
☎0596-23-8803
🕐11：00～17：00（17：30閉店，外帶9：30～）休無休

托福橫丁
傳兵衛
◆でんべい

保持傳統醃漬品的經典味道

製造、販售江戶時期流傳至今的伊勢醃蘿蔔等醃漬品。夏天有嫩蘿蔔葉，夏天有若橘哈密瓜，秋天是柿卷白菜等有很多使用當地季節才的醃漬品。也有很多回流客。

小黃瓜棒 150円
口味清爽的淺漬小黃瓜

店家門前面也有販售當季水果

MAP 附錄①4
☎0596-23-8801
🕐9：30～17：30（視季節而異）休無休

托福橫丁
団五郎茶屋
◆だんごろうちゃや

單手享多汁的松阪牛

↑在眼前的燒烤台現烤

在店內附設的攤販可外帶點餐後現烤的肉汁飽滿松阪牛串。提供現烤熱騰騰的肉串是人氣的秘訣。

松阪牛串 700円
松阪牛和絕配的啤酒套餐為1200円

MAP 附錄①4
☎0596-23-8808
🕐10：00～17：30（視季節而異）休無休

厄除町（猿田彦神社側）
伊勢茶 翠
◆いせちゃ すい

伊勢茶專賣店獨有的濃郁抹茶甜品

伊勢茶專賣店「みょうこうえん」推出的甜品店。可吃到大量使用抹茶、烘焙茶的霜淇淋和漂浮飲料等茶類甜品。

↑茶品無限包（1080円）也很有人氣

大人的漂浮抹茶 650円
使用奢華的高級抹茶，帶點微微苦味的甜品

MAP 附錄①4
☎0596-26-0022
🕐10：00～17：00 休無休

托福橫丁
だんご屋
◆だんごや

懷舊的糰子在味道或分量上都是滿分

使用國產米粉製作的糰子口感Q彈有嚼勁。表面上會留一點焦痕，因此香氣也是讚不絕口。用黑蜜或黃豆粉調味是伊勢流的吃法。

黑蜜糰子、黃豆粉糰子各1支120円
黑蜜有濃郁的甜味，也推薦香氣四溢的黃豆粉

MAP 附錄①4
☎0596-23-8732
🕐9：30～17：30（視季節而異）休無休

↑彷彿古裝劇中會出現的外觀

厄除町（內宮側）
豆腐庵山中
◆とうふあんやまなか

有濃郁的豆味！健康的豆腐甜品

豆腐專賣店經手的甜品店。大量放入豆腐渣的甜甜圈和50％以上使用豆腐的豆腐霜淇淋等全都很健康，口味也很清爽。

豆腐渣甜甜圈 100円
一口大的可愛尺寸也很有魅力

↑復古的外觀也很受女性歡迎

MAP 附錄①4
☎0596-23-5558
🕐10：00～16：00 休週四

厄除町（內宮側）
松治郎の舗 伊勢おはらい町店
◆まつじろうのみせ いせおはらいまちてん

甜味濃郁又溫潤的蜂蜜甜點

養蜂園經營的蜂蜜專賣店。在直接炸的馬鈴薯上沾上秘傳蜂蜜的蜂蜜馬鈴薯特別有人氣。也可以購買罕見的國產蜂蜜。

↑蜂蜜甜品隨季節更換，非常用心

蜂蜜馬鈴薯聖代 HONEY CUBE 880円
在蜂蜜馬鈴薯上加霜淇淋、巢蜜、蜂蜜，季節限定

MAP 附錄①4
☎0596-27-8328
🕐10：00～17：00 休無休

→吧檯席可眺望大自然風景

厄除町（內宮側）
五十鈴川カフェ
◆いすずがわカフェ

窗邊的座位可眺望五十鈴川河流的咖啡廳。除了當地的焙煎工坊特製的咖啡之外，另外也推薦焦糖洋梨慕斯和瑞士卷等甜點。

☎0596-23-9002　**MAP** 附錄①4
🕘9:00～17:00閉店，視季節而異）　休無休

這些也要CHECK
▶ 焦糖洋梨慕斯　　　　430円
▶ 特調咖啡　　　　　　450円
※蛋糕和飲料的套餐可折50円

復古POINT
位於穿過兩間店之間的深處，有隱密之家氛圍的古民宅風咖啡廳，裡面也有地爐

沉醉於咖啡的香氣和復古空間中

和三盆糖和白豆瑞士卷
210円
使用加入白餡的奶油捲起白豆和鹿子豆的瑞士卷

起司蛋糕（白妙）
360円
如絲絹般滑順口感的起司蛋糕

↓咖啡在點完餐後再用法蘭絨濾布手沖泡製

↓餐桌席位於挑高的寬敞空間，坐起來相當舒適

復古POINT
格子窗和泥土地板都充滿情懷。有餐桌席和和式座位，可眺望美麗的庭園景色

陶醉於重現的古商家空間和枯山水庭園

抹茶套餐
1000円
可從多種季節和菓子中挑選喜歡的一品。夏天搭配冰抹茶

栗子紅豆湯
900円
加入充滿栗子風味的栗子餡和蒸煮糯米。冬季限定

托福橫丁
五十鈴茶屋本店
◆いすずちゃやほんてん

重現伊勢路古商家的咖啡廳，可品嘗到赤福餅、季節和菓子、抹茶、特調咖啡等品項。可購買季節和菓子當伴手禮。

MAP 附錄①4
☎0596-22-3012
🕘9:30～16:30（商店為8:00～17:00）
休無休

這些也要CHECK
▶ 咖啡　　　　　　　　700円
▶ 本蕨餅和抹茶套餐　　1000円

↑建於五十鈴川附近

門前町有許多融入情懷小鎮的復古咖啡廳，在自古流傳的木製溫馨空間享用店家自豪的茶飲和甜點療癒身心吧！

尋找店內隱藏的史努比也是樂趣之一！

復古POINT
在平靜摩登的空間中融合《PEANUTS》角色的可愛空間

⊙找尋藏於店內各處的史努比角色吧
©2019 Peanuts Worldwide LLC

在復古咖啡廳享用極品甜點♪

厄除町（內宮側）
史努比茶屋 伊勢店
◆スヌーピーちゃや いせてん

以美國漫畫《PEANUTS》為主題的和式咖啡廳。有很多以人氣角色史努比為主題的料理、甜點和飲料等。伊勢店限定的原創商品也不容錯過。

☎0596-63-8350 **MAP** 附錄①5
🕙10:00～16:00（午餐為～15:30，周邊販售為9:00～17:00，視季節而異）休無休

史努比厚燒鬆餅
918円
抹茶冰和白玉的鬆餅，上面淋滿濃濃的抹茶醬。

這些也要CHECK
▶史努比抹茶拿鐵（壺裝）……864円
▶史努比伊勢土雞天重……1382円

厄除町（內宮側）
茶房太助庵
◆さぼうたすけあん

改裝自舊倉庫的咖啡廳。由老字號和菓子店「勢乃國屋」直營，可搭配伊勢茶享用伊勢名產神代餅等各式和菓子。該店限定的伊勢年糕紅豆湯和御幸餅也很有人氣。

☎0596-29-2323 **MAP** 附錄①4
🕙10:00～16:00 休不定休

神代餅 1盤3個（附煎茶）400円
使用北海道紅豆，天然艾草、糙米精製的糯米等特殊原料

這些也要CHECK
▶抹茶……450円
▶紅豆湯……650円

⊙充滿懷舊的氛圍。2樓也有藝廊

享用伊勢名產餅和限定和菓子小休片刻

復古POINT
店內裝潢以大正時期和昭和初期為概念，可沉浸在懷舊氛圍當中

特製咖啡搭配自家製蛋糕享用

手工蛋糕
410円
椰子香蕉蛋糕、起司蛋糕、司康等每天會提供不同的3～4種蛋糕

厄除町（內宮側）
CAP JUBY
◆カップジュビー

點餐後開始磨豆沖泡的咖啡是招牌商品。當中推薦使用過去被稱為夢幻之豆的托拿加咖啡豆的托拿加咖啡。自家製甜點和咖哩也不容錯過。

MAP 附錄①4
☎0596-23-8560
🕙10:00～17:00 休週三

這些也要CHECK
▶托拿加單品咖啡……620円
▶蔬菜咖哩……920円

⊙店主是音樂家，會不定期舉辦活動

復古POINT
在日式店家居多的厄除町中，難得一見的洋式咖啡廳，充滿復古風的室內裝潢

賣相極佳，很適合拍照打卡

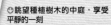
司康 650円
附季節水果果醬和濃郁的凝脂奶油

⊙眺望種植樹木的中庭，享受平靜的一刻

復古POINT
充滿木製溫馨感的空間中擺設了木製傢俱和繪畫，可在此度過閒逸時光

可吃到水果自然甜味的果醬＆果汁最有人氣

厄除町（猿田彥神社側）
Ise Fruit laboratory
◆イセ フルーツ ラボラトリー

主要使用精選的國產水果，販售無添加物的手工果醬。也有使用季節限定果醬、當季水果的霜淇淋和果汁。

☎0596-26-1177 **MAP** 附錄①3
🕙9:30～17:30（視季節而異）
休無休

這些也要CHECK
▶現搾果汁……400円～
▶季節霜淇淋……380円

好神秘！擺滿許多手製蠟燭!!

會發出聲音的蠟燭
STRAWBERRY FIELDS／ROSEWOOD BLEND 藥瓶2700円

使用玫瑰花精油的精油蠟燭。使用木製芯，因此點上蠟燭後會聽到暖爐柴火般的聲音

灯りの店
托福橫丁
◆あかりのみせ

MAP 附錄①4
☎ 0596-23-8834
🕐 9:30～17:30(視季節而異)
休 無休

也有工作坊！
製作冰淇淋蠟燭（照片、1500円）等工作坊的活動也很有趣

流星蠟燭
附底盤 2592円

點上蠟燭後會看到流星般閃躍的蠟燭。深受男性歡迎

質感柔和的伊勢木棉商品

飯糰束口袋
993円

使用伊勢木棉製成的束口袋。可放入3個飯糰的大小

手巾書衣
1566円

SOU·SOU製的書衣，使用色彩繽紛的伊勢木棉

魚春 五十鈴川店
厄除町(內宮側)
◆うおはるいすずがわてん

MAP 附錄①4
☎ 0596-20-7752
🕐 9:30～17:00(視季節而異)
休 週三(逢假日則翌日休)

伊勢木棉是什麼…
伊勢從江戶時代起流傳至今的傳統布。伊勢木棉使用的是弱撚的木棉線，因此布料相當輕柔滑順。

雜貨

有很多使用伊勢木棉和伊賀結繩等傳統技法，同時加入現代潮流的商品！

人氣商品排排站！
伴手禮

厄除町&托福橫丁有很多販售當地名產的伴手禮店，人氣商品多不勝數，為了避免「無法決定！」「時間不夠!!」的窘境，可以事先預習!!

伊賀結繩是什麼…
奈良時代以前用來當作佛具、武具的繩子。使用錦線的纖細結繩於明治中期發展於三重伊賀，現在獲指定為傳統工藝品。

髮束
1080円

伊賀結繩髮束，大顆圓球看起來好可愛。有很多種顏色可選擇

纖細又摩登的傳統工藝品

くみひも平井
厄除町(猿田彥神社側)
◆くみひもひらい

MAP 附錄①3
☎ 0596-26-2377
🕐 9:30～17:30(視季節而異)
休 無休

叶結耳機
防塵塞 各864円

伊賀結繩耳機防塵塞。上面是被稱為「叶結」的吉祥結繩

もめんや藍
托福橫丁
◆もめんやあい

MAP 附錄①4
☎ 0596-23-8809
🕐 9:00～17:30(視季節而異)
休 無休

おかげまいり

松阪木棉專賣店

托福犬(小)
2570円

身上綁有注連繩，高約15cm的托福犬

史努比茶屋 伊勢店
厄除町(內宮側)
◆スヌーピーちゃや いせてん

MAP 附錄①5
☎ 0596-63-8350
🕐 9:00～17:00(餐飲為10:00～16:00，視季節而異)
休 無休

尋找伊勢店限定的商品!!

口金包 1512円

使用染色的伊勢木棉。最適合拿來放小東西！

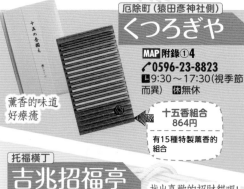

薰香的味道好療癒

くつろぎや
厄除町(猿田彥神社側)

MAP 附錄①4
☎ 0596-23-8823
🕐 9:30～17:30(視季節而異)
休 無休

十五香組合
864円

有15種特製薰香的組合

神路屋
托福橫丁
◆かみじや

MAP 附錄①4
☎ 0596-23-8822
🕐 9:30～17:30(視季節而異)
休 無休

有很多伊勢路的工藝品

伊勢千代紙是什麼…
將自古流傳的花紋印在伊勢型紙上的紙，伊勢型紙原本是用來染和服圖樣的型紙。伊勢神宮的神宮大麻等神符使用的伊勢和紙也很有名。

姓名印章
各520円

用伊勢千代紙包起來的一字印章。有500個字可挑選

吉兆招福亭
托福橫丁
◆きっちょうしょうふくてい

MAP 附錄①4
☎ 0596-23-8852
🕐 9:30～17:30(視季節而異)
休 無休

找出喜歡的招財貓吧！

大安眠小睡貓貓
1080円

仿造位於托福橫丁的托福座前的「大眠貓」吊飾

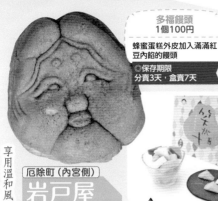

享用溫和風味的和菓子

多福饅頭
1個100円

蜂蜜蛋糕外皮加入滿滿紅豆內餡的饅頭

◎保存期限
分賣3天，盒賣7天

厄除町（內宮側）
岩戸屋
◆いわとや

MAP 附錄①5
📞0596-23-3188
🕐8:30～17:25
休無休

笑十 100g 350円

可吃到10種口味的生薑糖。論量計費

◎保存期限
夏30天，冬40天

有許多療癒身心的商品

蜜匠 三重縣產蜂蜜 花花
150g907円、600g2700円

在三重縣的松阪&伊勢地區採集的花蜂蜜。有滑順的口感和芳醇的甜味

使用蜂蜜的商品也不容錯過！

伊勢 風呂神玉
864円

松治郎の舖使用蜂蜜的沐浴球。讓整間浴室充滿高雅的香味

厄除町（內宮側）
松治郎の舖
伊勢おはらい町店
◆まつじろうのみせ いせおはらいまちてん

MAP 附錄①4
📞0596-27-8328
🕐10:00～17:00
休無休

味之伴手禮

和菓子、日本酒、醬油等名產和大自然孕育的山珍海產都是伊勢參拜時必買的伴手禮

掌握這些準沒錯的
首推

伊勢市內唯一的日本酒倉

托福橫丁
伊勢萬 內宮前酒造場
◆いせまん ないくうまえしゅぞうじょう

MAP 附錄①4
📞0120-177-381
🕐9:30～17:30(視季節而異)
休無休

伊勢梅酒
(3杯裝) 1280円

附迷你毛巾，為女性設計的梅酒套組。推薦特產酒「托福」

托福橫丁
伊勢醬油本舖
◆いせしょうゆほんぽ

📞0596-23-8847 MAP 附錄①4
🕐9:30～17:00
(視季節而異)
休無休

也會奉納給伊勢神宮的醬油

伊勢醬油吟香釀造 1080円

口味濃郁滑順，適合沾生魚片、壽司、煮物

托福橫丁
五十鈴茶屋本店
◆いすずちゃや ほんてん

MAP 附錄①4
📞0596-22-3012
🕐8:00～17:00(餐飲為9:30～16:30)
休無休

りんころろ 900円

充滿和三盆糖淡雅甜味的和菓子

托福犬酥餅
6片裝840円、
10片裝1400円

不只是外觀可愛，味道也不是蓋的

◎賞味期限
製造日起30天

おかげ犬 サブレ
OKAGE INU Sablé

外觀可愛的和洋菓子

對素材相當堅持的果醬的清爽香氣

厄除町（猿田彥神社側）
Ise Fruit laboratory
◆イセ ノルーツ フボフトリー

📞0596-26-1177 MAP 附錄①3
🕐9:30～17:30(視季節而異)
休無休

Fairy rouge(右) 1296円
Valencia(左) 648円

大量使用當季水果的果醬種類豐富

厄除町（猿田彥神社側）
魚春 本店
◆うおはる ほんてん

MAP 附錄①4
📞0596-22-4885
🕐9:00～17:30
(視季節而異)
休週三(逢假日則翌日休)

鯊魚乾
100g432円～

鯊魚乾是伊勢志摩的鄉土料理。有鹽味和味醂口味

伊勢志摩的水產加工品

有許多**海產**&**當地美食**！

厄除町美食

掌握人氣店的名產料理!!

Oharaimachi Gourmet

厄除町自古以來就在招待前來參拜的訪客和旅人，這裡有許多能夠紓緩疲勞的極品美食。以下介紹精選人氣店的推薦料理。

鮮度超群！鮮味滿滿!!
答志島產的生魩仔魚蓋飯

生魩仔魚蓋飯
1080円

放滿幾乎沒過火的魩仔魚，淋上醋味噌和高湯醬油

猿田彥神社側

海鮮 浜与本店 おはらい町店

◆はまよほんてん おはらいまちてん

江戶時代中期創業。在伊勢灣答志島經營水產加工的公司直營的餐廳＆伴手禮店。可以吃到使用答志島產的優質魩仔魚和牡蠣的料理。

☎0596-26-0003 MAP 附錄①3
營9:00～17:00 休不定休

牡蠣茶泡飯
810円

這道也很推薦!!

放入5顆在店前製作的佃煮牡蠣。佃煮牡蠣也是超人氣的伴手禮

➔海的味道飄到外面來。也有炸牡蠣等外帶美食

➔不僅有內用桌席，也附設伴手禮販售區

這些也要CHECK
- ·釜揚魩仔魚蓋飯……………918円
- ·魩仔魚炸牡蠣……………1080円
- ·炸牡蠣咖哩蓋飯……………918円

品嘗豆腐的豐富美味
和濃郁風味

寄豆腐膳
1300円

寄豆腐首先什麼都不會沾，可吃到大豆原本的美味，接著再加鹽巴和沾醬，襯托大豆風味

➔歷史悠久的日本建築，可眺望五十鈴川

猿田彥神社側

豆腐 とうふや

這些也要CHECK
- ·星鰻
- ·稻荷壽司

每天在工坊製作的自家製寄豆腐為名產。使用嚴選國產大豆，依照當天天候和濕度來調整比例和時間，做法相當講究的豆腐。滑順的口感和大豆的強烈風味堪稱絕品。

☎0596-28-1028 MAP 附錄①3
營11:00～14:00、17:00～19:30(週六日、假日為11:00～19:30) 休無休(週三、每月1日晚間休)

伊勢烏龍麵
450円

長時間熬煮誕生的軟嫩口感讓人吃了就上癮，和有高湯美味的甜辣沾醬也很搭

和創業時一樣的老字號美味

➔從內宮到厄除町即到

內宮側

伊勢烏龍麵 奧野家

◆おくのや

大正時期創業的老店。簡樸的伊勢烏龍麵使用鰹魚、昆布高湯，以及混合味醂、濃醬油的自家製沾醬是決定口味的關鍵，跟Q彈有嚼勁的麵條絕配！

☎0596-22-2589 MAP 附錄①5
營11:00～16:00(視時期而異)
休無休(有臨時休業)

這些也要CHECK
- ·松阪牛
- ·手捏壽司

【內宮側】

松阪牛 ゑびや大食堂
◆えびやだいしょくどう

堅持使用三重縣產食材。多元豐富的菜單當中，以炙烤適中的烤松阪牛丼最受歡迎。店家前方販售的鮑魚串也是需要排隊的人氣美食。

MAP 附錄①5
☎0596-24-3494
🕐11:00～15:30
休無休

這些也要CHECK
・伊勢龍蝦
・伊勢烏龍麵

↑寬敞的餐桌席之外，也有和式座位

> 這道也很推薦!!
> **黑鮪魚中腹肉手捏壽司定食**
> **3650円**
> 可享用熟成黑鮪魚的腹肉、中腹肉、瘦肉

> **烤松阪牛丼 2894円**
> 使用頂級的松阪牛大腿肉，加上自家製醬料的丼飯，可沾半熟蛋吃

彷彿在口中融化般的松阪牛

【猿田彥神社側】

季節料理 野あそび棚
◆のあそびだな

從2樓可看到美麗的五十鈴川風景。可品嘗依季節更換內容的蔬菜膳和每月更換的炊飯，除了可以品嘗當季食材，還有很多伊勢志摩的鄉土料理。

MAP 附錄①3
☎0596-25-2848
🕐11:00～17:00(17:30閉店，週六日、假日為10:30～) 休無休

↑充滿木頭溫暖的店內，開放感也很超群

> 這道也很推薦!!
> **松阪牛燒肉丼 1500円**
> 以特製甜辣醬調味的丼飯，可以平價價格吃到松阪牛

↑位於大自然環繞的地方，四季更送的景色相當優美

這道也要CHECK
・手捏壽司
・伊勢烏龍麵

和濃郁風味的豐富美味
品嘗豆腐的

> **每月更換的手提飯盒 2350円**
> 纖細鰹製的料理，以籠子、飯盒、手提飯盒美麗裝盤。圖片為示意圖

【內宮側】

手捏壽司 手こね茶屋 內宮店
◆てこねちゃやないくうてん

有許多伊勢志摩的鄉土料理。名產鰹魚手捏壽司和伊勢烏龍麵等每樣料理都使用當地產食材，並堅持自家製造。另外可購買用在菜單上的伊勢烏龍麵當伴手禮。

MAP 附錄①5
☎0596-27-1244
🕐11:00～15:30(週六日、假日10:30～16:30)
休無休

> 這道也很推薦!!
> **秋刀魚壽司 680円**
> 志摩半島和和歌山縣熊野灘沿岸的鄉土料理。附湯品

以運用素材美味的自家製醬料為豪!

這道也要CHECK
・伊勢烏龍麵

> **手捏壽司 930円**
> 鰹魚的偏甜沾醬相當入味，和醋飯搭配絕佳

↑店鋪在爬上樓梯後的2樓

> **土手鍋定食(松) 2050円**
> 土手鍋加上烤牡蠣、炸牡蠣、時雨煮牡蠣的套餐

新鮮的浦村產牡蠣和特產啤酒搭配絕佳

【內宮側】

牡蠣 伊勢角屋麦酒 內宮前店
◆いせかどやビールないくうまえてん

國際上評價極高的特產酒釀造所直營的餐廳。冬天有鳥羽、浦村產牡蠣，夏天有岩牡蠣。味道濃郁的伊勢角屋麥酒木桶生啤酒非常適合搭配牡蠣的滋味。

MAP 附錄①4
☎0596-23-8773
🕐11:00～19:30(20:00閉店，週四為～15:00) 休無休

◇充滿情懷的店內，可眺望五十鈴川

> **炸牡蠣定食(松) 1680円**
> 除了炸牡蠣之外，也有附烤牡蠣的定食。建議可點啤酒當下酒菜

> 這道也很推薦!!

這道也要CHECK
・鰻魚

⬆純和風的美麗店家。從2樓可看到五十鈴川和山的景色

➡建築物有部分使用明治2（1869）年遷宮時的宇治橋古材

甜辣沾醬入味的
鰹魚和醋飯是最佳搭配

手捏壽司 すし久
◆すしきゅう

很多料理都有大量使用近海捕獲的海產。鄉土料理也是該店名產的手捏壽司是以醬油沾醬醃漬鰹魚切片，再放到混入生薑的紅醋飯上。

☎0596-27-0229　**MAP**附錄①4
🕙10:30～19:00(19:30閉店)
休無休(週二、每月1日和最終日的晚間休業)

松 平膳
(手捏壽司)
2380円
放了滿滿肉質厚實的鰹魚。天婦羅、茶碗蒸、小菜等內容會隨時期和日子更改

這道也要CHECK
・早粥(每月1日)
・鰹魚

有許多讓人忍不住轉移目光的人氣菜色！

托福橫丁美食
Okageyokocho Gourmet

掌握人氣店
的必吃料理!!

介紹餐飲店鱗次櫛比的托福橫丁中的人氣店的推薦美食，可視當下心情選擇想吃的極品美食。

⬆也可在緣台上享用

也有伊勢烏龍麵的改編料理！

伊勢烏龍麵
500円
利尻昆布和柴魚片高湯熬製的沾醬與軟嫩的極粗麵搭配絕佳

烏龍麵 伊勢 ふくすけ

除了經典的伊勢烏龍麵之外，還有松阪牛肉伊勢烏龍麵、牛肉咖哩伊勢烏龍麵等改編料理。天然高湯和濃醬油製成沾醬一反深褐色的外觀，味道相當清爽。

☎0596-23-8807　**MAP**附錄①4
🕙10:00～17:00(17:30閉店，視季節而異)
休無休

豪邁的漁夫料理
享用當季海產

本日海鮮丼
漁師湯套餐
2910円
含鮪魚、鰹魚等10種料的丼飯。漁師湯為味噌湯底。魚的種類依時期、日子而異

這道也要CHECK
・伊勢龍蝦

海產料理 海老丸
◆えびまる

店內有竹簍，秋天到初夏可吃到伊勢龍蝦，夏天可吃到鮑魚等三重縣新鮮海產。各種豪邁的漁夫料理在觀光客和當地客人當中都很有人氣。

☎0596-23-8805　**MAP**附錄①4
🕙11:00～17:00(17:30閉店，週六日、假日為10:00～)　休無休

⬆彷彿穿梭時空到江戶時期

⬆仿造船批發商的建築物

豬肉 おかげ横丁もくとん
◆おかげよこちょうもくとん

三重縣人氣景點「伊賀之里 MOKUMOKU手工農場」經營的三重縣產豬肉料理專賣店。蔬菜、油、麵包粉、湯品等全都不含添加物，堅持使用安心的食材。

MAP 附錄①4
☎0596-24-0910
🕐11:00～19:30
(20:00閉店，外帶為10:00～)
休週二晚

`這道也要CHECK`
・炸豬排

←小豬裝飾為標誌。1樓為餐桌席，2樓為日式座位

大啖肉汁飽滿的三重縣產豬肉

豬滿丼 1000円
以炭火燒烤香噴噴的豬腹肉，大分量的裝盤已經快要滿出碗內了

使用當季食材的正統握壽司

伊勢御膳 4320円
含松阪牛的握壽司6貫，加上當地料理2道，還附伊勢龍蝦味噌湯

`這道也很推薦!!`
磯笛 1600円
擺滿新鮮配料的散壽司，附茶碗蒸。～15時限定

和壽司 横丁君家
◆よこちょうきみや

以伊勢灣、志摩半島產為中心，嚴選全國各地的海產。可以吃到使用當季配料的正統握壽司。讓人聯想到江戶時期的木造建築店內也很舒適。

MAP 附錄①4
☎0596-23-8850
🕐11:00～22:00
(20:00～需預約)
休週三

←吧檯座可以看到師傅華麗的廚藝

→店門口會有想買可樂餅的隊伍

拉麵 横丁そば 小西湖
◆よこちょうそば しょうせいこ

精製的湯頭中奢侈地使用了松阪牛骨、三重縣產豬、雞、海產、蔬菜，花費4天熬煮，因此美味都凝聚在一起，大受好評。Q彈有嚼勁的麵條也很美味。

MAP 附錄①4
☎0596-23-8837
🕐9:30～17:00
(17:30閉店，視季節而異)
休無休

↑位於小巷中的店家內有茶屋般的氛圍

盛開的烤豬肉花令人印象深刻！

烤豬滿開横丁蕎麥麵 1200円
在花費1週製作的自家製烤豬淋上調味醬

牛丼 豚捨
◆ぶたすて

明治42（1909）年創業的精肉店。除了有可樂餅可以外帶之外，店內可以享用網燒和壽喜燒等料理。由未經產黑毛和牛搭配伊勢濃醬油的牛肉蓋飯最人氣。

MAP 附錄①4
☎0596-23-8803
🕐11:00～17:00
(17:30閉店，外帶為9:30～)
休無休

`這道也要CHECK`
・網燒
・壽喜燒

`這道也很推薦!!`
牛鍋(杉) 2260円
單人用鍋烹煮的牛鍋。甜辣調味的牛肉搭配滑蛋堪稱絕品！

濃郁的調味令人愛不釋手的名產牛丼

牛丼 1000円
淋上濃醬油的甜辣炒煮國產黑毛和牛。平易近人的價格是其魅力所在

伊勢神宮內宮

いせじんぐうないくう

伊勢神宮參拜的重要景點

參拜標準路線　需時約90分

① 宇治橋大鳥居（うじばしおおとりい）
立於宇治橋兩側的鳥居，通過時要先停下來行一禮再前進。冬至時可看到朝陽從鳥居中央升起。

← 步行即到

② 宇治橋（うじばし）
架於五十鈴川上的木造和橋，長約100m、寬約8.5m，是隔開聖地與俗世之橋，橋的兩側有大鳥居。

← 步行3分

③ 神苑（しんえん）
位於鋪著白色砂粒的參道旁、松樹佇立的神之庭院。神樂祭會搭建特設攝舞台，表演雅樂。

← 步行3分

④ 御手洗場（みたらし）
在水源來自神路山、島路山，清澈的五十鈴川清流清洗雙手。從石舖河原眺望的景色相當優美。

← 步行即到

祀奉日本人的大御祖神天照大御神的內宮是自古受人們憧憬的特別勝地。走在綠意盎然的宮域，帶著清淨的心前往正宮，表達平時對神明的感謝之意。

請參考本書 **P.20**

MAP 附錄② 5 C-4
0596-24-1111（神宮司廳）
5:00~18:00（5~8月為~19:00，10~12月為~17:00）
休無休　¥免費　所伊勢市宇治館町1　JR/近鐵伊勢市站搭三重交通巴士往內宮前20分，終點站下車即到　P使用市營停車場（1小時內免費，1~2小時500円，2小時以上每30分100円）

遷宮前的正宮所在地，下一次遷宮會將新的宮社建於此

荒祭宮 ⑧

古殿地（こでんち）

東宝殿（とうほうでん）

內玉垣南御門（うちたまがきみなみごもん）

外玉垣南御門（とのたまがきみなみごもん）

板垣南御門（いたがきみなみごもん）

御贄調舍（みにえちょうしゃ）

御正殿（ごしょうでん）

南宿衛屋（みなみしゅくえいや）

正宮 ⑥

西宝殿（さいほうでん）

瑞垣南御門（みずがきみなみごもん）

表參道

這一帶有許多樹齡達好幾百年的神宮杉佇立著

外幣殿 ⑦

忌火屋殿（いみびやでん）

荒祭宮遙拜所（あらまつりのみやようはいじょ）

御稻御倉 ⑦

四至神 ⑨

御池

由貴御倉（ゆきのみくら）

御酒殿（みさかとの）

五丈殿（ごじょうでん）

手水舍（てみずしゃ）

龍虎石（りゅうこいし）

御饌殿（みけでん）

神樂殿 ⑪

お神札授与所（ふだじゅよしょ）

風日祈宮橋

齋館（さいかん）

御廐（みうまや）

第二鳥居（だいにとりい）

風日祈宮 ⑩

島路川

瀧祭神 ⑤

第一鳥居（だいいちとりい）

祓所（はらえど）

④ 御手洗場

這裡也別錯過！
風日祈宮橋
內宮首屈一指的觀景點。從橋上眺望的島路川可看到春夏秋冬四季更迭之美。是宇治橋的縮小版。

⑤ 瀧祭神　たきまつりのかみ

位於御手洗場右邊的宮社，沒有社殿，祀奉於柵欄包圍的石舖地上。祭神為掌管治水的神明。

⑥ 正宮　しょうぐう

走在神宮杉綿延、氣氛莊嚴的參道上，就是正宮。爬上石階後，就是祀奉日本最高位的神明，天照大御神的地方。

⑦ 御稻御倉・外幣殿　みしねのみくらげいでん

可就近看到神明造的貴重建築。御稻御倉是收納奉獻給神明的米倉，外幣殿則是收藏古神寶。

⑧ 荒祭宮　あらまつりのみや

祀奉天照大御神的荒御神「天照大御神荒御魂」，是內宮地位僅次於正宮的別宮，建於正宮的北側深處。

⑨ 四至神　みやのめぐりのかみ

四至是指神社境內的四周，沒有社殿，也沒有圍牆，在石舖地上祀奉守護內宮神域的神明。

⑩ 風日祈宮　かざひのみのみや

祀奉級長津彥命和級長戶邊命。據傳弘安4（1281）年元旦戰爭時期因日軍向風日祈宮祈禱而讓元軍撤退。

步行4分　步行3分　步行3分　步行3分　步行7分

步行3分

⑪ 神樂殿　かぐらでん

屋頂為銅板葺的歇山式建築，從右邊起為歇山殿、御饌殿和授予所，祈禱申請處也在這裡。

⑫ 御廄　みうまや

飼養由皇室晉獻，被視為神明坐騎的神馬。每月1、11、21日會前往正宮參拜。

⑬ 參集殿　さんしゅうでん

提供茶水和播放神宮影片的參拜訪客休息區。中庭有能樂舞台。

⑭ 子安神社　こやすじんじゃ

祭神為木華開耶姬命，因在火中產下三子，因此受當地人信奉為安產、求子之神。

⑮ 大山祇神社　おおやまみじんじゃ

祀奉鎮守於神路山入口的山的守護神・大山祇命，也是子安神社的祭神・木華開耶姬命之父。

⑯ 宇治橋側邊　うじばしわき

從內宮側的宇治橋側邊可以看到五十鈴川和宇治橋融為一體的景色，是拍照的好景點。

步行2分　步行即到　步行4分　步行即到　步行3分

這裡也別錯過！

饗土橋姬神社

祭神為宇治橋的守護神，在橋前守護著，不讓不祥之物進到內宮。春天可以賞櫻，秋天可以賞紅葉。

大山祇神社⑮
子安神社⑭

衛士見張所　えしみはりしょ

神宮茶室　じんぐうちゃしつ

參集殿⑬

喫煙所

火除橋　ひよけばし

御廄⑫

宇治橋側邊⑯

宇治橋②

神苑③

饗膳所　きょうぜんしょ

火除橋　ひよけばし

大正天皇御手植松　だいしょうてんのうおてうえのまつ

古札納所　こさつおさめしょ

手水舍　てみずしゃ

位於神苑一隅柵欄圍起的松樹是大正天皇的紀念樹

參道旁的草地上有宏偉的松樹

五十鈴川

宇治橋大鳥居①
コインロッカー

おはらい町

GOAL
START

參宮案內所　さんぐうあんないしょ

衛士見張所　えしみはりしょ

定期觀光巴士乘り場

駐車場　P

饗土橋姬神社　あえどばしひめじんじゃ

內宮前巴士停

伊勢神宮外宮

いせじんぐう げくう

問候食衣住之神

請參考
**本書
P.
16**

祀奉食衣住和產業的守護神——豐受大御神。參拜內宮之前先參拜外宮是自古以來的習俗。除了正宮之外，也向各宮社參拜吧。

MAP 附錄②**7 B-1**
☎0596-24-1111（神宮司廳）
🕐5:00~18:00（5~8月為~19:00、10~12月為~17:00）　🈂無休
💴免費　所伊勢市豊川町　🚉JR/近鐵伊勢市站步行5分　P免費

參拜標準路線

需時約60分

① 表參道火除橋
おもてさんどうひよけばし

架於堀川之上的小橋，從火除橋開始參拜。度過這座橋，過橋之後在外宮內是以左側通行。後就是神社境內，過橋之後在外宮內是以左側通行。

步行即到

② 手水舍
てみずしゃ

參拜之前一定要來手水舍淨化身心，在此除去身上的污穢之氣。「手水」是指進入神聖場所前的「淨身」的簡稱。

步行即到

③ 表參道
おもてさんどう

接連會遇到第一鳥居和第二鳥居。參道上的砂粒和樹木的綠意呈現美麗對比。經過鳥居前要先行一禮。

步行8分

御池

御池

いたがきみなみごもん
板垣南御門

みなみしゅくえいや
南宿衛屋

とのたまがきみなみごもん
外玉垣南御門

うちたまがきみなみごもん
内玉垣南御門

みずがきみなみごもん
瑞垣南御門

さいほうでん
西宝殿

よじょうでん
四丈殿

とうほうでん
東宝殿

ごしょうでん
御正殿

げへいでん
外幣殿

こでんち
古殿地

みけでん
御饌殿

④ **正宮**

遷宮前的正宮所在地，下一次遷宮會將新的宮社建蓋於此

みさかどの
御酒殿

いみびやでん
忌火屋殿

忌火屋殿是每日準備神饌的地方

きたみかどとりい
北御門鳥居

みうまや
御厩

おおつじんじゃ
大津神社

わたらいくにみじんじゃ
度会国御神社

きたみかどぐちひよけばし
北御門口火除橋

P 駐車場

えしうらみはりしょ
衛士裏見張所

てみずしゃ
手水舎

P 駐車場

月夜見宮 ❶

④ 正宮 しょうぐう
最裡面有豐受大御神鎮守的御正殿。參拜要從外面數來第2個的外玉垣南御門前開始。

⑤ 多賀宮 たかのみや
祀奉豐受大御神的荒御魂「豐受大御神荒御魂」的別宮，是外宮的別宮當中地位最高的。

步行7分

⑥ 土宮 つちのみや
大土乃御祖神以前是守護外宮之地、山田原鎮守神，自從供奉於外宮之後，便成為外宮宮域的地主神。

步行即到

⑦ 風宮 かぜのみや
祀奉掌管風的級長津彥命和級長戶邊命。有鎌倉時期元日戰爭之際，刮起神風擊退敵軍的傳說。

步行即到

⑧ 神樂殿 かぐらでん
供奉御神樂和御饌的歌山式建築。角落有神符授予所，另外也有祈禱申請處。

步行3分

⑨ 勾玉池 まがたまいけ
形狀為裝飾品勾玉的水池。5月下旬～6月上旬會有花菖蒲盛開於池邊。

步行8分

這裡也別錯過！
龜石
通往別宮途中御池上的大塊片狀石橋，形狀像烏龜，故稱為龜石。

多賀宮⑤
しものみいのじんじゃ
下御井神社
ねじぞういし
寝地蔵石

這一帶有未經開發的自然森林

⑥土宮

風宮⑦

かわらのはらいしょ
川原祓所
たかのみや
ようはいしょ
多賀宮
遙拜所

かめいし
亀石

みやのめぐりのかみ
四至神

ふだじゅよしょ
お神札授与所

くじょうでん
九丈殿

ごじょうでん
五丈殿

御池

御池

だいにとりい
第二鳥居

はらえど
祓所

⑧ 神樂殿

表参道③

だいいちとりい
第一鳥居

さいかん
斎館

傳說因樹枝卡到平清盛的官帽・而下令劈開樹枝

勾玉池⑨

手水舎②

ほうのうぶたい
奉納舞台

休憩所

GOAL

きよもりくす
清盛楠

えしおもてみはりしょ
衛士表見張所

●タクシー乗り場

P
駐車場

せんぐう館
(休館中)

表参道
火除橋

START

喫煙所

○内宮方面

外宮前バス停
（往内宮方向）

伊勢市駅、外宮参道

伊勢市観光協会

伊勢神宮 交通 MAP

月夜見宮

外宮参道

伊勢市駅

宇治山田駅

外宮
伊勢神宮

豊受大神宮
（外宮）

高倉山
▲117

式年遷宮記念・
神宮美術館

倭姫宮

到外宮 10分
到内宮 10分
伊勢IC

五十鈴川駅

月読宮

到外宮 5分
到内宮 13分
伊勢西IC
僅為前往松阪方向的入口、
來自松阪方向的出口

伊勢自動車道

伊勢西IC

猿田彦神社

托福横丁

厄除町

内宮前

伊勢神宮
内宮

皇大神宮（内宮）

風日祈宮

伊勢市
Ise

伊勢市駅前 ‥‥巴士站

巴士票價	宇治山田駅・伊勢市駅・外宮前～内宮前　430円
	五十鈴川駅～内宮前　230円
	宇治山田駅・伊勢市駅～外宮前　180円

（ 伊勢市站・外宮⇔内宮搭乗巴士移動 ）

前往最近的車站 | 從前往外宮内宮

宇治山田駅		伊勢市駅		外宮前		五十鈴川駅		内宮前
	4分		3分		11分		6分	
	4分		3分		11分		6分	
	4分		2分			10分		
			歩行約5分					
	歩行約10分							

路線巴士（經由庁舎前）1小時1～2班
路線巴士（經由徵古館前）1小時2～4班

遊逛伊勢最方便的「CAN巴士」

要從外宮、内宮遊逛到二見浦、鳥羽時，最方便的就是搭乗約每隔30分～1小時運行的三重交通「CAN巴士」。善用可自由上下車的「伊勢鳥羽道草車票」，聰明周遊此地吧。

CAN巴士路線圖 1小時1～2班

宇治山田駅前	伊勢市駅前	外宮前	神宮徵古館前	近鉄五十鈴川駅前	内宮前	サンアリーナ	伊勢シーパラダイス前・夫婦岩東口・	鳥羽水族館・ミキモト真珠島前
鳥羽方向								
伊勢方向								
C-01	C-02	C-03	C-04	C-05	C-06	C-07	C-11	C-15

MAPPLE まっぷる 哈日情報誌

有這本就能輕鬆玩透透

逛街也用得到！ 伊勢志摩 兜風MAP

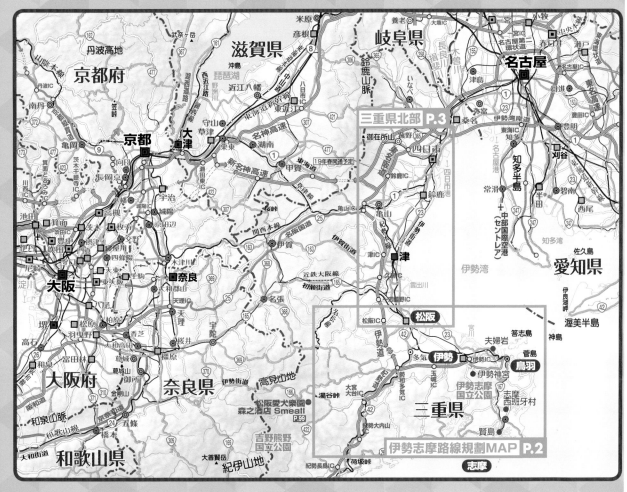

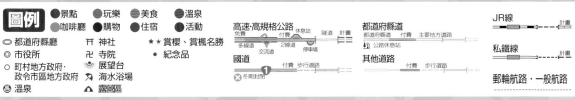

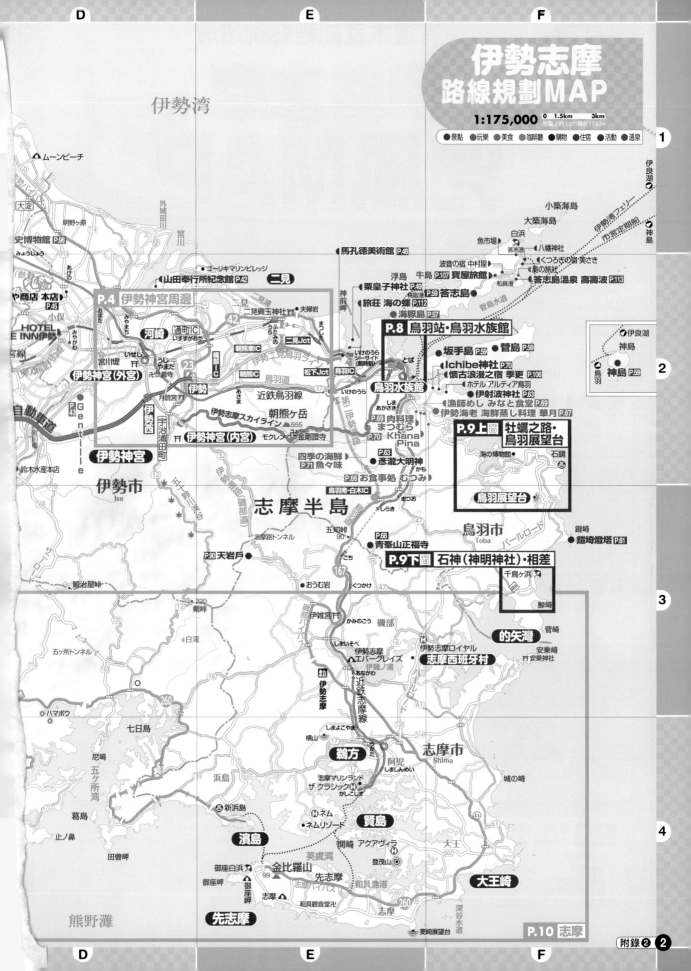

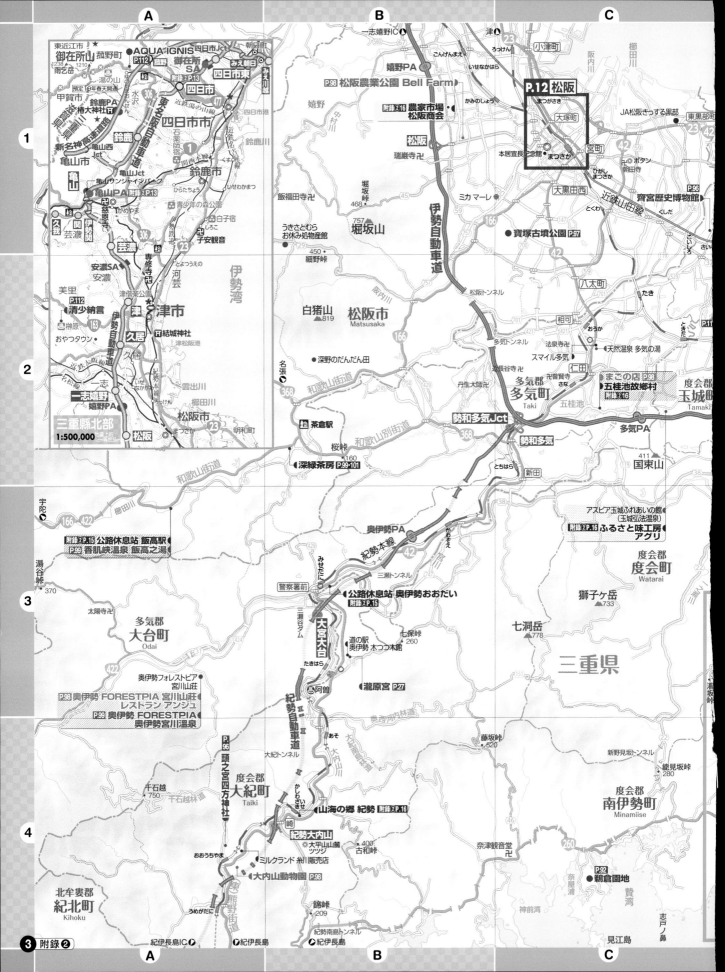

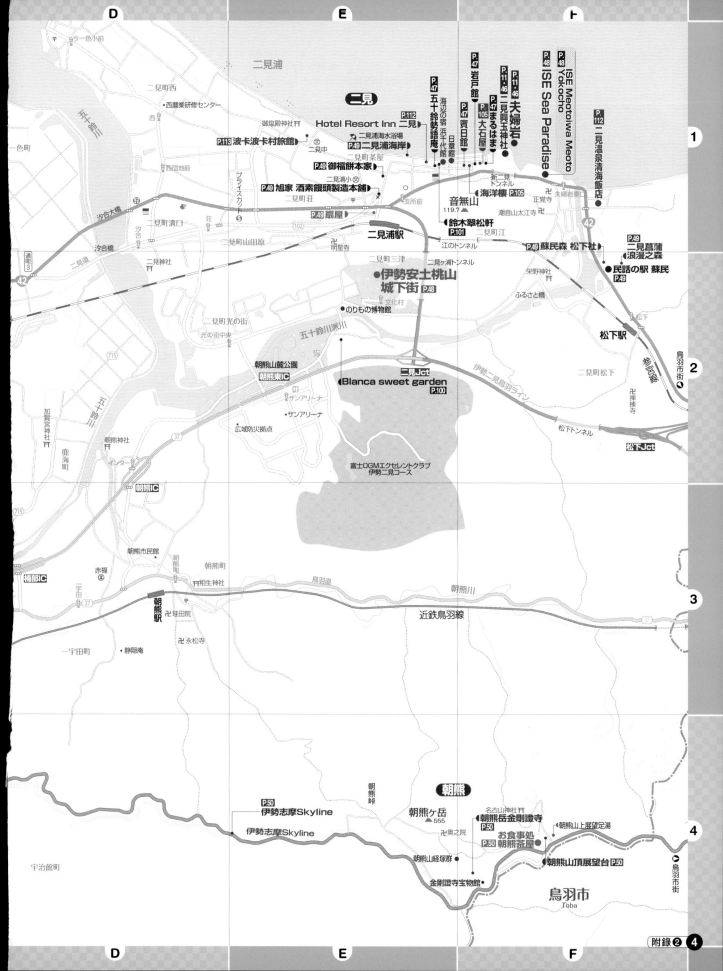

二見浦

二見

P.112 Hotel Resort Inn 二見

P.113 波卡波卡村旅館
P.49 御福餅本家
P.49 旭家 酒素饅頭製造本舗
P.49 扇屋

P.47 五十鈴勢語庵
二見浦海水浴場
P.49 二見浦海岸

海辺の宿 浜千代館
日章館
二見茶屋

P.47 岩戸館
賓日館

P.11
46 二見興玉神社
P.47
105 大石屋
P.105 まるはま

P.48 P.48 ISE Meotoiwa Yokocho
ISE Sea Paradise

P.11
46 夫婦岩

P.112 二見温泉清海飯店

P.105 海洋楼

音無山
119.7

P.101 鈴木翠松軒

P.49 蘇民森 松下社

P.49 二見菖蒲浪漫之森
P.49 民話の駅 蘇民

二見浦駅

のりもの博物館

伊勢安土桃山
城下街 P.48

文化村

朝熊山麓公園
朝熊東IC

Blanca sweet garden P.100

二見Jct

松下駅

松下Jct

近鉄鳥羽線

朝熊駅

朝熊市民館

橋部IC

富士OGMエクセレントクラブ
伊勢二見コース

朝熊

朝熊ヶ岳
▲555

P.50 伊勢志摩Skyline
伊勢志摩Skyline

朝熊岳金剛證寺
P.50 お食事処 朝熊茶屋

朝熊山上展望足湯
朝熊山頂展望台 P.50

鳥羽市
Toba

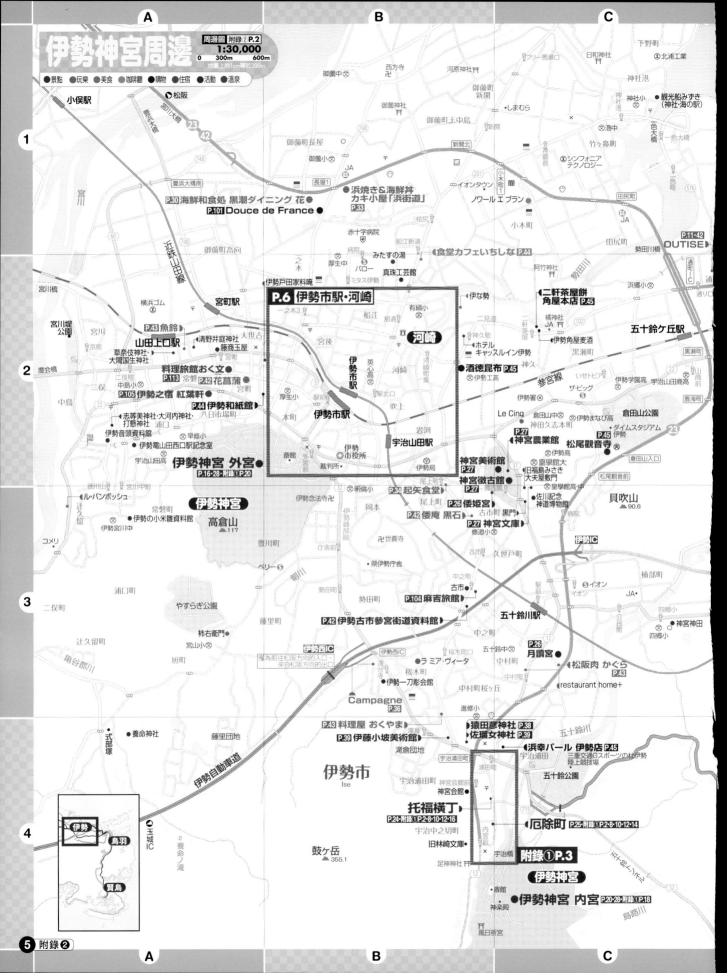

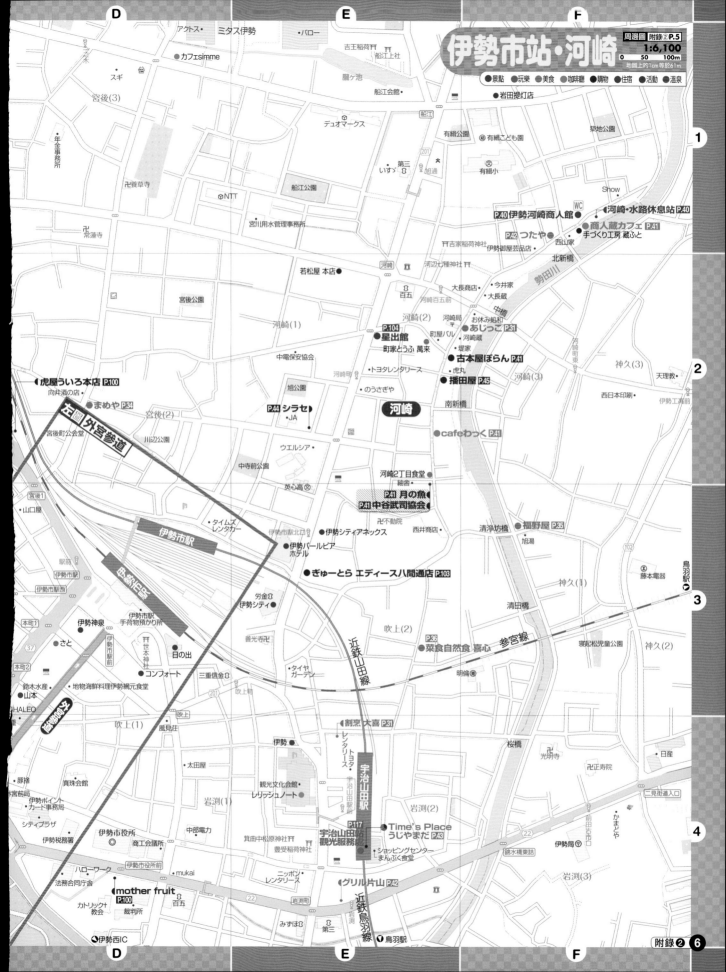

外宮參道

周邊圖 右圖
1:3,500

0　35　70m
地圖上的1cm 等於35m

●景點　●玩樂　●美食　●咖啡廳　●購物　●住宿　●活動　●溫泉

A | **B** | **C**

1

伊勢神宮 外宮
P.16·28·附錄❶P.20

丌 豊川茜稲荷神社

●遷宮館 P.17·27

勾玉池

斎館

大世古(4)　一之木(4)

大世古(3)

大世古墓地

一之木(3)　一之木局〒

一之木(2)

2

●法務合同庁舎

伊勢の朝市

外宮前観光服務處 P.117

浜与本店
外宮前店 P.32

●赤福外宮前特設店 附錄❶P.7

外宮前

外宮北

●伊勢せきや本店 P.19

◀伊勢角屋麦酒 外宮前店
◀●若松屋 外宮前店 P.44
◀●山村みるくがっこう P.19

● Poni Anela

P.35 中むら

喜多や

伊勢ポイント
カード事務局
シティプラザ

つるや●
〒外宮前局

French Restaurant
P.37 Bon Vivant

伊勢税務署

豚捨
いそべや
食堂

本町

カフェドボンヴィヴァン

外宮前勢乃國屋豊恩館 勾玉亭
P.42

やとや●
山田館

●三菱UFJ

●おいせさん 外宮本店 P.19

P.19 木下茶園 外宮前店

cocotte山下

真珠会館

珈琲びあんか

P.18 伊勢 菊一

伊勢創作ビストロ
mirepoix

●三菱
CHALEO

山本

●Steam Kitchen KAGOME P.18

本町公会堂

伊勢国際ホテル

中央公園

一之木町会事務所

新道商店街
一之木(2)

新道

● kitchen koishi P.38

●駒鳥食堂 P.44

●La Cucina
di 元 P.37

まるこ

大世古

一之木(1)

丌常明寺

●月夜見宮 P.26

3

4th club

吹上(1)

MANI
●むら田

いっしん

P.32 地物海鮮料理 伊勢網元食堂

●P.102 伊勢みやげ 伊勢百貨店●

●岩藤屋

●三ツ橋 ぱんじゅう

伊勢外宮参道料理店 鉄饌

若草堂

さと●

本町2

本町1

●鈴木水産 外宮参道店 P.30

● Bistrot Boute-en-train P.37

●伊勢外宮参道ビストロ&バー Queen Diner P.31

岡田商店

●伊勢外宮参道 伊勢神泉 P.105

●お伊勢参りcafé 参道TERRACE P.19

●船元直送居酒屋 満船屋 P.23

● AMAMILIVING P.38

宮後(1)

厚生小

一之木公園
いちし

厚生公園

宮後(1)

月夜見宮

一志町

shokudo&cafe
OSSE P.19

P.100 糀屋●

4

コンフォート

世木神社 丌

日之出旅館
P.104

P.15 伊勢市站
手提行李寄放處

●赤福 伊勢市駅売店

伊勢市駅前

バスロータリー

伊勢市駅西

伊勢市駅

●三交旅館 伊勢市站前 P.105

P.34 山口屋

駅前

本町公会堂

本町

山田館
三菱UFJ

山村みるくがっこう

外宮北

赤福外宮前特設店

市観光
協会

外宮前

伊勢神宮

外宮

丌 豊受大神宮(外宮)

斎館

九丈殿

●神楽殿

勾玉池

せんぐう館

丌
豊川茜稲荷神社

二見浦駅

伊勢市駅

参宮線

宮後1

近鉄山田線

宇治山田駅

タイムズカーレンタル

宮後(2)

多気駅

松阪駅

N

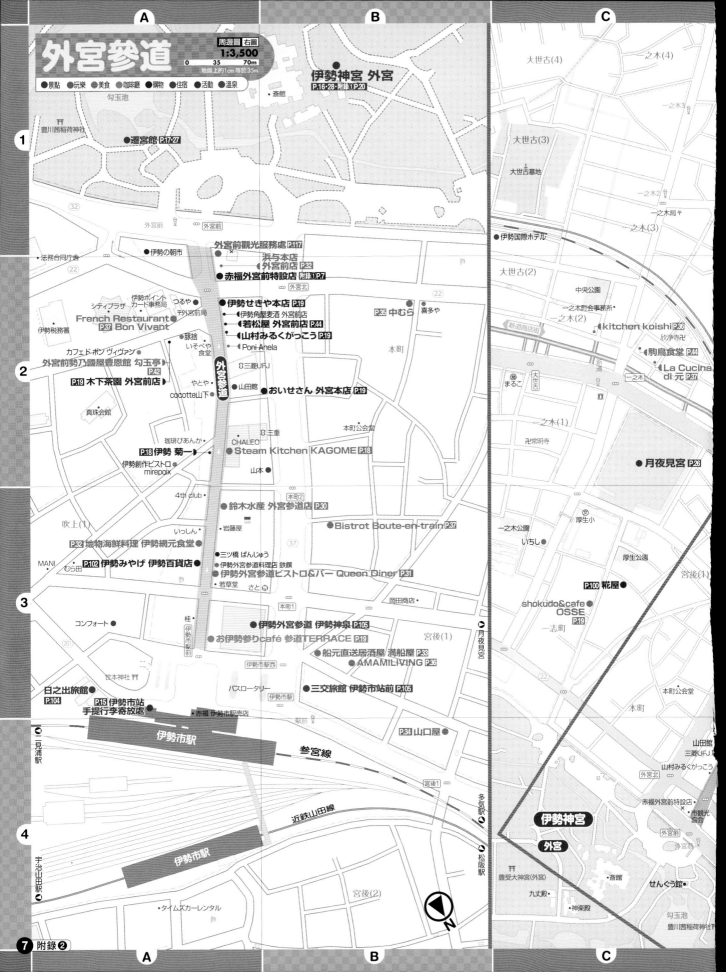

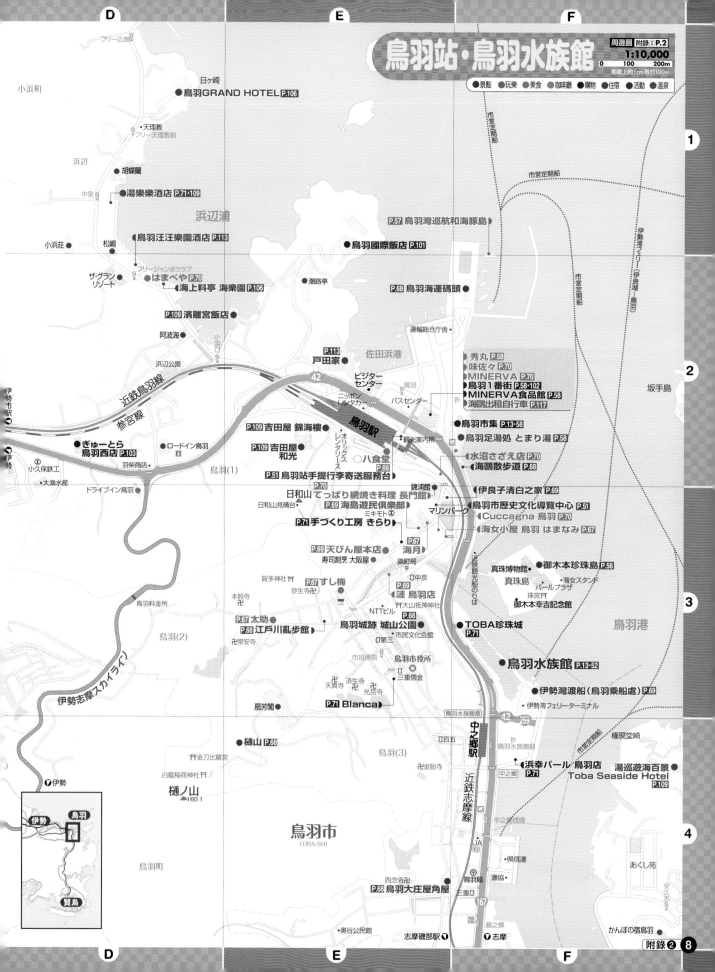

フリー福良
安楽島キャンプ場
●Ciao P.101
鳥羽風土 P.70
エクシブ鳥羽本館
白根崎
エクシブ鳥羽アネックス
大村島
鷲ヶ鼻
鋼釜浴
松ヶ鼻
長瀬
上ノ島
フリー夏見キャンプ場

1

鳥羽市街
フリーエクシヴ
浜焼市場 海太郎 P.66
孝志丸 かきっこ
フリー小田浜
P.69 海の駅 黒潮 パールロード店
麻倉島
かき養殖場
P.61 鳥羽市立海洋博物館
白浜海水浴場
海の博物館東
P.65
オイスターファーム 山善水産
鏡浦小
鏡浦中
P.106 石鏡温泉源泉之宿旅館 石鏡荘
円照寺
弁天崎
仏島
石鏡荘
石鏡神社
石鏡港
秀丸

P.68 浦神社
P.64 鳥羽観光旅館 美浦荘
P.64 かき小屋さとや
浜英水産
丸善水産 P.61・67
太陽浦島 悠季之里 P.71/113
生浦湾
銀鱗
心之宿 芭新萃 P.108

鳥羽市

櫛ヶ峰▲
今浦
P.60
麻生浦大橋
本浦港
英治丸 P.61
珍珠路 P.60
石鏡第一飯店 神俱良 P.107

P.65 マルナカ水産 マルマ本店
AJI蔵CaroCaro P.113
オイスターバー あじ蔵 P.69
本浦

御宿 The Earth P.113

2

珍珠路的中間點，可以吃到使用當地食材做的料理

晴天時還可看到富士山

牡蠣之路・鳥羽展望台
周邊圖 附錄② P.2
1:32,000
0　300m　600m
地圖上的1cm等於320m
●景點 ●玩樂 ●美食 ●咖啡廳 ●購物 ●住宿 ●活動 ●溫泉

P.61 鳥羽展望台 食國藏王
スペイン村

鳥羽市街
相差町
石鏡

石神（神明神社）・相差
周邊圖 附錄② P.2
1:12,500
0　100　200m
地圖上的1cm等於125m
●景點 ●玩樂 ●美食 ●咖啡廳 ●購物 ●住宿 ●活動 ●溫泉

太平洋

フリー千賀口

鳥羽市

瀬乃崎
民宿 丸万
千鳥ヶ浜海水浴場

3

的矢
畔蛸口
Mo

據傳可為女性實現一個願望

フリー千鳥ヶ浜

●Resort Hills 豐濱 蒼空之風〜SORA no KAZE〜 P.107
●民宿旅館 山川 P.109
讓您感到溫馨的海女之宿 丸善 P.113
漁師料理與溫泉的宿 浜栄

花の小宿 重兵衛
P.13・62 神明神社（石神）
あそび心の宿 のいち
P.71 相差 海女の家 五左屋
味わいの宿 たつみ
相差海女文化資料館 P.62
さひち P.113
海辺の宿 うえじ
和風料理與溫泉旅館 和美 P.108
味之宿花椿 P.108

畔蛸神社
あみ源
長岡中
長岡中
潮美館
相差
弘道小
P.107 幸洋荘
海と味覚の宿 相浦 P.109
日乃出

4

畔蛸白浜海水浴場
P.13・65 はちまんかまど・あさり浜
相差かまど 海女小屋体験 P.65

的矢湾
民宿 中川 P.65
鯨崎
海釣センター

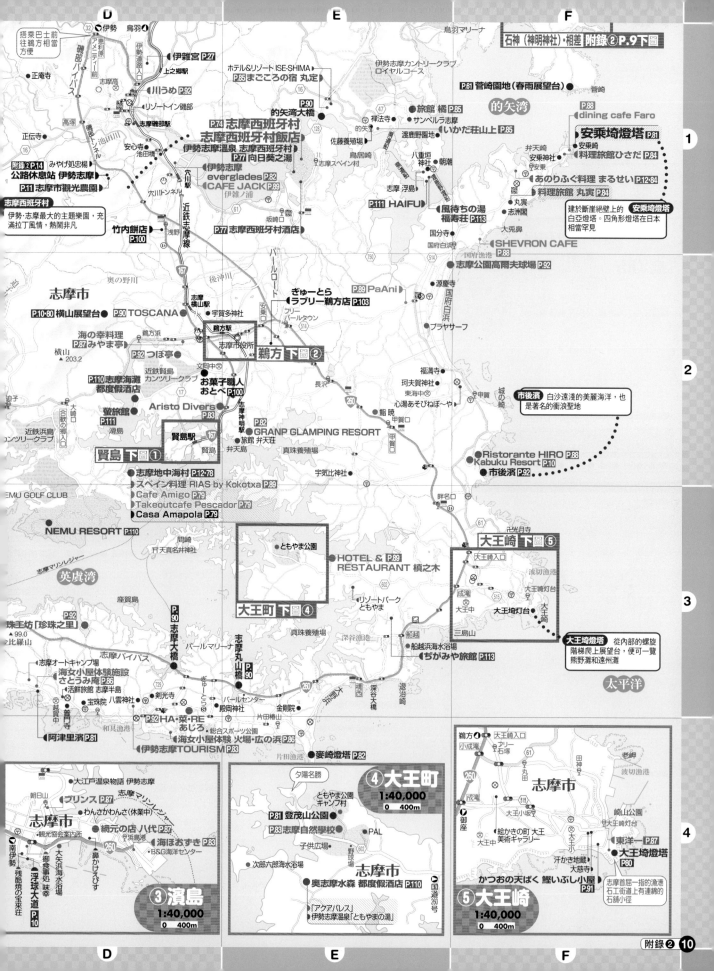

搭乘巴士前往鵜方相當方便

伊勢 鳥羽

●正庵寺

伊雜宮 P.27

上之郷駅

川うめ P.92

ホテル&リゾート ISE-SHIMA
P.85 まごころの宿 丸定

リゾートイン磯部

的矢湾大橋 P.90

石神（神明神社）・相差 附録②P.9下圖

P.61 菅崎園地（春雨展望台）●　　菅崎

伊勢志摩カントリークラブ
ロイヤルコース

的矢湾

P.88
dining cafe Faro

正伝寺

志摩西班牙村
志摩西班牙村飯店 P.74
伊勢志摩温泉 志摩西班牙村 P.77
伊勢志摩
everglades P.82
CAFE JACK P.89

志摩磯部駅

禅法寺

●旅館 橘 P.85
サンペルラ志摩

いかだ荘山上 P.85

安乗埼燈塔 P.81

料理旅館ひさだ P.84

あのりふぐ料理 まるせい P.12・84

料理旅館 丸寅 P.84

建於斷崖絕壁上的白亞燈塔。四角形燈塔在日本相當罕見

安乗埼燈塔 P.88

SHEVRON CAFE

志摩西班牙村
伊勢‧志摩最大的主題樂園，充滿拉丁風情，熱鬧非凡

附錄②P.14
公路休息站 伊勢志摩 P.11
志摩市觀光農園

竹内餅店 P.100

伊勢志摩温泉 志摩西班牙村 P.77
志摩西班牙村酒店 P.77

向日葵之湯 P.77

P.111 HAIFU

風待ちの湯
福寿荘 P.113

志摩公園高雨夫球場 P.92

志摩市

P.10・80 横山展望台●

P.90 TOSCANA

海の幸料理
みやま亭 P.87

P.92 つぼ亭

ぎゅーとら
ラブリー鵜方店 P.103

P.89 PaAni

市後濱 白沙遠淺的美麗海洋，也是著名的衝浪聖地

志摩市役所

鵜方 下圖②

お菓子職人
おとべ P.100

志摩海灘
都度假酒店 P.110

Aristo Divers P.83

螢旅館 P.111

GRANP GLAMPING RESORT P.82

賢島駅
賢島 下圖①

志摩地中海村 P.12・78
スペイン料理 RIAS by Kokotxa P.89
Cafe Amigo P.79
Takeoutcafe Pescador P.79
Casa Amapola P.79

Ristorante HIRO P.88
Kabuku Resort P.10
市後濱 P.92

NEMU RESORT P.110

英虞湾

珠王坊「珍珠之里」P.92

ともやま公園

HOTEL & P.89
RESTAURANT 槇之木

大王崎 下圖⑤

大王町 下圖④

大王埼燈塔 從內部的螺旋階梯爬上展望台，便可一覽熊野灘和遠州灘

志摩大橋 P.90

真珠養殖場

志摩オートキャンプ場
海女小屋体験施設
さとうみ庵 P.88
活鮮旅館 志摩半島 P.111

リゾートパーク
ともやま

船越浜海水浴場
ぢがみや旅館 P.113

太平洋

阿津里濱 P.81

P.92 HA・菜・RE
あじろ

海女小屋体験 火場・広の浜 P.86

伊勢志摩TOURISM P.83

麥崎燈塔 P.82

③濱島
1:40,000
0　　400m

大江戸温泉物語 伊勢志摩
プリンス P.87
わんさかわんさ（休業中）
網元の店 八代 P.87
海ほおずき P.83

④大王町
1:40,000
0　　400m

夕陽名勝
ともやま公園
キャンプ村
登茂山公園 P.81
志摩自然學校 P.83

PAL

志摩市

奥志摩水森 都度假酒店 P.110

「アクアパレス」
伊勢志摩温泉「ともやまの湯」

鵜方　大王崎入口

志摩市

絵かきの町 大王
美術ギャラリー

東洋一 P.87
大王埼燈塔 P.80

かつおの天ぱく 鰹いぶし小屋 P.91

志摩首屈一指的漁港 石工街道上有連綿的石砌小徑

⑤大王崎
1:40,000
0　　400m

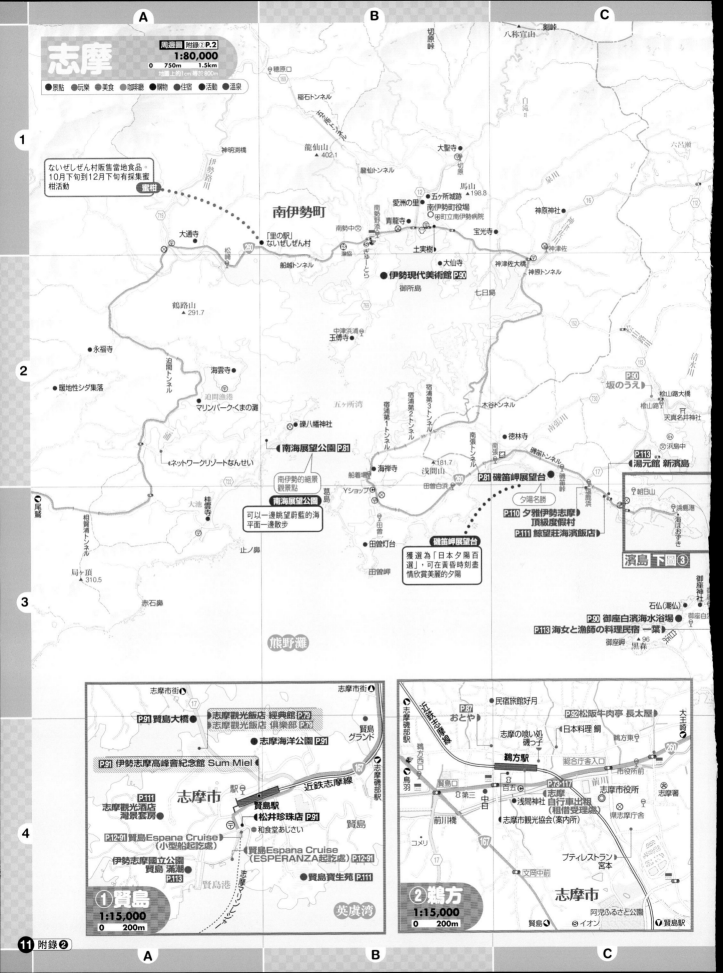

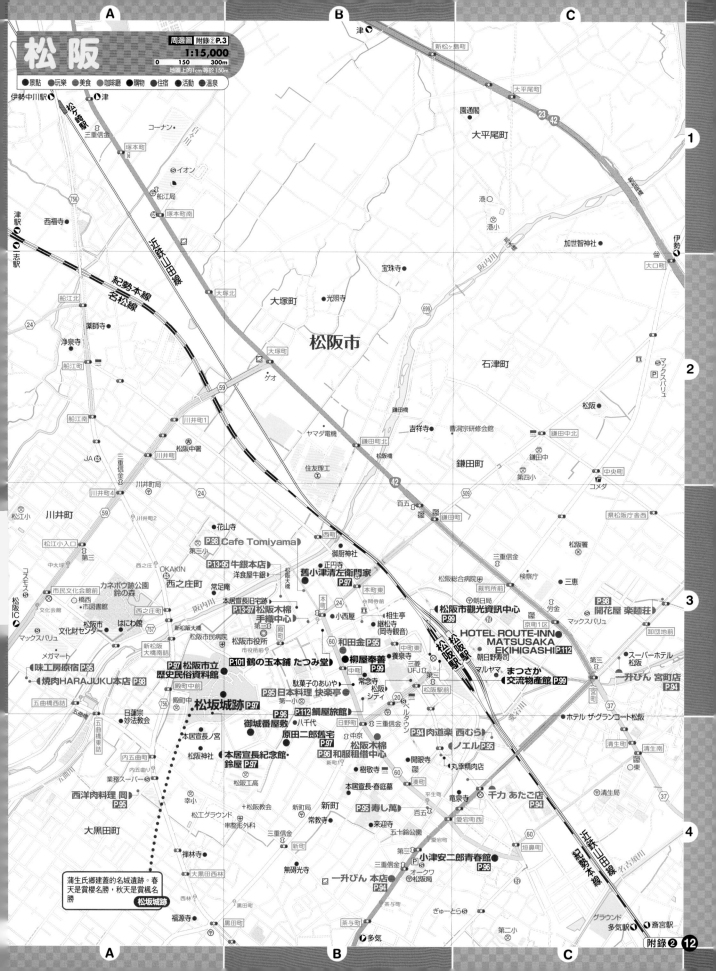

松阪

周邊圖 附錄② **P.3**
1:15,000
0　150　300m
地圖上的1cm等於150m

●景點　●玩樂　●美食　●咖啡廳　●購物　●住宿　●活動　●溫泉

A　　　　　　　　B　津　　　　　　　　C

伊勢中川駅
近鐵大阪線
津
コーナン・
三重信金
新松ヶ島町
大平尾町
23 42
園通閣
大平尾町

イオン
船江局
塚本町
塚本町南
港
港小
加世智神社
伊勢
大口町
大口

西福寺
津駅
志
紀勢本線
名松線
近鐵山田線
大塚北
宝珠寺
松阪

24
薬師寺
浄泉寺
船江町
船江北
大塚町
光照寺
松阪市
石津町
699
マックスバリュ
松阪

JA
三重信金
船江南
川井町4
川井町1
59
大塚町
ゲオ
ヤマダ電機
鎌田橋
吉祥寺
曹洞宗研修会館
鎌田町北
鎌田中北
鎌田中
松阪中署
松阪橋
42
鎌田町
第四小
鎌田中
中央町
コメダ

川井町局
24
松江小
川井町
松江小入口
中大坪
第三
西之庄
OKAKIN
常定庵
P.13・95 牛銀本店
洋食屋牛銀
舊小津清左衛門家 P.97
御厨神社
正円寺
本町東
西町
百五
鎌田町
松阪総合病院
裁判所前
朝日局
三重信金
県松阪庁舎西
松阪署
検察庁
三恵
P.98 開花屋 楽麺荘
加田地前
マックスバリュ

コスモス
松阪IC
マックスバリュ
市民文化会館前
橋西
市図書館
文化会館
松阪市文化財センター
メガマート
はにわ館
カネボウ跡公園
鈴の森
西之庄町
本居宣長旧宅跡
新松阪大橋
松阪市民病院
松阪市役所
市役所前
P.98 Cafe Tomiyama
第三小
P.13・97 松阪木棉手織中心
本町
第三
小西屋
相生亭
継松寺(岡寺観音)
中町東
養泉寺
三菱UFJ
松阪市観光資訊中心 P.99
HOTEL ROUTE-INN MATSUSAKA EKIHIGASHI P.112
京町1区
労金
松阪駅
朝日野寿司
スーパーホテル松阪
第三

味工房原宿 P.95
焼肉HARAJUKU本店 P.98
P.97 松阪市立歴史民俗資料館
殿町中前
P.101 鶴の玉本舗 たつみ堂
P.60 和田金 P.95
柳屋奉善 P.99
駄菓子のあいや
常念寺
松阪シティ
マルヤマ
まつさか交流物産館 P.99
一升びん 宮町店 P.94

五曲橋西詰
五曲橋
五曲橋東詰
内五曲り
内五曲り2
業務スーパー
日蓮宗妙法教会
本居宣長ノ宮
松阪城跡 P.97
松阪神社
御城番屋敷
原田二郎舊宅 P.97
本居宣長記念館・鈴屋 P.97
P.95 日本料理 快楽亭
P.112 鯛屋旅館 P.96
八千代
第一小
中京
日野町
三重信金
20
ベルタウン
松阪駅前
松阪木棉和服租借中心 P.96
新町
P.94 肉道楽 西むら
ノエル P.95
ホテル ザ・グランコート松阪
清生町
清生南
東
37

大黒田町
本居宣長・春庭墓
西洋肉料理 岡 P.95
幸小
松阪教会
畔整形外科
松阪工グラウンド
松阪工高
樹敬寺
60
開眼寺
開眼寺
丸幸精肉店
湊町
P.95 寿し萬
千力 あたご店 P.94
竜泉寺
愛宕町西
清生局
37

禅林寺
大黒田西林
福寺
田町
黒田町
新町局
常教寺
三重信金
新町
来迎寺
五十鈴公園
愛宕町
第三
小津安二郎青春館 P.96
オークワ
松阪局
愛宕川
近鐵山田線
紀勢本線

蒲生氏郷建蓋的名城遺跡。春天是賞櫻名勝，秋天是賞楓名勝
松坂城跡

福源寺
西林
田町
無礙光寺
一升びん 本店 P.94
茶与町
茶与町
多気
ぎゅーとらS
第二小
多気駅
斎宮駅
グラウンド

A　　　　　　　B　多気　　　　　C

伊勢志摩 來回路上的順道景點！
SAPA·公路休息站 *Selection*

旅遊途中絕對無法錯過的就是高速公路的SAPA、公路休息站和產地直銷市場。以下分門別類，介紹當中的推薦商品。

東名阪自動車道

東海的特色美食匯聚！

御在所SA
（EXPASA御在所）

EXPASA是指有許多入駐店家聚集的SA。伊勢名產「赤福」等以三重為主的各式地方名店齊聚一堂。

☎059-332-0423　**MAP** 附錄②3 A-1

🕐觀光服務處8:00～18:00（週六日、假日為～19:00）

東海地區也有受歡迎的美食餐廳，如Kakiyasu和Yamasa

アンティーク ミカエル
ANTIQUE micael
micael（1個）
`185円`
烤甜甜圈的本體是鬆軟的蜂蜜蛋糕

上行

アンティーク ミカエル
ANTIQUE micael
焦起司法式麵包
`540円`
特色為滿滿的起司和濃郁的香氣

芋花戀※期間限定商店
芋蜜花林糖
`600円`
沾秘傳芋蜜的番薯為招牌商品

上行

芋花戀※期間限定商店
芋蜜甜番薯
`580円`
入口即化的半熟口感令人愛不釋手！

下行

かきじろう
柿次郎
草莓大福（1個） `248円`
11月～5月販售的期間限定商品

大型&施設完備！
SAPA篇

最值得令人矚目的就是商業設施化的大規模SAPA，內有許多樂趣。

News!!

三重縣內SAPA
販售新商品!!

使用三重縣產素材，與中京大學產學合作開發的新名產。可從6種當中選擇3袋，物超所值的伴手禮組合。

豪華零嘴
三重物超所值包
`3袋裝1080円（單品388円）`

東名阪自動車道

品嘗三重當地的美食

龜山PA
（龜山高速公路綠洲館）

2018年4月重新開張

占地13萬4000㎡廣大腹地有草坪廣場和玩水場等完善的設施。美食廣場在2018年剛重新整修完畢。

☎0595-84-4114　**MAP** 附錄②3 A-1

🕐8:30～19:30（11～3月為～18:30，BBQ廣場需預約）　**休**無休

高速公路綠洲館直通PA

烏龜菠蘿麵包
`200円`
裡面有滿滿的哈密瓜內餡

龜山拉麵
`780円`
牛骨味噌湯頭，曾在當地的拉麵比賽中獲得優勝！

伊勢志摩御膳　1600円
主食海扇蛤天婦羅推薦沾鹽吃。其他還附生魚片和伊勢烏龍麵

使用志摩食材的豪華御膳

有滿滿海產的海鮮丼

使用很多伊勢龍蝦等當地海產喔！

海鮮彩丼　2000円
可以一次吃到鰤魚、甜蝦等許多海產，相當豪華的一道料理

美食

珍珠鹽霜淇淋　300円
加入從伊勢志摩珍珠上採取的礦物，是志摩限定的霜淇淋

海道青苔・芥末海苔・花枝明太
各640円～
有三重縣產的佃煮青苔、珍味花枝等，可試吃

忠楊的志摩石蓴・志摩寒羊棲菜
（任選3包）　1000円
使用志摩海中孕育的海藻，以傳統製法精製而成

王將伊勢龍蝦煎餅
えの氹（10片裝）
1200円
將在伊勢灣捕獲的伊勢龍蝦烤得香噴噴的人氣煎餅

伊勢自動車道・伊勢西IC車程約23分　國道167　志摩

大快朵頤豐富的海產
公路休息站 伊勢志摩
●みちのえき いせしま

附設伊勢志摩地區的觀光、活動等資訊介紹區、伊勢志摩物產館、場外賽馬券販售處。伊勢志摩物產館可購買海產加工品、銘菓、特產酒等。

☎0599-56-2201　MAP 附錄②10 D-1
🕘9:00～18:00（視設施而異）　休無休
📍志摩市磯部町穴川511-5　P免費

伊勢龍蝦和海螺等都可地方配送

餐廳裡會播放賽馬實況

松阪牛炸肉排定食　1500円
加入松阪肉的多汁炸肉排使用偏甜的自家製半釉汁，搭配絕妙

伴手禮

三重縣
伊勢海老せんべい
えの氹
サコウ食品 株式会社
外宮奉納昆布

三重縣
鳥羽市
王將昆布
サコウ食品 株式会社
外宮奉納昆布

王將昆布　700円
使用國產昆布，並用三重縣產大豆和海洋深層水製成的特選伊勢醬油熬煮而成

伊勢自動車道・松阪IC車程約35分　國道166　松阪

有美食有體驗活動也有溫泉♪

公路休息站 飯高駅
●みちのえきいいたかえき

有特產品原木香菇和藍莓、地味噌等特製商品，也有溫泉設施、蕎麥麵製作體驗處、草坪公園等地。另外還推薦可吃到松阪牛和野味的餐廳。

☎0598-46-1111　**MAP** 附錄②3 A-3
🕐7:30～21:00(視設施而異)　休週三(逢假日則翌日休，商品販售為6、12月第2週三休)
所松阪市飯高町宮前177　P免費

三段碗子蕎麥麵 1130円
使用松阪產的蕎麥麵粉，附蘿蔔泥、滑菇、山藥3種沾醬

美食

銅板午間套餐「蔬菜咖哩」 500円
大量使用當地栽培的新鮮蔬菜，另外也附沙拉

鹿肉丼 1450円
當地捕獲的天然鹿肉做成燒肉的特製丼飯料理

松阪牛烏龍麵 980円
大量使用松阪牛的肉烏龍麵。肉的甜辣調味也相當美味

陳列許多飯高站的原創商品

此地也有溫泉，可消除旅行疲勞

伴手禮

伊勢和紅茶 435円
100％使用松阪產茶葉的和紅茶，有滑順的甜味

進階玩法

艾草銅鑼燒 (5個裝) 330円
飯高名產人氣和菓子。餅皮中揉入艾草

極品蔥燒地味噌 550円
以當地味噌為基底，加入烤蔥、青辣椒、酒釀

露天浴池
有位於河流旁的露天浴池等11種浴池

蕎麥麵製作體驗
使用當地產的蕎麥麵粉，1盤2160円～，可當天預約

紀勢自動車道・大宮大台IC車程約3分　國道42　大台

有很多含大台的鄰近3鎮名產!!

公路休息站 奧伊勢おおだい
●みちのえきおくいせおおだい

販售許多大台町、大紀町、多紀町這3町的商品，也有很多奧伊勢的美食。尤其是使用鹿肉的當地漢堡和1天限定30客的「今日鐵路便當」最有人氣

☎0598-84-1010　**MAP** 附錄②3 B-3
🕐8:00～18:00　休無休　所大台町佐原663-1
P免費

鹿肉漢堡 500円
使用當地鹿肉醬，曾獲得全國道-1大賞的名產漢堡

美食

伴手禮

柚子三姊妹 (3瓶) 1728円
使用當地產柚子的柚子醋、調味醬、柚子鹽醬的3瓶組合

伊勢茶紅豆餡杯裝霜淇淋 350円
使用濃郁美味的當地大內山牛奶和伊勢茶的特製霜淇淋

有很多當地訪客，也是該地區的休憩場所

有很多當地的特產品，是奧伊勢的資訊發信基地

松阪牛すじ肉煮

松阪牛筋肉煮 648円

松阪牛丼 860円

伊勢路紀行 1盒540円

時雨煮 松阪牛 1080円

產地直銷市場 篇

有很多新鮮蔬果等生鮮食品！也可以購買使用當地食材的特產品伴手禮！

特產品滿滿！

柚子
盛產期9～12月

伊勢龍蝦
盛產期:10～3月

伊勢自動車道·松阪IC即到

以地產地消為概念

松阪農業公園 Bell Farm 農家市場·松阪商会

縣道 59 松阪

●まつさかのうぎょうこうえんベルファーム のうかいちばまつさかしょうかい

位於有大池子、廣場、英式庭園等大自然環繞的公園當中的直銷處，主要販售松阪相關的商品。

☎0598-63-0050　MAP附錄②3 B-1

🕐9:00～17:00　休週三（逢假日則翌日休，5、8月無休），3月第1週二

📍松阪市伊勢寺町551-3　P免費

農家市場

販售當地生產者栽培的當季蔬果等可看到生產者的臉的商品。

松阪商会

除了松阪牛之外，還有各式各樣的當地特產品、名產品、伴手禮品等。

紀勢自動車道·紀勢大內山IC車程5分

紀勢地區的美食齊聚一堂

山海の郷 紀勢

國道 42 大紀

●さんかいのさときせい

位於國道42號沿途的觀光物產市場。除了在紀勢地區捕獲的海產外，還有蔬菜到乳製品等豐富多元的當地特產品。

☎0598-74-0323　MAP附錄②3 B-4

🕐10:00～18:00　休週二（逢假日則翌日休）　📍大紀町崎2154-1　P免費

紀勢自動車道·勢和多気IC車程10分

手工「おばあちゃん農產品」

五桂池故鄉村

國道 150 多氣

●ごかつらいけふるさとむら

集結了當地蔬菜和加工品的「おばあちゃんの店」最有人氣。位於有動物園、採集水果、BBQ等複合休閒設施內。

☎0598-39-3860
MAP附錄②3 C-2

🕐8:00～17:00
休第2週二（8月無休）　📍多気町五桂956　P免費

伊勢自動車道·玉城IC車程5分

有很多玉城町的特產品

ふるさと味工房 アグリ

一般 道路 玉城

●ふるさとあじこうぼうアグリ

除了名產玉城豬之外，還有很多使用玉城產越光米和糯米的商品。推薦直營火腿工坊製作的特製商品。

☎0596-58-8686　MAP附錄②3 C-2

🕐9:30～18:00、食堂11:00～17:00（18:00閉店）　休週三（逢假日則翌日休）

📍玉城町原4254-1 アスピア玉城內　P免費

豬肉乾(80g) 648円

MAPPLE まっぷる 哈日情報誌 伊勢志摩

CONTENTS①

＼ 可以拆下使用!! ／
2大特別附錄

附翻頁MAP！
附錄① **厄除町＆托福橫丁BOOK**

附SAPA、公路休息站指南！
附錄② **伊勢志摩兜風MAP**

MAPPLE まっぷる 哈日情報誌 伊勢志摩

CONTENTS②

♥TOBA

確認主要地區的遊玩重點，訂定旅遊計畫吧

伊勢志摩是這樣的地方

除了有眾多參拜者來訪的伊勢神宮、二見地區，志摩、鳥羽、松阪也有很多值得一看的景點。掌握各地區之間的地理位置和觀光名勝，有效率地遊逛伊勢志摩吧！

伊勢神宮內宮的正宮祀奉著天照大御神

↑內宮的門前町「托福橫丁」

↑男岩女岩相互依偎的二見夫婦岩

遊客絡繹不絕的嚮往之地 P.14
伊勢神宮·二見
● いせじんぐう・ふたみ

伊勢神宮位於此地區的中心，參拜訪客來自日本全國。參拜完後還可以到厄除町和托福橫丁逛街購物，享用美食。二見是前往神宮參拜前淨身的地方，同時也是能量景點夫婦岩的所在地。

必訪景點！
◆伊勢神宮 ………………… ➡P.16
◆厄除町、托福橫丁 ➡P.24・附錄①
◆猿田彥神社 ……………… ➡P.38
◆二見興玉神社 …………… ➡P.46

↑在厄除町、托福橫丁可以找到伊勢風情的和風雜貨

必吃美食！
◆伊勢龍蝦 ………………… ➡P.30
◆手捏壽司 ………………… ➡P.32
◆伊勢烏龍麵 ……………… ➡P.34
◆河崎咖啡廳 ……………… ➡P.41

↑麵條柔軟是伊勢名產伊勢烏龍麵的特徵

伊勢志摩在這裡！

逛水族館&大啖海鮮，暢玩海灣地區 P.51
鳥羽
● とば

此處是沉降海岸綿延的觀光地。海女漁業盛行，以海女的守護神——石神聞名的神明神社也是日本著名的能量景點。還有日本唯一飼育儒艮的鳥羽水族館、海豚島，以及答志島等離島分布。

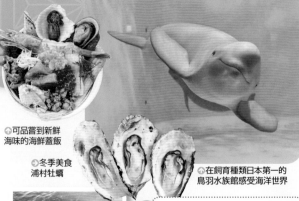

↑可品嚐到新鮮海味的海鮮蓋飯

↑冬季美食浦村牡蠣

↑在飼育種類日本第一的鳥羽水族館感受海洋世界

←可為女性實現1個願望的神明神社

←可參觀海女捕魚

必訪景點！
◆鳥羽水族館 ……………… ➡P.52
◆御木本珍珠島 …………… ➡P.56
◆神明神社（石神） ……… ➡P.62

必吃美食！
◆浦村牡蠣 ………………… ➡P.64
◆海鮮蓋飯 ………………… ➡P.66

伊勢志摩導覽 NAVI

伊勢志摩是這樣的地方

規劃行程的訣竅！

規劃旅遊行程之前，先蒐集想知道的資訊。

Q 第一次去伊勢志摩該去哪裡？

A 一定要去伊勢神宮。伊勢神宮由125座宮社組成，可先去參拜外宮和內宮。內宮附近的厄除町和托福橫丁也是必去之處。

Q 建議住幾天？

A 如果也要玩鳥羽和志摩的話，基本上要2天1夜。3天2夜的話就可以慢慢遊逛各區域。

Q 如果只去伊勢神宮需要幾天？

A 只參拜外宮和內宮的話1天就可逛完。別宮的分布範圍廣泛，如果想要全部參拜，建議分2天。

Q 在當地該搭什麼交通工具？

A 前往各個觀光景點的主要交通方式為巴士。除了路線巴士之外，還有行駛於伊勢～鳥羽的「CAN巴士」等周遊巴士，可視目的地選擇搭乘。要去志摩的話，有些地方搭巴士難以抵達，開車會比較方便。

■ 從中部國際機場前往伊勢的輕鬆途徑

從中部國際機場搭乘高速船·津Airport Line到津NAGISAMACHI，在津NAGISAMACHI轉乘三重交通特急巴士，前往伊勢市駅前，也有往外宮和內宮的方向。

需時最快約2小時，比搭電車快。高速船有人數限定，建議事前預約。

☎059-213-4111（高速船預約服務中心）
※服務時間9:00～18:00

伊勢市駅前		津NAGISAMACHI		中部國際機場
	三重交通特急巴士		高速船·津Airport Line	
	約70分 1日4～5班		約45分 1日15班	

大快朵頤頂級松阪牛美食！

松阪 ●まつさか

P.94

必訪景點！ 城下町散步 ➡P.96

必吃美食！ 松阪牛美食 ➡P.94

松阪在江戶時代為商人之城，因松阪木棉而興盛繁榮。鎮上保存許多當時的建築，也有對外開放內部空間的資料館，可感受到安土桃山時代下，以武將蒲生氏鄉建造的松坂城遺址為中心的城下町風情。這裡也是松阪牛的主要產地。

◎松阪牛的霜降油花細緻、入口即化

◎松阪牛握壽司也堪稱絕品

◎武士居住的屋宅等均予以保留，彷彿走進江戶時代的城鎮街景

伊勢志摩地區

◎安乘河豚的豐富菜色

◎島嶼遍布的英虞灣

充滿自然美景的海邊度假勝地

志摩 ●しま

P.73

◎伊勢志摩規模最大的主題樂園「志摩西班牙村」

必訪景點！
◆志摩西班牙村⋯⋯⋯ ➡P.74
◆志摩地中海村⋯⋯⋯ ➡P.78
◆英虞灣的海邊絕景⋯ ➡P.80

必吃美食！
◆安乘河豚⋯⋯⋯⋯⋯ ➡P.84
◆的矢牡蠣⋯⋯⋯⋯⋯ ➡P.85
◆海女小屋⋯⋯⋯⋯⋯ ➡P.86
◆海邊餐廳&咖啡廳⋯ ➡P.88

碧藍的海，蔚藍的天，志摩的海邊舒適療癒。從白亞燈塔和展望台眺望的英虞灣海景美不勝收，安乘河豚等當地海產也很推薦。另外也有許多像志摩西班牙村般的夢幻景點。

◎在阿津里濱欣賞美麗夕陽

◎可在露台座感受海風的咖啡廳

話題景點＆打卡絕景

熱門

伊勢志摩之旅 trip

每次遊訪伊勢志摩都能感受到更多魅力。從晨間參拜、朔日參拜，到熱門話題資訊，快來趟伊勢志摩深度之旅吧！

熱門 **1**

僅限早上！
極其珍貴的參拜之旅

就算要早起也想體驗！
早晨是如此美好♡

靜謐莊嚴的伊勢神宮充滿著神秘的氣息。悠閒參拜，感受只有早上才有的清爽空氣♪

平鋪整齊的砂粒地面

剛鋪好的砂粒地面在陽光照射下散發出耀眼奪目的光芒，這是只有早上才看得到的景象。

人少寧靜

五十鈴川上的宇治橋也不會人擠人，可以慢慢走。

◇◇ 晨間的參拜方法 ◇◇

◆ 5：00～8：00的參拜
伊勢神宮從早上5點就可開始參拜，不妨選擇人少的早晨前往，感受莊嚴神聖的氛圍吧。

◆ 最好能住一晚
可選擇住伊勢神宮周邊有附早餐的旅宿，或會帶住宿旅客參拜內宮的旅宿較方便。

柔和的晨光

晨光照在神宮境內，籠罩著神秘的氛圍。

每月一次的特別時光

體驗朔日參拜

「朔日參拜」是指在每月1日清晨前往神宮參拜。厄除町的熱情迎接也很令人期待！

What's 朔日參拜

每月月初向神明感謝又平安度過一個月的習俗。會推出當日限定的「朔日早粥」和「朔日餅」，讓厄除町熱鬧非凡！

填滿早晨的肚子，滋味豐富的早粥

⬆加入牡蠣的11月牡蠣雜炊800円

⬆加入南瓜的12月冬至粥600円

朔日早粥

托福橫丁的餐飲店每個月會準備不同的早粥來迎接朔日參拜的訪客。照片全是「すし久（→附錄①P.16）」的早粥，從4時45分開始提供。

⬇6月香魚雜炊800円

赤福睽違107年的新商品!!

2018年推出的新商品！有白豆和白四季豆的白餡、艾草製作的綠餡（夏季為大麥若葉餡）、赤福餅的紅豆泥、黑糖風味的黑餡等4種組合包裝。

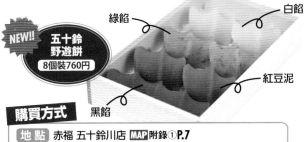

NEW!!
五十鈴野遊餅
8個裝760円

白餡
綠餡
紅豆泥
黑餡

購買方式

地點	赤福 五十鈴川店 **MAP**附錄①P.7
時間	12時30分開始販售 ※售完為止
數量	一個人最多5盒

朔日早市

配合朔日參拜，托福橫丁從凌晨3時30分到8時推出早市。除了有時令蔬果之外，還有餐飲店販售朔日早粥等限定菜單。

大清早的時段仍舊熱鬧非凡

⬆如吉日般歡喧熱鬧。1月沒有舉辦，請留意

⬆赤福本店前一大清早就出現購買朔日餅的排隊人潮

只在每月1日販售的限量商品！

赤福本店的朔日餅

除了元旦，每月1日會推出不同季節的限定甜點，建議事先預約！

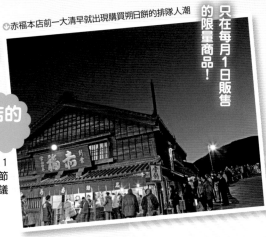

赤福本店全年的朔日餅全部亮給你看！

 2月／立春大吉餅 → 3月／艾草餅 → 4月／櫻餅

8月／八朔粟餅 ← 7月／竹筒水羊羹 ← 6月／麥手餅 ← 5月／柏餅

 9月／荻餅 → 10月／栗餅 → 11月／惠比須餅 → 12月／雪餅

朔日餅 怎麼買？

▶當天買怎麼買？

前一天17時起發放號碼牌，當天早上3時30分用號碼牌兌換伍整理券，4時30分按照號碼排隊，4時45分開始販售。

▶也可事先預約

前一個月的15日起可在本店店面或電話（☎0596-22-2154）預約。之後會寄送兌換券，當天再到赤福本店附近的指定地點兌換。

英虞灣散布著60個大大
小小的島嶼和珍珠養殖筏

熱門 2 可俯瞰英虞灣絕景 天空露台座開放！

漢堡、飲品等美食皆
使用當地食材

Mirador Shima ●ミラドールしま

位於展望休息處1樓，以伊勢志摩食材製作的
輕食和飲料皆提供外帶。2樓有觀景台空間。

⛰休自由參觀，咖啡廳9:00～16:30
所志摩市阿兒町鵜方875-20

志摩

橫山展望台 ➡P.80
●よこやまてんぼうだい

位於海拔140m橫山展望台的「橫山天
空咖啡廳露台座」於2018年3月登
場。可坐在木製露台座享受喝茶時
光，同時眺望以沉降海岸聞名的英虞
灣和一望無際的太平洋景觀。

熱門 4 在夜晚閃閃發光 夢幻的浮球大道

志摩

浮球大道 ●ビンダマロード

將過去用來當漁具浮標的「玻璃浮球」設置於目戶
山海岸沿岸的遊步道，約1km長。玻璃浮球會於日
落到23時點燈，呈現美麗又夢幻的光景。

☎0599-46-0570(志摩市観光協会) MAP附錄②10D-4
⛰¥自由參觀 所志摩市浜島町浜島 近鐵鵜方站車程
20分 P無

⬆不僅將玻璃浮球
排排站，還有堆疊
的吊起來的

提供：公益社團法
人伊勢志摩觀光代
表機構

熱門 3 寬敞的度假空間， 舒適的豪華露營

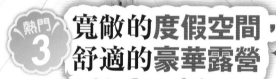

志摩

Kabuku Resort ●カブクリゾート

可享受豪華露營、BBQ，還附設咖啡廳的綜合度
假村。帳篷內有床舖、冷暖氣、冰箱，可在舒適
的環境中感受大自然，另外推薦精心講究的早
餐。現在也有每日限1組的山區包場服務。

☎0599-77-7369 MAP附錄②10E-2
⛰check in16:00 check out10:00、BBQ 11:00～19:00(需預約)
休不定休 所志摩市阿兒町志島876 近鐵鵜方站車程15分 P免費

⬆用志摩海女
捕獲的食材等
享受奢華的
BBQ

伊勢志摩 導覽

NAVI

熱門 伊勢志摩之旅

熱門 6 訴說伊勢志摩的春天 來訪的7萬株芝櫻

志摩
志摩市觀光農園 ●しましかんこうのうえん

在約6000平方公尺的緩坡上種植7種色彩繽紛的芝櫻。鄰接公路休息站「伊勢志摩」，於每年4月上旬～中旬的賞花季開園。

☎0599-44-0288(志摩市役所 産業振興部 農林課)
⏰9:00～17:00 休配合芝櫻花期開園，需確認 所志摩市磯部町穴川1511-5 道の駅「伊勢志摩」の奥 ⊞第二伊勢道路・白木IC車程40分 Ｐ有
MAP 附錄②10D-1

提供：志摩市觀光協會

熱門 5 每月23日限定！ 夢幻的青蛙朱印

⇨每月23日會有特別的復刻朱印

伊勢
二見興玉神社 ➡P.46
●ふたみおきたまじんじゃ

祈求締結良緣和夫妻圓滿的神社，從參道可看見並列於二見浦海岸的夫婦岩。因偶然發現昭和初期的朱印紙，忠實重現此朱印的復刻版成為熱門話題。

熱門 7 在靜謐的海上 看日出的夢幻體驗

⇨可橫跨伊勢志摩各地，也可前往無人島

伊勢
OUTISE ➡P.42
●アウティーズ

搭皮艇和SUP（立式划槳），用全身感受伊勢志摩的大自然。有初學者也能輕鬆體驗的半日行程，也有全家悠閒共遊的1日行程等，可自由選擇適合自己的行程。

可眺望被朝日染成金黃色海面的「晨間SUP」行程4500円（需預約）

第2天想去這裡！

搭配伊勢神宮**參拜**之旅！

王道標準行程

在參拜完伊勢志摩之旅的重點伊勢神宮之後，
建議可住一個晚上隔天再到周邊區域遊玩！
以下介紹特色豐富的志摩、鳥羽、松阪的王道玩法。

在志摩地中海村度過優雅的午茶時光♪

Course 1

志摩路線

地中海村和沿海咖啡廳&夕陽遊船

享受度假之旅，大啖志摩的河豚美食，還有海邊的時髦咖啡廳和夕陽美景。

Course chart

伊勢車程約40分
↓
志摩的度假村飯店
↓ 約8km、車程20分
志摩地中海村 ➡P.78
↓ 16.1km、車程29分
あのりふぐ料理 まるせい ➡P.84
↓ 2.8km、車程9分
SHEVRON CAFE ➡P.88
↓ 9.7km、車程21分
賢島Espana Cruise ➡P.91
↓ 26km、車程45分
伊勢道・伊勢西IC

賢島Espana Cruise

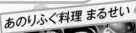
あのりふぐ料理 まるせい

↑大快朵頤10月～3月限定的新鮮安乘河豚

↑分成餐桌席和和式座位的寬敞店內

↑在海風中享用極品甜點魅力十足

SHEVRON CAFE

↑搭乘周遊英虞灣的觀光遊船，一覽美麗的海岸

↑眺望海面，度過舒適悠閒的平靜時光

志摩地中海村

↑「Takeoutcafe Pescador」的加料霜淇淋　↑漫遊在地中海度假聖地的氣氛中

規劃行程的訣竅

第1天一定要去伊勢神宮！

伊勢神宮的外宮和內宮離步行範圍有點距離，光是遊逛兩邊參道上的美食和伴手禮店就能耗掉1天時間。最好能住個1晚，再到其他區域玩玩。

伊勢的標準行程➡P.28

選住隔天遊玩的區域！

看隔天要去志摩、鳥羽還是松阪，選住在第2天要去的地區最為方便。如果想要晨間參拜伊勢神宮的話，也可以晚上住伊勢，第2天再去參拜。

嚴選住宿➡P.104

伊勢志摩 導覽 NAVI

王道標準行程

松阪路線

Course 3

在松阪牛的產地漫步城下町

為充滿江戶時代歷史色彩之地，還留有蒲生氏鄉建的城堡石牆等。不妨來此享用頂級和牛的道地滋味吧。

Course chart

伊勢的老字號旅宿

約23km、車程35分

松阪城下町 →P.96

750m、車程4分

牛銀本店 →P.95

210m、車程1分

松阪木棉手織中心 →P.97

6.1km、車程14分

伊勢道・松阪IC

↑明治35（1902）年創業的知名老店，招牌菜為壽喜燒　**牛銀本店**

↑江戶時代的紀州藩士一家人居住的御城番屋敷　**松阪城下町**

松阪城下町

↑松阪公園裡的松阪城遺跡內保留了美麗的石牆

↑位於松阪城遺跡附近的本居宣長紀念館・鈴屋

松阪木棉手織中心

→介紹松阪木棉的傳統技術，也有手織體驗活動

鳥羽路線

Course 2

鳥羽水族館和能量景點&海產

享用海港城市特有的海鮮美食。有儒艮的人氣水族館也不能錯過♪

Course chart

伊勢車程約30分

鳥羽的溫泉旅館

2km、車程5分

鳥羽水族館 →P.52

700m、車程2分

鳥羽市集 →P.58

16.1km、車程25分

海女小屋 →P.65

1.6km、車程8分

神明神社 →P.62

28.8km、車程40分

伊勢道・伊勢IC

鳥羽水族館

↑日本只有這間水族館可以看到難以飼養的儒艮

鳥羽市集

↑直銷早上現採的蔬菜和近海海產等當地食材

苺 ichigo

鳥羽市集

↑使用當地食材的加工品

←在鳥羽市集外的足浴放鬆身心

→石神護身符，繡有海女的避邪符號

海女小屋

神明神社

1個可為女性實現願望的石神

↑海女在面前現烤的海鮮堪稱絕品

→換上海女裝扮，拍攝紀念照

伊勢神宮・二見

いせじんぐう・ふたみ

遊逛神社和門前町，三重的觀光據點

自古就有很多人會來「伊勢神宮」參拜，此外還有許多歷史悠久的神宮，是三重的觀光重點地帶。神宮附近的餐飲店和伴手禮店櫛比鱗次、河川沿岸上黑壁倉庫林立的河崎，和以祈求良緣的夫婦岩著名的二見也是值得一遊的景點。

諮詢處 ☎0596-28-3705 (伊勢市觀光協會) 詳細地圖 附錄②4~7

◆祀奉天照大御神

伊勢神宮 内宮 P.20

◆いせじんぐうないくう
内宮祀奉著日本地位最高的神明──天照大御神。來此參拜，向神明表達平時的感謝之意吧。

宇治橋和大鳥居

厄除町・托福橫丁在附錄①有詳細介紹！

☝最著名的伊勢烏龍麵和赤福餅

内宮步行即到

◆享受伊勢美食・逛街購物

厄除町・托福橫丁 附錄①

伊勢著名美食和伴手禮店櫛比鱗次，在懷舊老街邊逛邊吃別有一番風味。

伊勢神宮・二見
松阪 河崎 二見 鳥羽 伊勢市站 志摩

◆祀奉食衣住的神明

伊勢神宮 外宮 P.16

◆いせじんぐうげくう
位於高倉山山麓，祭祀負責天照大御神飲食的豐受大御神。

表參道火除橋

前往伊勢地區主要景點的交通資訊

介紹前往伊勢神宮和厄除町、托福橫丁的交通方式。
解決在意的交通問題，來趟舒適暢快的旅遊吧！

往外宮
JR／近鐵・伊勢市站 → 步行 步行5分 → 外宮
外宮 → 自駕 約2km・5分 → 伊勢西IC

往内宮
JR／近鐵・伊勢市站 → 巴士 三重交通巴士／CAN巴士20分 → 内宮前
内宮前 → 自駕 約3km・13分 → 伊勢西IC → 内宮

往厄除町・托福橫丁
JR／近鐵・伊勢市站 → 巴士 三重交通巴士20分 → 内宮前 ※前往托福橫丁請在神宮会館前下車 → 步行即到 → 厄除町・托福橫丁
托福橫丁 → 自駕 約3km・13分 → 伊勢西IC → 厄除町・托福橫丁

到伊勢市的交通方式
近鐵名古屋站 → 鐵道 近鐵特急 1小時20分 → 伊勢市站
JR名古屋站 → JR 快速三重號 1小時30~40分 → 伊勢市站
名古屋西IC → 自駕 東名版・伊勢自動車道 1約122km・約1小時25分 → 伊勢西IC

如果只參拜伊勢神宮，只有1天也OK。
想要玩遍這一帶，多住1晚會比較安心！

伊勢神宮的外宮和內宮距離約5km，占地都很廣。走一般參拜路線的話，外宮約需1小時，內宮則需1個半小時。外宮和內宮的參道上都有很多名產美食和伴手禮店，慢慢逛的話最好要7小時，快速逛的話要5小時比較保險。若要在這裡住一晚的話，建議可一大早來參拜，感受伊勢神宮清晨神聖的氛圍。還有時間的話，可到以夫婦岩著名的二見、有展望足浴的朝熊、充滿風情的倉庫街河崎遊玩。

◆便利資訊

可學習歷史
伊勢神宮導覽和遊訪神宮

有志工導覽的「伊勢神宮觀光導覽會」，以及需付費的伊勢神宮檢定上級篇合格者所擔任導覽的深度「伊勢神宮觀光導遊」2種。

◆伊勢神宮觀光導覽會
📞0596-23-3323（伊勢神宮觀光導遊）
🕐9:30～15:00（時間可洽談），需在10日前預約（若僅導覽外宮則依當日報到順序受理）
💴免費

◆伊勢神宮觀光導遊
📞0596-24-3501（美し国観光ステーション お伊勢さん観光案内人受付係）
🕐受理9:00～16:00，需在3日前預約
💴內宮3100円、外宮2100円（1～5人適用，6人以上則依人數調整，交通費等另計）

‖善用手提行李寄放處

可寄放手提行李，讓遊客可空手觀光的貼心服務（1個500円）。在需要經常搭乘大眾交通工具和步行移動的伊勢地區，可多加利用此服務。

◆伊勢市站手提行李寄放處
📞0596-65-6861 MAP 附錄②7 A-3
🕐9:00～17:30 休無休
所JR/近鐵伊勢市站即到

其他重點確認！
◆還有哪裡有手提行李寄放處？
除了伊勢市站之外，宇治山田站也有設置手提行李寄放處。此外，外宮參道上的部分商店和內宮巴士站前的「乗合自動車內宮前站」的伴手禮店也有相同服務。
◆哪裡有置物櫃？
伊勢市站剪票口出來後左手邊盡頭就有置物櫃。若是沒有空的置物櫃，就利用手提行李寄放服務吧。

手提行李寄放處也有設置哺乳室和多功能廁所，免費Wi-Fi也很完善，歡迎多加利用喔！

伊勢MAIRIN君
（公社）伊勢市観光協會官方角色伊勢
MAIRIN君

河邊排排站的黑壁倉庫令人印象深刻

從外宮步行即到
◆從車站連接到外宮的參道
外宮參道 P.18
◆げくうさんどう
參道上有許多伴手禮店和餐飲店，也有開到晚上的時髦餐廳和酒吧，是晚上也能遊逛的景點。

↑連接伊勢市站的參道

從外宮步行15分
◆河岸旁充滿風情的倉庫街
河崎 P.40
◆かわさき
咖啡廳和商家林立，充滿魅力的街道。以前是繁榮的批發商業街，現在仍保留黑壁倉庫的景觀。

▶ 伊勢神宮從外宮開始參拜

伊勢神宮外宮→內宮的參拜順序是自古以來的習俗。在外宮前搭乘路線巴士，約10～20分可抵達內宮。

詳細→附錄①P.22・本書P.117

搭乘CAN巴士（P.117）可輕鬆周遊伊勢神宮和鳥羽地區

只參拜外宮或內宮稱為「單向參宮」，被視為不太好的事。外宮和內宮的土地都非常廣闊，最好規劃充裕時間進行參拜。

伊勢地區廣域

伊勢神宮周邊
松阪駅
宮町駅
近鐵山田線
山田上口駅
宇治山田駅
伊勢市駅
伊勢神宮外宮
JR參宮線
42
五十鈴ケ丘駅
朝熊東IC 二見Jct
二見浦駅
二見
二見興玉神社
夫婦岩
松下駅
伊勢IC
朝熊IC
松下Jct
池の浦駅
23
楠部IC
伊勢二見鳥羽ライン
伊勢自動車道
近鐵鳥羽線
伊勢西IC
朝熊駅
朝熊
伊勢志摩スカイライン
伊勢神宮內宮
朝熊山上展望台
朝熊岳金剛證寺
▲鼓ヶ岳

伊勢神宮周邊

松阪駅
宮町駅
近鐵山田線
勢田川
山田上口駅
河崎町
河崎
JR參宮線
鳥羽駅
月夜見宮
駅北口
伊勢市駅
宇治山田駅
皇學館大學前
外宮前
神宮農業館
伊勢神宮外宮
遷宮館
小田橋
神宮美術館
神宮文庫
尾上町
倭姫宮
徵古館前
神宮徵古館
庁舎前
近鐵鳥羽線
古市
伊勢IC
勢田町
五十鈴川駅
五十鈴川駅前
伊勢自動車道
月讀宮
蓮台寺
中村町
伊勢西IC
桜木町
伊藤小坂美術館
滝倉
猿田彦神社
猿田彦神社前
神宮会館前
神宮徵古館
五十鈴公園
浦田町
厄除町・托福橫丁
旧林崎文庫
宇治橋
斎館
神樂殿
伊勢神宮內宮
勢路川

佇立於伊勢灣的夫婦岩

從內宮約9km
◆參拜完神宮後來這裡參拜
朝熊 P.50
◆あさま
習慣在參拜完伊勢神宮後來參拜朝熊岳金剛證寺，還有可眺望絕景的朝熊山展望台。

朝熊岳金剛證寺的紅色本堂

從內宮約10km
◆參拜神宮前先淨身
二見 P.46
◆ふたみ
這個地區有夫婦岩和二見興玉神社等許多靈驗神社。使用二見鹽巴製作的甜點也很受歡迎。

外宮（豐受大神宮）

祀奉豐受大御神的神宮

げくう（とようけだいじんぐう）

附録① P.20 也要 CHECK!

正式名稱為「豐受大神宮」，祭神豐受大御神是掌管天照大御神飲食的神明。在天照大御神祀奉於此約500年後，從丹波國迎接而來。外宮的御饌殿自外宮創建以來，每天早晚2次供奉膳食給天照大御神。先在正宮表達平日的感謝之意後，再到3個別宮和4個攝社、末社、所管社參拜吧。

📞0596-24-1111（神宮司庁） MAP 附録②7 B-1 ⏰5:00～18:00（5～8月～19:00、10～12月～17:00）休無休 ¥自由參拜 所伊勢市豐川町 🚃JR/近鐵伊勢市站步行5分 P免費

---

1 架於堀川上的表參道火除橋

正式名稱為第一鳥居口御橋，但因為架在為了防止火災延燒而建造的堀川之上，因此也稱為火除橋。

要來這裡
參拜前一定

過橋後就是神社境內

2 在手水舍淨化身心

參拜前要先淨化身心，敬禮一次之後再穿過第一鳥居。手水舍對面有樹幹粗達的10m的清盛楠。

依左手、右手、嘴巴的順序淨身

3 走過表參道前往神社境內

是從第一鳥居開始延伸的主要參道。在明治時代伊勢市站蓋好之前，參拜路線是相反的，當時的人多是從現在的後門──北御門進入。

走在砂粒參道上，沐浴在樹枝間流瀉而下的柔和日光中

拍照重點
樹枝綿延，宛如走在綠色隧道當中。將鳥居左右兩側的建築物也拍進去吧。

4 參拜正宮

祭神 豐受大御神 ➡P.29 CHECK

祀奉衣食住和產業的守護神──豐受大御神。唯一神明造的正殿發展自高床式倉庫，將日本古老的建築樣式傳承至今。

小道資訊
神宮的祭典稱為「外宮先祭」，慣例為先從外宮開始祭典儀式。伊勢神宮的參拜順序是仿照祭典儀式的順序從外宮開始。

5 登上石階前往多賀宮

祭神 豐受大御神荒御魂

位於外宮的第一別宮，殿舍大小僅次於正宮，祭祀荒御魂。「荒御魂」代表神明積極活潑的一面，想祈求個人願望就來這裡。

地位僅次於正宮的別宮

參拜完正宮一定要來這裡！

石階 ⏰爬上98階的

小道資訊
古時也稱為「高宮」，如其名位於小丘之上。

參拜山麓供奉於高倉山的豐受大御神

參拜方式為二拜二拍手一拜

⬆由瑞垣、內玉垣、外玉垣、板垣的四層圍牆環繞

7 前往祭祀風神的風宮

祭神

級長津彥命／級長戶邊命

祭祀掌管風雨的神明。以前是個名為風社的小神社，鎌倉時期元日戰爭之際，因刮起強烈風勢將10萬蒙古軍殲滅，拯救國難，從此升格為別宮。

元日戰爭時期刮起神風的神社

祭祀自古以來守護土地的神明

6 前往河川守護神土宮

小道資訊
其他別宮都是坐北朝南，只有土宮坐西朝東，原因不詳，但可看到其鎮守於外宮時期的樣貌。

祭神 **大土乃御祖神**

原本是外宮周邊之地，山田原的鎮守神神社，平安時期因宮川多次氾濫成災，而升格為別宮，成為堤防的守護神。

9 位於勾玉池畔的遷宮館

平成25（2013）年舉辦伊勢神宮第62回式年遷宮時創建。平時展示20年1次式年遷宮的相關資料，並不定期舉行企劃展。
※休館中，重新開放時間未定

以淺顯易懂的方式展示並解說式年遷宮的相關資訊

護身符和神符在此受領

8 檜木建造的神樂殿

神樂殿就位於前往正宮的參道途中。有販售護身符和神符的神符授予所，以及報名參加祈禱儀式的地方。參拜紀念的朱印也在此受領。

小道資訊
神樂殿有交通安全、開運、學業、安產、消災解厄等各種護身符。

①～⑨ 為一般的參拜路線。
所需時間 約60分

多賀宮 ⑤ 下御井神社
寢地藏石 ⑥ 土宮
風宮 ⑦
外玉垣南御門 內玉垣南御門
板垣南御門 西宝殿
御池 龜石 四丈殿 御正殿 ④ 正宮 外幣殿
第一鳥居 東宝殿 御饌殿 度会国御神社
神符授予所 九丈殿 古殿地 御酒殿
表參道 ③ 五丈殿 御廐 忌火屋殿
神樂殿 ⑧ 北御門鳥居
勾玉池 第一鳥居 瀧館
手水舍 ② 北御門口
奉納舞台 清盛楠 火除橋
表參道火除橋 ① タクシー乗り場 手水舍
遷宮館 ⑨
外宮前バス停（往內宮方向）
伊勢市観光協会
伊勢市駅、外宮參道 月夜見宮

想知道更多
參拜時能夠添加樂趣的外宮資訊

龜石
片狀石橋位於前往別宮參拜的御池上，形狀像烏龜，因此稱為龜石。

清盛楠
第一鳥居右側（面向正宮）的楠樹。傳說為平清盛前來參拜時，因樹枝卡到官帽，而劈開樹枝。

忌火屋殿
位於北御門鳥居附近，是準備神明供品的「神用廚房」。「忌火」意為「清淨之火」，煮飯時是以木頭摩擦生火。

外宮參道 Gourmet & Shop

時髦店家林立的

⏱以白色為基調的時髦裝潢。
非常受女孩子歡迎

外宮參道陸續有新店開張，參拜伊勢神宮時，也順便來參道上逛逛吧！

充滿著自然氛圍的溫馨咖啡廳

🍴 Steam Kitchen KAGOME
●スチームキッチンかごめ

因注重健康與環保而備受矚目的店家，可品嘗到蒸煮料理等創意料理。主要使用無農藥栽培的蔬菜和縣產肉、魚等當地食材。

MAP 附錄② **7 A-2**
☎0596-63-7180
🕐午餐11:00～14:00，下午茶14:00～18:00，晚餐18:00～22:00（營業至23:00）休週四 所伊勢市本町6-4 シャレオサエキ2F
🚉JR/近鐵伊勢市站步行3分
P2輛

⏱店內視野良好，讓人可輕鬆入內

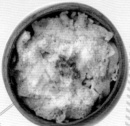

《蒜油伊比利豬》
961円
加入滿滿的起司，沾柚子醋和芥末醬會更加美味

《蒸籠午間套餐》
1350円～
蒸籠裡的主食可從蔬菜、魚肉、雞肉、松阪牛等約8種菜色挑選

🛍 伊勢 菊一
●いせきくいち

販售明治創業的老字號刀具店「菊一文字金近本店」的商品，以及勾玉相關的特製商品。外宮參道發展會所企劃的神話占合也很受歡迎。

☎0596-28-4933 **MAP** 附錄② **7 A-2**
🕐9:00～17:00 休無休 所伊勢市本町18-18 🚉JR/近鐵伊勢市站步行4分
P無

《清新香芬 齋庭之香》
3900円
2015年出展米蘭世界博覽會的人氣商品

「可以在店內占卜!?」

神話占合

獨創占卜（1次100円），將日本古神話彙整成簡單好讀的內容。

❶從樹墩中選1支籤

❷確認文字

❸從櫃子取籤

○ 外宮參道是什麼？

為連接伊勢市站（JR側南口）與外宮，歷史悠久的參道。傳統老店和時髦新店並存於其中，是最適合吃吃逛逛、尋找伴手禮的人氣鬧區。

外宮也在不遠處

一出伊勢市站就是了！

🎫 MAP

從車站5分

外宮前

伊勢神宮 外宮

豚捨 外宮前店

外宮前観光案内所
浜与本店 外宮前店
赤福 外宮前特設店
🍴 伊勢せきや本店 P.19
伊勢角屋麦酒 外宮前店
若松屋 外宮前店
山口製パン所
🍴 山村みるくがっこう P.19

French Restaurant Bon Vivant
カフェドボンヴィヴァン
勢乃國屋外宮前店
勾玉亭

🍴 おいせさん 外宮本店 P.19

木下茶園 外宮前店 P.19
cocotte山下
カフェビアンカ
伊勢創作ビストロ mirepoix
伊勢 菊一 P.18

やとや

Poni Anela
衣 伊勢木綿 P.18
🍴 Steam Kitchen KAGOME

大山真珠

鈴木水産 外宮参道店
Bistrot Boute-en-train
三ツ橋 ぱんじゅう

地物海鮮料理
伊勢網元食堂

P.102 伊勢みやげ 伊勢百貨店

從車站1分

🍴 お伊勢参りcafé 参道TERRACE P.19
伊勢神宮参道 伊勢神泉 P.105

名窯即売市場 伊勢蔵市

JR参宮線
鳥羽駅
伊勢市站 手提行李寄放處
伊勢市駅 観光案内所
伊勢市駅
多気駅
松阪駅
近鉄山田線

ℹ觀光服務處 🚻洗手間
🛄手提行李寄放處 🍴美食
🛍購物

營養師製作的
簡樸又可愛的午餐

♦伊勢神宮・二見
外宮參道

鳥羽 P.51
志摩 P.73
松阪 P.94
旅行伴手禮 P.100
嚴選住宿 P.104

‖ 稍微走遠一點 ‖

🍴 shokudo&cafe OSSE
● ショクドウアンドカフェオッセ

2012年開業，2018年7月商遷開幕。店主曾當過營養師，料裡出來的「家常飯」對身心都很健康。

📞0596-68-9149　MAP附錄②7 C-3
🕐11:30～19:00(營業至20:00)，週五18:00～21:30(營業至22:00)　休週四(有臨時公休)　所伊勢市一志町3-6　🚃JR/近鐵伊勢市站步行7分　Ｐ3輛

⊕店內裝潢居家，氣氛也很幽靜

《伊勢烏龍麵》
550円

也很推薦附2道小菜和溫泉蛋的880円套餐

🍴 木下茶園 外宮前店
● きのしたちゃえんげくうまえてん

明治時期傳承至今的老字號茶屋木下茶園的外宮前店。除了當地的伊勢茶，還有許多使用烘焙茶、抹茶等的甜點。

MAP附錄②7 A-2
📞0596-20-2200
🕐10:30～17:00
休週三、四　所伊勢市岩渕1-1-31(豐恩館1F)　🚃JR/近鐵伊勢市站步行5分　Ｐ無

滋味豐富的伊勢抹茶加入牛奶調配而成的人氣商品

《抹茶冰炫風》
500円

抹茶的苦味和巧克力醬味道絕配

《今日特餐》
980円

每週替換主菜和2道小菜。附味噌湯和含50種米的飯

《淨化鹽 身體乳液》
3456円

使用11種天然精油調配而成

🛍 おいせさん 外宮本店
● おいせさんげくうほんてん

以淨化身心為主題的藥妝店。販售沐浴鹽、護手凝霜等使用優質天然原料的保養品。

📞0596-65-6103　MAP附錄②7 B-2
🕐11:00～16:00　休週一～五(逢假日則營業)　所伊勢市本町13-23　🚃JR/近鐵伊勢市站步行5分　Ｐ無

《風呂神花》
972円

可一次享受3種香味的沐浴錠套組

🛍 山村みるくがっこう
● やまむらみるくがっこう

大正8(1919)年創業的山村乳業直營店。販售從前就深受當地民眾喜愛的瓶裝牛奶、瓶裝優格、瓶裝布丁等引以為豪的牛奶製品。

MAP附錄②7 A-2
📞0596-28-4563(本店)
🕐10:00～17:00(夏季～17:30)　休無休　所伊勢市本町13-6　🚃JR/近鐵伊勢市站步行5分　Ｐ無

《幼兒牛奶(左)》
80円

《水果牛奶(右)》
130円

含有大量牛奶原有的營養成分

《布丁霜淇淋》
330円

布丁上加霜淇淋的人氣商品

⊕也可坐在店外的露台座享用餐點

《特選冷泡咖啡(冰)》
(L)500円

適合搭配甜品、味道滑順的冷泡咖啡

🍴 お伊勢参りcafé 参道TERRACE
● おいせまいり下午茶さんどうテラス

位於伊勢市站前的和風咖啡廳。一杯杯手工濾泡的炭燒焙煎咖啡和經長時間萃取的冷泡咖啡最受青睞。

MAP附錄②7 A-3
📞0596-65-6419(伊勢器市)
🕐10:00～18:00(週六、日、假日9:00～19:00)　休無休　所伊勢市本町1-1　🚃JR/近鐵伊勢市站即到　Ｐ無

🛍 伊勢せきや本店
● いせせきやほんてん

販售鮑魚等多項嚴選的山珍海味銘品，可將伊勢特有的美味開心帶回家。

📞0596-23-3141　MAP附錄②7 A-2
🕐8:30～18:00　休無休　所伊勢市本町13-7　🚃JR/近鐵伊勢市站步行5分　Ｐ約5輛

《參宮鮑魚》
10800円

參宮鮑魚禮盒，直接吃也很美味

《伊勢焙茶茶包》
400円

最適合當伴手禮的人氣茶包

《鮑魚炊飯配料(3合用)》
1300円

使用參宮鮑魚，以獨特高湯炊煮

觀光 ★★★★★

伊勢神宮·內宮

祀奉天照大御神的神宮

內宮（皇大神宮）

ないくう（こうたいじんぐう）

附錄① P.18 也要 CHECK!

坐鎮於神宮最深處的天照大御神是孕育萬物的太陽神。廣大的腹地裡有宇治橋、五十鈴川的御手洗場和2座別宮等。伊勢神宮的歷史約始於2000年前，第11代垂仁天皇的皇女倭姬命巡迴日本各地，並將天照大御神迎接至此處。因天照大御神喜歡這個風光明媚、有山有水的「美麗之國」，因此選擇此地作為永久居住之地。位於三波石石階上方的正宮，可感受得到清幽的氣息。

☎0596-24-1111（神宮司庁） **MAP** 附錄②5 C-4 ⏰5:00～18:00（5～8月～19:00、10～12月～17:00）休無休 ¥自由參拜 所伊勢市宇治館町1 📍JR/近鐵伊勢市站搭三重交通巴士往內宮前20分，終點站下車即到 P利用市營停車場（1小時內免費，1～2小時500円，2小時起每30分100円）

參拜START

1 迎接參拜客進入神社境內的宇治橋大鳥居

高7.44m的大鳥居立於宇治橋內與外。在此行禮後走過宇治橋，即踏進了神聖的世界。會隨式年遷宮每20年改建一次。

小道資訊
大鳥居是重新利用外宮和內宮的舊樑柱建造而成。20年後會成為關的追分和桑名的七里的鳥居。

內宮為靠右行走

建於橋上、莊嚴神聖的內宮入口

小道資訊
北側西邊數來第2個橋上擬寶珠中，奉有祈求橋平安的萬度麻神符。

從日常世界通往神明世界的橋樑

↑向北流至伊勢灣的五十鈴川

2 架於五十鈴川上的宇治橋

為全長101.8m，寬8.5m，也被稱為是連結神與人的橋樑。望著神路山和島路山通過此橋，正邁向神聖場所的真實感就會慢慢湧上來。

供奉於御手洗場的五十鈴川之神

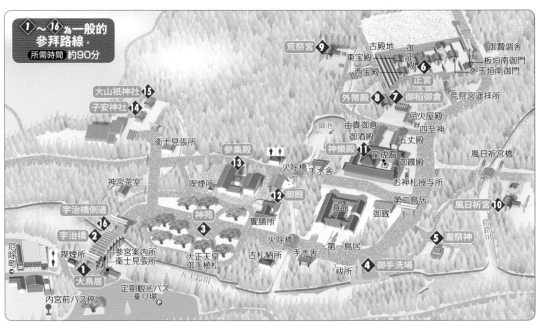

①～⑯為一般的參拜路線。
所需時間 約90分

荒祭宮 9
古殿地
東宝殿
西宝殿
御正殿
御勢調舎
板垣南御門
玉垣南御門
正宮 6
大山祇神社 15
子安神社 14
外幣殿 8 7 御稲御倉
荒祭宮遥拝所
忌火屋殿
由貴御倉
御酒殿
御池
五丈殿
四至神
衛士見張所
參集殿
神樂殿 11
龍虎石
御饌殿
風日祈宮橋
小除橋 手水舎
お神札授与所
13
喫煙所
神宮茶室
御厩
12 御廳
第二鳥居
風日祈宮 10
宇治橋側邊
斎館
御厩
島路川
神苑
3
饗膳所
火除橋
龍祭神 5
宇治橋 2 16
古札納所
手水舎
第一鳥居
厄除町
喫煙所
參宮案内所
衛士見張所
大正天皇
御手植松
火除橋
御手洗場 4
祓所
1
大鳥居
定期觀光巴士乗り場
內宮前バス停

瀧祭神
皇大神宮所管社
瀧祭神
御祭神 瀧祭大神

20

可看到四季更迭之美的
神之庭園

3 有美麗草地和綠松的神苑

明治9（1876）年建造的庭園，春天和秋天的神樂祭會在特別舞台表演雅樂，春天還會舉行神宮奉納大相撲的上場儀式。

小道資訊
神苑的「大正天皇御手植松」是明治24（1891）年還是皇太子的大正天皇親手種植的松樹。

按照傳統的規定，用河川的水來清潔雙手

4 五十鈴川河畔的御手洗場

御手洗場位於內宮參道右方斜坡下的五十鈴川河畔，元祿5（1692）年桂昌院捐獻石鋪地建造而成。傳說倭姬命曾在此清洗衣襟上的污垢，故有「御裳濯川」之別名。

小道資訊
11月下旬～12月上旬楓葉開始轉紅，御手洗場可看到逐漸染色的樹木倒映在水中的畫面。

在流經內宮西側的五十鈴川淨身後再前往參拜

拍照重點
選擇水面波光反射較少的地方可以更顯清流之美。

想知道更多 其一
參拜時能夠添加樂趣的內宮資訊

饗土橋姬神社
位於宇治橋對面，祀奉橋的守護神。饗土是指祭祀神明的土地，負責守護此地讓不祥之物無法進入宇治橋。

神宮茶室
茶室在宇治橋附近。昭和60（1985）年運用當代建築與造園技術精心打造而成，春天和秋天的神樂祭時期會對外開放。

宮域林
五十鈴川上游的神宮森林。森林分為神域和宮域林。宮域林內種植著將來遷宮時會使用的檜木，參拜訪客無法進入。

5 佇立於樹林當中的瀧祭神

祭神 瀧祭大神
祀奉於御手洗場附近的內宮所管所，為五十鈴川的守護神。在伊勢，每年8月1日人們會從五十鈴川取水祭拜瀧祭神後再帶回家供奉在神壇上，祈求無病消災。

參拜坐鎮於內宮最深處的天照大御神

表達平日的感謝之意

↑慢慢爬上石階，前往正宮

6 參拜正宮

祭神 天照大御神 →CHECK P.29

位於四重圍牆正中央的神明造正殿供奉著日本八百萬神之首，皇室的祖神天照大御神。同時也是內宮的核心，更是自平安末期擴展至日本全國的伊勢信仰重地。

小道資訊
外宮和內宮的正宮在結構上幾乎相同，只是外宮的正宮使用的鰹木有9根（奇數），內宮則為10根（偶數）。

7 前往稻米儲藏庫 御稻御倉

奉納在神宮神田採收的稻米，三節祭（10月神嘗祭、6、12月月次祭）時會拿這些米來祭拜。和正宮一樣是神明造建築，可就近觀看特徵。

小道資訊
神寶有紡織具、武具、馬具、樂器、文具等，神宮徵古館中會展示不再使用的物品。

可就近觀看高床式神明造建築

收藏之前拿來供奉的古神寶

地位僅次於正宮的別宮

佇立於樹林中的天照大御神的荒御魂

別宮 荒祭宮

9 內宮第一別宮荒祭宮

神明溫和安穩的一面稱為「和御魂」，積極強烈的一面稱為「荒御魂」，兩者分開祭祀。若有強烈想要踏出一步的願望，就來荒祭宮參拜吧。

小道資訊
正宮附近有荒祭宮遙拜所，因故無法前往荒祭宮的人，就到這裡參拜吧。

8 收藏神寶用品的外幣殿

位於御稻御倉旁的建築物，收藏每次式年遷宮時重新替換的古神寶。

伊勢神宮・二見

內宮（皇大神宮）

為神明獻上舞樂的莊嚴建築

11 設有神符授予所的神樂殿

小道資訊
神樂殿前庭的手水石上有呈現黃白色的青龍與虎，稱為龍虎石。

位於從宇治橋前往正宮的參道中間。屋頂為銅板葺的歇山式屋頂，看起來神聖莊嚴。神符授予所、祈禱申請處、御饌殿、神樂殿並排而立。參拜紀念的朱印也可在此受領。

12 問候神明的使者御廄

這裡可以看到皇室進獻的神馬

內、外宮的神馬會在1、11、21日早上8點前往正宮參拜，可算好時間到參道上參觀。天候不佳或視神馬身體狀況，有可能會中止參拜。

15 神路山的守護神 大山祇神社

佇立於林中，圍牆環繞的小社殿

祭神 大山祇命
大山祇命是伊弉諾尊和伊弉冉尊之子，也是山的守護神。在內宮為守護五十鈴川的水源地，神路山入口的神明。

向風雨之神祈求風調雨順之處

新綠和紅葉的名勝

10 就位在橋的另一端 風日祈宮

小道資訊
在五十鈴川的分流島路川上方架有風日祈宮橋，從橋上眺望的風景也是美不勝收。

祭神 級長津彥命／級長戶邊命

風日祈宮屬別宮，祀奉的祭神為級長津彥命和級長戶邊命，祂們是伊弉諾尊之子，也是掌管風雨之神。每年5月14日和8月4日會舉行風日祈祭，祈求風調雨順和五穀豐饒。

也有販售護身符的休息區

13 在參集殿稍做休息

給參拜訪客的免費休息區。中央為能樂舞台，有活動時會在此表演能樂和狂言。也有販售護身符和神符。

14 坐鎮於神路山山麓的子安神社

祀奉安產、求子的神明

祭神 木華開耶姬命
為坐鎮於神路山山麓的內宮所管社。受當地人信奉為安產、求子之神。供奉著許多祈求安產的小鳥居。

想知道更多

其二

參拜時能夠添加樂趣的內宮資訊

木除杭
踏上宇治橋後右側可看到五十鈴川上游立有相等間隔的木材。這是為了預防流木撞擊宇治橋墩的裝置。

御幌
掛在參拜處的白布。正宮雖然有四重圍牆包圍，但御幌可在門打開時遮住正面。

四至神
四至是指神社境內的四周，四至神為守護內宮邊界的神明。設置簡樸，坐鎮於石壇上方。

16 伊勢參拜的最後一站 宇治橋側邊

通常都會從宇治橋鳥居的正面瞻仰神路山的容貌，但換個角度從橋旁看宇治橋，可以看到結構美麗的橋身。

以群山為背景的橋墩之美將留在記憶裡

時千萬別錯過!!
托福橫丁

附錄①也要 CHECK!

觀光×
伊勢神宮
★★★★◇
內宮周邊

參拜伊勢神宮前後可前往伊勢名店林立的參道「厄除町」和「托福橫丁」，遊逛充滿情懷的老街吧。

用可愛的托福犬來算命吧♪

おみやげや

也是托福橫丁的綜合服務處。「托福犬」是已參拜過伊勢神宮的代參犬，現場有販售各種托福犬的相關商品，也有擺飾、護身符、吊飾等。

☎0596-23-8838
（おかげ横丁総合案内）
休無休
⏰9:30～17:30(視季節而異)
所伊勢市宇治中之切町52 🚉JR/近鐵伊勢市站搭三重交通巴士往內宮前20分，神宮会館前下車，步行3分
Ｐ無

托福犬籤 350円
只要拉紅色繩子，就會出現籤紙的人氣商品

托福橫丁是什麼？

位於內宮門前，約有50間店家聚集於此，透過建築物的移建，重現江戶至明治時期的伊勢路，充滿懷舊氛圍的魅力。

焦點！ 季節活動

9月21日～9月29日

「福來招財貓祭」

配合「福來」的日文諧音在9月29日舉行的招財貓之日，期間會有展示創意招財貓等各式各樣的活動。

錢屋 ●ぜにや

位於太鼓櫓對面的小型粗點心店，販售花林糖、米果等種類豐富的傳統點心，也很適合來這裡尋找小伴手禮。

☎0596-23-9014 MAP附錄①4
⏰9:30～17:30(視季節而異) 休無休
所伊勢市宇治中之切町52 🚉JR/近鐵伊勢市站搭三重交通巴士往內宮前20分，神宮会館前下車步行3分
Ｐ無

伊勢志摩漁師米果
各390円
使用日本國產糯米，並加入各式各樣的海產製作

香脆的鹽味米果

說到托福橫丁就是這個！

伊勢飛龍頭 350円
飛龍頭是指炸豆腐餅，內含9種餡料

起司棒 350円
滿滿的起司，是托福橫丁代表性的人氣商品

若松屋 ●わかまつや

明治38（1905）年創業的傳統老店。以自古流傳的製法製做日本獨特的飲食文化──魚板和「伊勢半平」，是散步逛街的最佳良伴！

☎0596-23-8833 MAP附錄①4
⏰9:30～17:30(視季節而異) 休無休 所伊勢市宇治中之切町52 🚉JR/近鐵伊勢市站搭三重交通巴士往內宮前20分，神宮会館前下車步行3分 Ｐ無

浪曲茶屋 ●ろうきょくぢゃや

這裡也有招財貓

聽浪曲用餐的地方。手拉素麵和三重的特產酒最受歡迎。

MAP附錄①4
☎0596-23-8854
⏰11:00～17:00(營業至17:30，因季節而異) 休無休 所伊勢市宇治中之切町39-8 🚉JR/近鐵伊勢市站搭三重交通巴士往內宮前20分，神宮会館前下車步行2分
Ｐ無

↑店前有跳著愉悅舞蹈的貓咪出來迎接!?

➡使用三重土雞，料多味美的什錦素麵780円

厄除町 &

伊勢神宮・二見
厄除町&托福橫丁

鳥羽 P.51
志摩 P.73
松阪 P.94
旅行伴手禮 P.100
嚴選住宿 P.104

為內宮的鳥居前町，熱鬧非凡的參道。道路兩旁有許多店家鱗次櫛比，也有不少伊勢特有的歷史傳統建築。

厄除町是什麼？

推薦！ **租和服逛街！**

夢小町 伊勢店 ●ゆめこまち いせてん

內有200件以上的和服可挑選，從色彩繽紛的花紋到素雅的和風圖樣應有盡有。有短時間方案和雙人方案等多種租借方案可供選擇！

☎0596-63-6621　**MAP**附錄①4
🕐9:00～18:00
休無休　¥配件・著裝方案2480円～
所伊勢市宇治中之町96-10
🚃JR/近鐵伊勢市站搭三重交通巴士往內宮前20分，終點站下車，步行4分
P無

可以在這裡換衣服喔

↑在厄除町的小巷裡

鬆軟的麵條搭配甜辣醬汁
名產・伊勢烏龍麵

伊勢烏龍麵　500円
濃稠的醬汁很扎實地附著在麵條上

讓人想好好珍惜使用的可愛設計

手帕「鳥居」1182円(右)
「伊勢厄除町」1728円(左)
其他還有很多伊勢志摩相關圖案的手帕

從明治時期傳承下來的傳統美味

利休饅頭　650円(6個裝)
千家的宗匠也相當喜愛的紅白雙色名產饅頭

ichishina ●イチシナ

透過當地藝術家的容器和伊勢木棉的原創雜貨，提供心靈富足的簡單生活。店內都是精心挑選會讓人想永久使用的商品。

☎0596-27-1447　**MAP**附錄①5
🕐10:00～16:00(視季節而異)　休無休
所伊勢市宇治今在家町18　🚃JR/近鐵伊勢市站搭三重交通巴士往內宮前20分，終點站下車，步行3分　P無

ichi口金包　各1800円
使用三重縣的傳統工藝品伊勢木棉製作的口金包

藤屋窓月堂 本店 ●ふじやそうげつどう ほんてん

以知名伊勢銘菓「利休饅頭」聞名的傳統和菓子店。精心挑選食材，除了菓子的味道，連配色、形狀等外觀也相當講究。

☎0596-22-2418　**MAP**附錄①3
🕐9:00～18:00　休無休
所伊勢市宇治中之切町46-1
🚃JR/近鐵伊勢市站搭三重交通巴士往內宮20分，神宮会館前下車，步行4分
P無

岡田屋 ●おかだや

想吃美味的伊勢烏龍麵首推這間。放置一晚準備的特製醬汁為招牌，和麵的味道絕配。

☎0596-22-4554　**MAP**附錄①4
🕐10:30～17:00
休週四(逢假日則前日休)
所伊勢市宇治中之切町31
🚃JR/近鐵伊勢市站搭三重交通巴士往內宮前20分，終點站下車，步行4分
P無

午餐時間會大排長龍的人氣店

泡芙　270円
加入滿滿的卡士達內館和鮮奶油的人氣商品

女生最愛的名產甜點

Campagne おはらい町店 ●カンパーニュ おはらいまちてん

法式餐廳「Campagne本店」的外帶專賣店。除了泡芙之外，還有販售季節限定甜點。

☎0596-29-2000(カンパーニュ本店)
🕐12:00～16:00(售完即打烊)　**MAP**附錄①4
休週二(逢假日則翌日休)　所伊勢市宇治中之切町48
🚃JR/近鐵伊勢市站搭三重交通巴士往內宮前20分，神宮会館前下車，步行4分
P無

伊勢神宮・別宮

別宮（べつぐう）

前往位於外宮、內宮境外，地位高的神聖區域

125社中最想拜訪的地方

外宮、內宮參拜路線的額外參拜

前往伊勢市內的別宮

べつぐう

距離伊勢市的內宮、外宮很近，參拜前後都可順便繞過去。
參拜順序不拘，有興趣的宮社就可直接納入參拜路線中。

祭神

Ⓐ月讀尊
つきよみのみこと

Ⓑ月讀尊荒御魂
つきよみのみことのあらみたま

Ⓒ伊弉諾尊
いざなぎのみこと

Ⓓ伊弉冉尊
いざなみのみこと

🚇 近鐵·五十鈴川站步行10分

月讀宮
●つきよみのみや

內宮的別宮
從內宮
步行15分

祀奉天照大御神的弟弟月神
以及天照大御神的家人

Ⓐ月讀宮
Ⓑ月讀荒御魂宮
Ⓒ伊佐奈岐宮
Ⓓ伊佐奈彌宮

祭神為月讀尊，是掌管月盈月缺，也就是曆法的神明。古代的農業是按照月盈月缺進行規劃，因此也是和農業息息相關的別宮。境內還有月讀宮和月讀荒御魂宮，以及祀奉月讀尊父母的伊佐奈岐宮和伊佐奈彌宮，4座宮排成一列。

參拜順序 Ⓐ➡Ⓑ➡Ⓒ➡Ⓓ

4宮並排坐鎮的區域，介紹時通常會以月讀宮代表4座宮

MAP 附錄②5 C-3
所 伊勢市中村町742-1

進階參觀
鳥居後方的森林隧道

前往月讀宮的路上會看到樹林和鳥居構成的神秘隧道。

🚇 JR/近鐵·伊勢市站搭三重交通巴士往內宮前方向10分，徵古館前下車，步行5分

倭姬宮
●やまとひめのみや

內宮的別宮
從內宮
搭巴士10分

為讚揚倭姬命創建伊勢神宮的功績，於大正12（1923）年建立的新別宮。位在綠意盎然的倉田山公園一隅，距離神宮徵古館也很近。

MAP 附錄②5 B-3
所 伊勢市楠部町5

進階參觀
伊勢神宮的博物館

倭姬宮周邊有神宮文庫、神宮徵古館、農業館、神宮美術館等伊勢神宮相關景點，不妨前去參觀看看。

祭神

倭姬命
やまとひめのみこと

別宮當中最新創建的

綠蔭環繞，也可欣賞櫻花、紅葉的宮社

以神路連接外宮的別宮

進階參觀
楠樹

高約28m的百齡老樹。長年鎮守於此的姿態，可感受到它的強悍與溫柔。

🚇 JR/近鐵·伊勢市站步行3分

月夜見宮
●つきよみのみや

外宮的別宮
從外宮
步行5分

位於外宮北方，月夜見宮是唯一位於宮域外的外宮別宮。三面環繞的河道是以往宮川支流的遺跡，過去這一帶被稱為大河原。和月讀宮一樣祀奉月夜見尊和月夜見尊荒御魂。

↑當地信仰篤實，4、9月奉賀會舉行例行祭典

MAP 附錄②7 C-2
所 伊勢市宮後1

祭神

月夜見尊
つきよみのみこと

月夜見尊荒御魂
つきよみのみことのあらみたま

伊勢神宮的別宮是什麼？

內宮和外宮的正宮的「分身」，地位僅次於正宮，共有14座宮社。

神宮內共有125座宮社，由伊勢神宮內宮、外宮的2座正宮、別宮、攝社、末社、所管社組成。別宮在內宮、外宮的宮域內有5座宮社，宮域外有9座宮社。有些不只在伊勢市內，也有距離稍遠的地方。

別宮的共通資訊
📞 0596-24-1111（神宮司庁）
🕐 5:00～18:00（5～8月為～19:00，10～12月為～17:00）
休 ¥ 自由參拜　P 免費

使用伊勢神宮參拜套票以划算的價格遊逛伊勢神宮！

套票內容包含近鐵電車的起始站到自由區間（松阪～賢島間）的來回乘車券、來回特急券，並可無限搭乘伊勢志摩地區的近鐵電車及三重交通巴士。參拜時可多加利用。
➡P.115

周邊圖
附錄②P.2

月夜見宮 P.26
倭姬宮 P.26
朝熊神社
朝熊IC
伊勢灣
伊勢二見鳥羽ライン
とば
近鐵山田線
いせし
外宮
伊勢IC
松阪IC まつさか1
勢和多氣JCT
朽羅神社
玉城IC
JR參宮線
JR紀勢本線
きいながしま
きいながしま
たきはら
大宮大台IC
みせだに
たき
紀勢大內山IC
瀧原宮 P.27
第二伊勢道路
內宮
月讀宮 P.26
伊勢自動車道
伊勢西IC
伊雜宮 P.27
かみのごう
しまいそべ
近鐵志摩線
かしこじま
英虞灣

伊勢神宮・二見 別宮

鳥羽 P.51
志摩 P.73
松阪 P.94
旅行伴手禮 P.100
嚴選住宿 P.104

想要深度學習就到這裡來

周邊

伊勢神宮的博物館

內宮的別宮、倭姬命的周邊都有神宮相關的博物館和美術館。時間充裕的話，可以到這些地方來參觀。

神宮營運的圖書館

神宮文庫
●じんぐうぶんこ

↑建於大正14(1925)年，充滿風情的建築

收藏神宮相關古文書、歷史書、文學、地誌等約30萬冊書籍。圖書閱覽僅開放週四~六。
MAP 附錄②5 C-3
☎0596-22-2737
⌚9:00~16:00 休週日、假日 ¥免費 所伊勢市神田久志本町1711 交JR/近鐵伊勢市站搭三重交通巴士行經徵古館往內宮前10分，徵古館前下車，步行3分 P免費

位於外宮表參道的博物館

遷宮館
●せんぐうかん

↑為紀念第62回式年遷宮所建造的

介紹式年遷宮的祭典和歷史。也有展示外宮正殿側面的原尺寸模型等。
MAP 附錄②7 A-1
※休館中，重新開放時間未定

神宮的各式資料齊聚一堂

↑文藝復興樣式的高格調建築

神宮徵古館・農業館
●じんぐうちょうこかんのうぎょうかん

神宮徵古館展示多項曾供奉於內宮、外宮的服裝和神寶。內有許多歷史資料，傳達出伊勢神宮的壯大。農業館則展示神宮自給自足、與大自然關聯深厚的平時活動，以及農業、林業、水產相關資料。

☎0596-22-1700 **MAP** 附錄②5 C-2
⌚9:00~16:00 (16:30閉館) 休週四 (逢假日則翌日休) ¥500円 (和神宮美術館的共通門票700円) 所伊勢市神田久志本町1754-1 交JR/近鐵伊勢市站搭三重交通巴士行經徵古館往內宮前10分，徵古館前下車，步行3分 P免費

一邊欣賞日本庭園，一邊參觀美術作品 **MAP** 附錄②5 C-2

神宮美術館
●じんぐうびじゅつかん

☎0596-22-5533
⌚9:00~16:00 (16:30閉館) 休週四 (逢假日則翌日休) ¥500円 (和神宮美術館的共通門票700円) 所伊勢市神田久志本町1754-1 交JR/近鐵伊勢市站搭三重交通巴士行經徵古館往內宮前10分，徵古館前下車，步行3分 P免費

紀念第61回式年遷宮創建的美術館，收藏、展示日本國內著名的美術家、工藝家捐獻的作品。陳列作品包括東山魁夷、杉山寧、高山辰雄、平山郁夫等當代日本美術界代表性的藝術家作品，相當值得一看。每年會舉辦數次企劃展。

↑可慢慢欣賞作品的展示室

稍微走遠一點到伊勢市外參拜

とおのみや

被稱為「遙宮」的別宮

遙宮是什麼？ 位於距離外宮、內宮較遠的志摩、瀧原的別宮稱為「遙宮」。

不妨前往被獨特寂靜包圍的瀧原宮等伊勢市外的別宮吧。

電JR瀧原站步行20分
或從紀勢自動車道・大宮大台IC開車5分

大紀町
瀧原宮
●たきはらのみや

內宮的別宮
從內宮
開車40分

祭神
天照大御神御魂
あまてらすおおみかみのみたま

據傳為倭姬命將天照大御神供奉至伊勢之前的祀奉之地。瀧原的地名源自此地有許多瀑布。未經整頓的樹林中有長長的參道，以及頓登川的清流從旁流經，令人聯想到內宮。除了瀧原宮和瀧原並宮2座別宮之外，若宮神社和長由介神社也並建於此。

MAP 附錄②3 B-3　　所大紀町滝原872

進階參觀

瀧原宮的御手洗場

參拜途中走下階梯處就會有利用清流設立的御手洗場。日光透過杉木林照射在水面上波光粼粼的光景相當夢幻。

彷彿內宮的清幽聖域

大片杉木林立的參道簡直就是個小規模的內宮，樹齡上百的巨大杉木流著穩重、青苔綠意，營造出神秘的氛圍

參拜順序 A → B

B 瀧原並宮　　　**A** 瀧原宮

進階參觀

伊雜宮御田植式

以「磯部的御神田」為人熟知的御田植式中，有穿著兜襠布的男子在泥沼中奪取忌竹的「竹取儀式」，以及在太鼓和鉦摺的田樂中舉行的「御田植（插秧）儀式」等活動從早上10點舉行到下午5點。

電近鐵・上之郷站步行
或從伊勢自動車道・伊勢西IC開車30分

志摩市
伊雜宮
●いざわのみや

內宮的別宮
從內宮
開車30分

倭姬命到志摩國四處尋找獻給神宮的神饌時，抵達這個有山有水的豐饒之地，於是將天照大御神御魂供奉在此。這裡是唯一擁有神田的別宮，6月24日的「御田植式」和香取神宮、住吉大社並列為「日本三大御田植祭」。

MAP 附錄②10 D-1　　所志摩市磯部町上之郷

暱稱為「磯部大神宮桑」

祭神
天照大御神御魂
あまてらすおおみかみのみたま

想先事先知道的 參拜 基本禮儀

參拜伊勢神宮在許多個人願望之前需先對神明表達感謝之意，以下介紹優良的參拜者應有的基本參拜方法

基本禮儀 一

從外宮開始參拜

參拜順序按照古時的規定，要先拜外宮的豐受大御神，再拜內宮的天照大御神。只參拜某一邊稱為「單向參宮」，最好避免。

➡外宮的正宮

基本禮儀 二

穿著合適的服裝前往參拜

若前往伊勢神宮的目的為參拜，最好避免過度花俏或裸露的服裝。祈禱時需著正式服裝，但不能穿喪事用的禮服。

◆就算很熱也不要穿過於裸露的輕便裝扮◆
夏天雖然經常會穿較輕薄的衣物，但為了避免失禮，最好不要穿短褲或迷你裙。可攜帶一件薄外套前往。

◆相機、手機的使用◆
內宮和外宮的正宮和神樂殿的授予所內部禁止拍攝，請特別留意。參拜時記得關掉手機電源。

帽子、太陽眼鏡等
在神明面前記得要摘下來才不會失禮

服　裝
穿著行走方便的服裝，避免露出肩膀和腿的衣服

腳
一路上都是石子路，最好避免穿高跟鞋或涼鞋

基本禮儀 四

在鳥居和宮社前先行一禮

經過鳥居和宮社之前先行一禮。在神明面前為90度彎腰的深禮，稱作「拜」，在鳥居前則是15度彎腰的「小揖」。參拜結束穿過鳥居後，再回頭行一禮。

打擾了

基本禮儀 三

外宮走左側、內宮走右側

外宮的手水舍在左側，內宮的手水舍在右側，因此通道不同。也有走參道外側可代表「恭慎之心」的說法。

➡內宮的宇治橋前。記得確認一下牌子上面的指示

內宮

這是標準的

參拜行程

慢慢逛 **7** 小時
快速逛 **5** 小時

以下介紹參拜神宮的標準路線，參拜途中的樂趣也別忘了確認！沒時間的話就專心參拜正宮，宮域內外的別宮等下次有機會再前往。

參拜開始

伊勢市站
從站前的參道前往外宮，參拜開始

▼◆步行5分

1 外宮
問候掌管食衣住和產業的神明。

◆步行3分

2 外宮參道
一邊吃名產美食，一邊逛街尋找伴手禮，前往內宮參拜之前，先在此稍做休息。

◆巴士20分

3 內宮
伊勢參拜的重點。沿著森林環繞的參道前往正宮，向神明表達平日的感謝。

▼◆步行2分

4 厄除町、托福橫丁
在復古懷舊的門前町享用午餐和逛街購物，還可以邊走邊吃伊勢名產。
◆步行15分（月讀宮）
◆巴士10分（倭姬宮）

5 別宮
如果想讓伊勢參拜之旅更為充實，可稍微走遠一點，到宮域外的別宮去。
◆巴士10分（倭姬宮）
◆巴士15分（月讀宮）

⬆月讀宮位於從內宮步行約15分的地方

伊勢市站

參拜結束

⬆從內宮搭巴士到倭姬宮約10分

全國神社崇敬

秘密 ②
沒有設置神籤的原因是因為「參拜伊勢神宮就等於大吉」

神籤通常是平時參拜住家附近的神社時會抽的,自古就有「一生一定要參拜一次」說法的伊勢神社不可能不大吉,似乎是源自這樣的想法。

⬆因為「參拜伊勢神宮就等於大吉」,所以沒必要抽籤!

⬅將每年最早收割的稻穗獻給神明,感謝神明恩惠的神嘗祭

秘密 ③
約1500年前開始就有每天不可或缺的祭典

每天會舉辦2次準備供品給神明的日別朝夕大御饌祭,此外還有10月感謝豐饒的神嘗祭,和6月、12月的月次祭,這三個重要的祭典合稱為「三節祭」。

▇ 重要的祭典「神樂祭」
春秋舉行的神樂祭會在內宮神苑設置臨時舞台,對外公開表演雅樂和舞樂。

秘密 ①
自古受民眾景仰的原因是伊勢神宮是日本神社的本宗

伊勢神宮祭祀的是日本人的大御祖神——天照大御神,約有2000年歷史,為日本神社的本宗,也是備受景仰的聖地。以內宮和外宮為首,共有125座宮社,正式名稱為「神宮」。

⬆伊勢神宮每年有800萬人來訪,從江戶時代就有「一生一定要參拜過一次」的說法。

秘密 ⑤
連細節都精心講究,日本最古老的建築樣式

伊勢神宮的「唯一神明造」是和出雲大社的大社造並列為日本最古老的建築樣式之一,不妨仔細瞧瞧。

◆屋頂上的鰹木
排列在屋頂上的鰹木。內宮規定為偶數10根,外宮為奇數9根,因此只要看鰹木就可以知道是哪邊的所管。

◆切妻造的屋頂
從屋頂正脊往兩側傾斜而下,兩端與樑柱呈直角切割,狀似書本對半翻開向下。

◆掘立式支柱
在地面挖洞,不使用基石,而是直接在洞的底端建柱子。

◆平入的入口
切妻造的屋頂向下傾斜的部分稱為「平」,在平側建蓋入口的形式稱為「平入」。

◆高床式地板
彌生時代穀倉建築發達的建築樣式,可防鼠害,通風良好可防濕氣。

秘密 ④
20年一次的遷宮儀式,遷移正宮的位置

20年一次改建社殿,將神明遷從到新宮的神宮最大祭典已有1300年以上的歷史。將信仰、傳統和技術傳承給下一代,維持不變風貌是相當重要的事。

⬆在正殿舉行上樑儀式的「上棟祭」是社殿建築相關的祭典

◆介紹伊勢神宮祀奉的神明以及有所淵源的神明。

生下諸神後,成為統領黃泉之國的黃泉大神。

伊弉冉尊

伊弉諾尊

和伊弉冉尊一起建國、創造萬物的男神。

豐受大御神 在外宮
為掌管穀物生長的神明和久產巢日神之女,負責掌管天照大御神等諸神的飲食。

天照大御神 在內宮
統治諸神居住的天界的太陽神。被視為皇室的祖先,受崇仰為最高地位的神明。

可讓參拜添加更多樂趣!

神明相關圖

伊勢龍蝦 生魚片
1800円～
小隻的只要1800円，以平易近人的價格就能品嘗到伊勢龍蝦的魅力

深受喜愛的絕品美食！

伊勢美食

以深受大自然恩惠的伊勢志摩海產為中心，介紹各種名產料理！

肉身緊實的Q彈口感很特別

美乃滋烤伊勢龍蝦
1800円
塗上與龍蝦味道絕配的美乃滋烤製而成

蒜炒伊勢龍蝦
1800円～
鮮甜的伊勢龍蝦蒜香風味後勁無窮

產季：10～3月

不管生吃火烤都香甜Q彈的

伊勢龍蝦

伊勢灣孕育出來的三重名產伊勢龍蝦。雖然是出名的高級食材，但在產地品嘗最為划算！

想在這個區域品嘗 鳥羽➡P.67

伊勢市內

海鮮和食処 黒潮ダイニング 花

●かいせんわしょくどころ くろしおダイニング はな

以鳥羽海鮮批發商監製的「海の駅 黒潮」為主體的餐廳。除了伊勢龍蝦、鮑魚、三重縣產鮪魚等海產之外，還有使用松阪牛和伊勢紅雞的正宗日式料理。

✆0596-20-9087 MAP附錄②5 B-1
🕐11:00～13:30（14:30閉店）、17:00～20:00（21:00閉店）休週四（逢假日則營業）
所伊勢市御薗町長屋3097 近鐵宮町站車程5分 P免費

伊勢名產
松阪牛 伊勢烏龍麵 鮑魚 牡蠣 伊勢龍蝦

以超便宜的價格就可嘗到天然鮑魚

鮑魚生魚片、鮑魚排
各1800円～
有獨特鮮脆口感的鮑魚生魚片（上），和搭配肝醬鮮味倍增的鮑魚排（左）

↑寬敞的店內

外宮參道

鈴木水産 外宮参道店

●すずきすいさんげくうさんどうてん

經營活魚批發的食堂，可輕鬆品嘗到當地的新鮮海產。菜色以生魚片、烤海鮮為主，還有手捏壽司、伊勢烏龍麵、伊勢鮪魚等豐富的伊勢名產。

✆0596-20-0009
MAP附錄②7 A-3
🕐10:30～21:00（21:30閉店）休無休
所伊勢市本町5-5 JR/近鐵伊勢市站即到 P無

伊勢名產
松阪牛 伊勢烏龍麵 鮑魚 牡蠣 手捏壽司 伊勢龍蝦

手捏壽司
980円
大塊鰹魚鋪在米飯上，附石蒓味噌湯

↑也有高席座的時髦店內

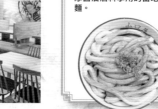

大快朵頤鮮度超群的伊勢龍蝦

伊勢龍蝦 生魚片
3300円
Q彈的伊勢龍蝦，除了生魚片之外，也能用相同價格吃烤龍蝦

伊勢名產美食圖鑑

拜訪伊勢時必吃的名產美食總複習！出門前可先掌握每道料理的特徵，能讓美味倍增♪

伊勢龍蝦 P.30·31
主要棲息於面志摩半島的海洋，因得天獨厚的水質，蝦肉特別Q彈甜美！

手捏壽司 P.32
起源於漁夫工作時吃的食物，源頭為散壽司，通常使用鰹魚。

鮑魚 P.33
進貢給伊勢神宮的名產，透過海女捕獲的方式也相當出名。

牡蠣 P.33
志摩的矢牡蠣相當有名，不太有牡蠣特有的澀味，吃起來特別鮮甜。

伊勢烏龍麵 P.34
Q彈有嚼勁的極粗麵條搭配濃厚醬油沾料享用的當地烏龍麵。

松阪牛 P.35
日本三大牛之一，特徵為細緻的霜降紋路，有入口即化的高級口感。

鳥羽 P.51
志摩 P.73
松阪 P.94
旅行伴手禮 P.100
嚴選住宿 P.104

三重縣產
燒烤伊勢龍蝦
1g25円 ※半條相當2500円
老字號飯店出身主廚連醬汁都精心調配所完成的名產料理

連醬汁都令人驚豔
主廚使出渾身解數的傑作

伊勢名產
松阪牛｜鮑魚｜牡蠣｜伊勢龍蝦

外宮參道
伊勢外宮參道ビストロ&バー
Queen Diner
●いせげくうさんどうビストロアンドバークイーン ダイナー

燒烤伊勢龍蝦、馬賽魚湯、松阪牛排、漢堡排等大量使用當地食材的飽滿菜色大受好評。午餐限定的松阪牛排蓋飯也很受歡迎。

☎0596-63-6760　MAP 附錄②7 A-3
🕙11:30～16:00、18:00～24:00　休週四
🏠伊勢市本町5-3 坂口ビル1F
🚃JR/近鐵伊勢市站步行2分
Ｐ無

↑位於外宮參道的店。也有划算的午間套餐

用各種烹調方式
享用2.5隻伊勢龍蝦

伊勢龍蝦全餐
10800円～
生魚片、炸蝦、特製具足煮等5種伊勢龍蝦料理

伊勢名產
鮑魚｜手捏壽司｜伊勢龍蝦

宇治山田站
割烹大喜
●かっぽうだいき

神宮御用名店。除了有使用2.5隻伊勢龍蝦的伊勢龍蝦全餐之外，夏天還會有鮑魚料理。另外也有幕之內便當、手捏壽司等可輕鬆享用的品項。

☎0596-28-0281　MAP 附錄②6 E-4
🕙11:00～20:30 (21:30閉店)
休無休　🏠伊勢市岩渕2-1-48
🚃近鐵宇治山田站即到　Ｐ免費

↑在充滿格調的日式座位享用美食

#5道料理的伊勢龍蝦全餐

→連蝦頭一同燒烤，凝聚龍蝦鮮味的鬼殼燒

←可直接品嘗伊勢龍蝦鮮味的生魚片

讓身心都能暖呼呼的料理!!
加入整條伊勢龍蝦的豪華雜炊

伊勢龍蝦雜炊
950円
可品嘗濃郁的伊勢龍蝦高湯鮮味滿滿的雜炊，也很推薦當收尾的料理

←特製的具足煮是使用特調高湯煮成的料理

→伊勢龍蝦高湯濃縮而成的味噌湯是最幸福的最後一道料理

→酥脆Q彈的口感令人愛不釋手的炸蝦

伊勢名產
伊勢龍蝦

河崎
あじっこ

位於河崎老街的一隅，將米批發商的町家打造成充滿情懷的居酒屋。有新鮮的生魚片和伊勢志摩特有的乾物、鯊魚乾等許多居酒屋料理。

☎0596-25-9696　MAP 附錄②6 F-2
🕙12:00～14:00、18:00～21:00
休週四　🏠伊勢市河崎2-13-16
🚃JR/近鐵伊勢市站步行12分　Ｐ免費

↑居家般輕鬆開適的氛圍

深受喜愛的 絕品美食！

手捏壽司

醬汁醃漬入味的 鰹魚美味可口！

最原始的手捏壽司是將醬汁醃漬的鰹魚放在醋飯上，為伊勢志摩的漁夫在忙碌當中抽空手捏食用的壽司。現在不同店家會有有各式各樣不同的配料！

想在這個區域品嘗 志摩 ➡P.87

獨特豪華料理誕生！

伊勢名產
牡蠣 手捏壽司 伊勢龍蝦

伊勢龍蝦手捏壽司 **3500円**
龍蝦肉做成生魚片，蝦頭煮成味噌湯，超奢侈豪華的料理

通道也很推薦

鮪魚手捏壽司 **1500円**
有滿滿醬油醃漬鮪魚的招牌料理

在木桶中放入大量自豪的鰹魚

托福橫丁
海老丸 ●えびまる

可品嘗到熟知伊勢志摩的主廚豪邁的漁夫料理。除了有用味噌湯底煮海鮮的名產漁師湯之外，還有運用當季食材烹調的豐富料理。

📞0596-23-8805 **MAP** 附錄①4
🕐11:00～17:00（17:30閉店）※視季節而異
休無休 所伊勢市宇治中之切町52
🚃JR/近鐵伊勢市站搭三重交通巴士往神宮前20分，神宮会館前下車，步行3分 P無

↑充滿漁師町酒場氛圍的1樓座位

鰹魚的手捏壽司
1080円
鋪上滿滿的鰹魚，幾乎看不到醋飯的招牌料理。平易近人的價位相當吸引人

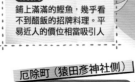

想吃飯類料理…
就是要吃蓋飯!!

來到伊勢就要吃有一堆海鮮料的海鮮蓋飯，伊勢神宮外宮早晚準備的「御饌蓋飯」也不容錯過！

外宮參道 可享用豐富當地海鮮的海鮮蓋飯
海鮮蓋飯
地物海鮮料理 **伊勢網元食堂**
●じものかいせんりょうり いせあみもとしょくどう

主要的料理有可輕鬆享用的蓋飯類，還有使用伊勢特有食材的各式料理。午餐限定的大分量炸牡蠣蓋飯和伊勢龍蝦拉麵也很受歡迎。

📞0596-65-6417
MAP 附錄②7 A-3
🕐11:00～15:00、17:00～22:00
休無休 所伊勢市本町18-27
🚃JR/近鐵伊勢市站步行3分
P無

伊勢錦榮海鮮蓋飯 **2592円**
使用當天進貨的鮮魚，色彩繽紛的海鮮蓋飯

↑店內也有時髦的日本酒吧台

外宮參道 大快朵頤答志島名產鯏仔魚
浜与本店 外宮前店
●はまよほんてん げくうまえてん

伊勢神宮外宮前的鯏仔魚專賣店，是鳥羽離島·答志島的小魚干製造販售店「浜与本店」的分店。使用生牡蠣或炸牡蠣的鯏仔魚蓋飯（午餐限定）最受歡迎。

📞0596-63-8003 **MAP** 附錄②7 A-2
🕐9:00～17:00（供餐11:00～14:30）
休不定休 所伊勢市本町14-3
🚃JR/近鐵伊勢市站步行5分

御饌蓋飯**是什麼？**
因景仰外宮祀奉的飲食之神豐受大御神所誕生的名產美食。條件為米和配料都必須使用當地產食材

御饌蓋飯

↑店鋪就在伊勢神宮外宮旁。另附設伴手禮店

生鯏仔魚蓋飯 **1296円**
以生魚片狀態的新鮮鯏仔魚引以為豪。搭配醋味噌和高湯醬油享用

品嘗伊勢名產 感受四季

厄除町（猿田彥神社側）

伊勢名產
松阪牛 伊勢烏龍麵 牡蠣 手捏壽司

野あそび棚
●のあそびだな

面臨五十鈴川，用餐時還可眺望櫻花或紅葉，感受四季景色。也有搭配季節性菜色的竹籠或木盒料理，從料理中表現季節感。

📞0596-25-2848 **MAP** 附錄①3
🕐11:00～17:00（17:30閉店），週六、日10:30～ 休無休 所伊勢市宇治浦田1-11-5 五十鈴川野遊びどころ內 🚃JR/近鐵伊勢市站搭三重交通巴士往神宮前20分，猿田彥神社前下車，步行3分
P無

↑設有大扇窗戶的店內空間宛如置身在戶外

手捏壽司 **1240円**
以自製醬油沾醬醃漬厚片鮪魚，再鋪在醋飯上的人氣料理

托福橫丁
すし久
●すしきゅう

使用手捏壽司和國產鰻魚的鰻魚飯為招牌料理。伊勢志摩的田舍料理和依季節變化的手捏壽司也很受歡迎。可在保留旅宿情懷的純和風建築內享用美食。

📞0596-27-0229 **MAP** 附錄①4
🕐10:30～19:00 休無休（週二、每月1日及最終日，晚間不營業）
所伊勢市宇治中之切町20
🚃JR/近鐵伊勢市站搭三重交通巴士往神宮前20分，神宮会館前下車，步行3分 P無

手捏壽司 **1280円～**
使用秘傳醬油醃漬的厚片鰹魚和當地品牌米的料理

在充滿鄉土情懷的店家享用伊勢的鄉土料理

産季：7～9月

充滿海邊的香味

鮑魚

伊勢志摩可捕獲鮑魚當中仍算是高級品的黑鮑魚等10種。除了口感獨特的鮑魚肉之外，鮑魚肝的味道也是絕品中的絕品。

想在這個區域品嘗 志摩➡P.87

鮑魚的高湯茶泡飯 3218円
使用天然鮑魚，搭配精緻高湯的絕品茶泡飯

➡大正元（1912）年創業，距離伊勢神宮內宮不遠處的傳統老店

厄除町（內宮側）
ゑびや大食堂

伊勢名產
松阪牛　伊勢龍蝦　鮑魚　伊勢烏龍麵　手捏壽司

菜色包括伊勢龍蝦、鮑魚、松阪牛，以及伊勢真鯛等特產魚。使用五十鈴川的伏流水熬煮的高湯泡出來的茶泡飯也是不可錯過的逸品。

天然鮑魚搭配頂級高湯

☎0596-24-3494
MAP 附錄①5
🕐11:00～15:30
休無休　🏠伊勢市宇治今在家町13
🚃JR/近鐵伊勢市站搭三重交通巴士往神宮前20分，終點站下車即到　P無

鮑魚串 1支750円
外帶用鮑魚串，可品嘗到凝聚的鮮味
附錄①P.15也有介紹

産季：10～3月

簡直就是海中牛奶！

牡蠣

志摩的的矢牡蠣和鳥羽的浦村牡蠣最為有名。肉質厚實，甘甜味美，濃郁的奶味簡直就是「海中牛奶」。可品嘗到各式烹調料理。

想在這個區域品嘗 鳥羽➡P.64 志摩➡P.85

精心培育的珍貴海鮮

伊勢名產
松阪牛　伊勢龍蝦　牡蠣　伊勢烏龍麵　手捏壽司

浦村產生牡蠣
1個324円
浦村的生產者精心培育的牡蠣，味道特別濃郁！

伊勢市內
船元直送居酒屋 滿船屋
●ふなもとちょくそういざかや　まんせんや

天然鮪魚和鰹魚等海產由船東、生產者直送，可大啖漁夫精心挑選的新鮮優質海鮮，可生吃，可現烤。搭配當季漁產的拼盤最受歡迎。

☎0596-25-0008　MAP 附錄②7 B-3
🕐11:00～14:00（14:30閉店）、17:00～23:30（24:00閉店）　休週二，有其他不定休
🏠伊勢市宮後1-7-40 かどやビル1F
🚃JR/近鐵伊勢市站步行即到　P無

↑一直都很熱鬧的店內。午餐餐點也很豐富

各種烤貝類
（烤牡蠣、烤海螺、烤蛤蠣等）
1盤680円～
簡單現烤大啖新鮮貝類，Q彈有嚼勁，甘甜鮮美！

專家嚴選的貝類豪邁現烤

伊勢市內
浜燒き&海鮮丼 牡蠣小屋「浜海道」
●はまやきアンドかいせんどん 牡蠣ごや はまかいどう

經營海鮮批發商的漁夫店主提供自行養育的浦村牡蠣和的矢牡蠣。可吃到現捕牡蠣和海螺、蛤蠣等烤貝類，也有海鮮蓋飯和定食料理。

伊勢名產
伊勢烏龍麵　鮑魚　牡蠣　伊勢龍蝦

MAP 附錄②5 B-1
☎0596-26-1136
🕐17:00～21:00（午餐需洽詢）
休不定休　🏠伊勢市御園町長屋2082
🚃JR/近鐵伊勢市站搭車程10分
P免費

浜一海鮮蓋飯 1950円
鮭魚卵、星鰻、海膽、花枝等使用10種以上配料的蓋飯。此外還有鮭魚親子蓋飯、花枝生魚片蓋飯

➡適合一家人的寬敞空間

深受喜愛的絕品美食！

伊勢烏龍麵

濃稠醬油 遇上極粗麵

Q彈有嚼勁的極粗麵條搭配滑順濃稠的醬油一吃就會上癮！每間店都有獨特的調味方式，不妨前去尋找自己喜歡的美味！

伊勢市站
まめや

→大正12（1923）年創業的傳統老店。有許多名人經常光顧

麵條使用三重縣產小麥Ayahikari，用鍋煮1小時後，再放置一天讓麵條變軟。沾醬使用當地的濃稠醬油，襯托出宗田鰹魚和圓鯵高湯的美味，十分講究。

☎0596-23-2425
MAP附錄②6 D-2
🕙10:00～15:00、17:00～19:30
休週二、每月1次週三（逢假日則需洽詢）
所伊勢市宮後2-19-11
🚃JR／近鐵伊勢市站步行3分
P免費

2樓設有和式座位，富清潔感的店內，

樸實卻很細膩 講究的料理

伊勢烏龍麵
510円

麵和沾醬都是不惜花費時間和食材精心製成，備受好評的料理

直接放整隻伊勢龍蝦的奢侈料理

伊勢龍蝦烏龍麵
時價

酥炸伊勢龍蝦爽地放在麵上！可一次享用伊勢名產

伊勢烏龍麵
500円

濃稠又滑順的沾醬很容易附著在麵條上

自豪的甜辣沾醬和麵條搭配絕佳

厄除町（內宮側）
岡田屋 ●おかだや

午餐時間總是大排長龍的人氣店。和麵條絕配的沾醬是每天準備的，講究十足。推薦可加入滑順的蛋。

☎0596-22-4554 **MAP**附錄①P4
🕙10:30～17:00 休週四（逢假日則前日休），每月1次週三不定休 所伊勢市宇治今在家町31 🚃JR／近鐵伊勢市站搭三重交通巴士往神宮前20分，終點站下車，步行5分 P無

宇治山田站
起矢食堂 ●きやしょくどう

1人份是1.5球的伊勢烏龍麵在當地也很有名。伊勢烏龍麵有豆皮、山藥泥、肉咖哩、雞肉蔥燒等多種口味可挑選，絕對會讓人想一去再去。

☎0596-23-5740 **MAP**附錄②5 B-2
🕙11:00～14:00、17:00～19:00
休週二 所伊勢市尾上町5-31
🚃近鐵宇治山田站步行8分
P免費

↑位於連接伊勢神宮外宮和內宮街道旁的店舖

肉咖哩烏龍麵
750円

加入牛肉的滑順咖哩搭配Q彈麵條美味絕倫

追求傳統的溫和美味

伊勢市站
山口屋 ●やまぐちや

創業於昭和初期，現任老闆為第3代。嚴守自家製的熱呼呼麵條口感，加上不會太甜的濃郁秘傳沾醬，整體搭配絕倫。

☎0596-28-3856
MAP附錄②7 B-4
🕙10:00～18:45（19:00閉店）
休週四（逢假日則營業）
所伊勢市宮後1-1-18 🚃JR／近鐵伊勢市站步行3分 P免費

↑廳裡也有很多常客，保有昔日面貌的餐

嚴守創業當時的美味料理

伊勢烏龍麵
530円

使用三重縣產麵粉的自製麵條和襯托麵條美味的秘傳沾醬堪稱絕品

伊勢神宮·二見 伊勢美食

鳥羽 P.51
志摩 P.73
松阪 P.94
旅行伴手禮 P.100
嚴選住宿 P.104

軟度適中的麵條和香濃可口的沾醬大受好評

伊勢烏龍麵
480円
麵條和沾醬都會放置一段時間使其熟成，各種細節都很講究

河崎
福野屋 ●ふくのや

使用和昭和2（1927）年創業時的製法完成的自家製麵條，有獨特的光澤和適度的軟度。使用傳統釀造倉庫角屋的濃醬油製成的沾醬味道也很高雅。

☎0596-28-3564 **MAP** 附錄②6 F-3
🕐11:00～20:00 休週四 🏠伊勢市河崎3-2-1
🚃近鐵宇治山田站步行7分 Ｐ免費

↑客人當中也有已經吃了50年的鐵粉

厄除町（內宮側）
奧野家 ●おくのや

大正時期創業的老字號名店。伊勢烏龍麵的沾醬是加入濃醬油、味醂、鰹魚和昆布高湯的自製沾醬，和長時間熬煮的軟嫩麵條搭配絕佳。

MAP 附錄①5
☎0596-22-2589
🕐11:00～16:00（視季節而異）
休無休（有臨時休業）🏠伊勢市宇治今在家町18 🚃近鐵伊勢市站搭三重交通巴士往神宮前20分，終點站下車，步行3分 Ｐ無

加入大塊黑毛和牛相當豪華

自家製咖哩烏龍麵
850円
麵條Q彈有嚼勁，咖哩料內加入大塊黑毛和牛

店家位於厄除町、伊勢神宮內宮宇治橋附近

↑店家位於厄除町、伊勢神宮內宮宇治橋附近

外宮周邊
中むら ●なかむら

無添加物的沾醬花費5小時在大鍋中熬煮，柴魚片高湯的香氣高雅有層次。距離伊勢神宮外宮很近，推薦參拜前後可來此店用餐。

☎0596-28-4472 **MAP** 附錄②7 B-2
🕐11:00～16:00 休週三、第2、4週二（皆逢假日則營業）
🏠伊勢市本町12-14
🚃JR/近鐵伊勢市站步行8分 Ｐ免費

費時費工的沾醬高雅有層次

↑大正5（1916）年創業的傳統老店。咖哩烏龍麵也很有人氣

伊勢烏龍麵
530円
沾醬不會太甜，襯托出高湯的鮮味

高級的口感 充滿魅力

松阪牛

為日本三大和牛之一，特徵為細緻的肉質和美麗的霜降紋理。高級油脂在口中溶化的那一刻，簡直是「幸福的瞬間」！
想在這個區域品嘗松阪➡P.94

大快朵頤肉汁飽滿的松阪肉牛排蓋飯

牛排蓋飯 松阪肉
3100円(70g)
沾上醬汁的松阪牛牛排美味絕倫，非常下飯！

托福橫丁
二光堂 寶來亭 ●にこうどう ほうらいてい

伊勢名產
松阪牛
伊勢烏龍麵
手捏壽司

除了松阪牛之外，還有很多使用精選國產牛的料理。當中以能夠輕鬆享用的牛排蓋飯最有人氣，以醬油為基底的特製醬汁和牛排、米飯的搭配絕佳。

☎0596-22-4175 **MAP** 附錄①5
🕐10:00～16:30 休無休 🏠伊勢市宇治今在家町60
🚃JR/近鐵伊勢市站搭三重交通巴士往神宮前20分，終點站下車，步行3分 Ｐ無

↑伴手禮店「二光堂」附設的料理店

想特地前往！

人氣店 的 招牌午餐

有眾多觀光客來訪的伊勢市內餐飲店也是競爭激烈。
以下將一舉介紹當中的高級實力店的強檔午餐！

松阪肉 使用大塊 奢侈地

松阪牛絞肉咖哩套餐 1300円
將人氣的黑咖哩做成絞肉！肉類可從松阪牛、松阪豬、伊勢雞中挑選

香蕉和牛奶的清爽口味

7days BANANA ／ 380円～600円
※依配料而異
健康受歡迎的香蕉果汁

伊勢茜糰子 ／ 1串200円～
使用草莓、栗子、芒果、彈珠汽水等口味餡料，外觀可愛的糰子

伊勢市站 ｜咖啡廳

AMAMILIVING ● アマミリビング

以有松阪牛、松阪豬、伊勢雞3種肉類可選擇的10穀豆黑咖哩為招牌。還有在法式吐司的長棍麵包上放餡料的雞蛋法式吐司等精緻講究的菜色。

📞0596-63-9888
MAP 附錄②7 B-3
🕐11:00～20:00 休無休
所伊勢市宮後1-7-37
🚃JR／近鐵伊勢市站步行2分
Ｐ無

時髦空間
店內是居家摩登的

→設置玻璃窗的店面看起來很有開放感

療癒身體的全素料理

本日定食 1296円
蔬菜、雜糧、海草等，運用自然恩惠的料理品項豐富

宇治山田站 ｜素食

菜食自然食 喜心
● さいしょくしぜんしょくきしん

完全不使用動物性食品、化學調味料、砂糖，大量使用蔬菜、穀物，有益健康的純素食堂。加入甜酒和楓糖、味道溫和的甜點也相當有人氣。

📞0596-26-2800
MAP 附錄②6 E-3
🕐11:30～17:30 休週三、日
所伊勢市吹上2-12-5
🚃近鐵宇治山田站步行7分
Ｐ免費

扁豆、堅果、蔬菜的咖哩套餐 972円
咖哩的辣味當中含有豐富的豆類和堅果口感

古摩登店內改建自古民宅的復

伊勢市站 ｜西餐

kitchen koishi ● キッチン コイシ

紅酒燉牛肉飯、炸蝦、鐵板漢堡排等有很多正統的西餐料理，燒烤熟度絕妙的菲力牛排等料理都可看出老闆長年來的經驗。

📞0596-28-5128 MAP 附錄②7 C-2
🕐11:00～21:00 休無休
所伊勢市一之木2-10-1
🚃JR／近鐵伊勢市站步行10分 Ｐ免費

↑歷史悠久的西餐廳，有很多長年追隨者

漢堡排 1020円（白飯另計240円）
牛肉100%的漢堡排，淋上大量自豪的半釉汁

溫和的味道 正宗卻又帶點

伊勢市內 ｜法式料理

Campagne ● カンパーニュ

使用主廚的出身地熊野和伊勢志摩的食材，以法式烹調方式打造出充滿獨特風味的料理。也有附設可輕鬆享用單點料理和甜點的咖啡廳樓層。店內裝潢相當正式，是當地備受好評的正宗法式餐廳。

📞0596-29-2000 MAP 附錄②5 B-3
🕐12:00～14:00、17:30～20:00
休週一、二（逢假日則翌日休，週一僅提供外帶）
所伊勢市勢田町115-3
🚃伊勢道、伊勢西IC自駕即到 Ｐ免費

↑也會使用主廚的故鄉熊野的食材

特推午間全餐 4860円
餐點附湯，魚類料理和肉類料理都可品嘗到的主廚推薦全餐

嚴選食材 豪華烹煮

日本旅遊必備！全系列熱銷10萬本

手指壽司
給美食家的壽司寶典
坂本一男 監修

必吃壽司攜帶

走進壽司店之前 魚鮮達人帶您 預習日本時令魚材

壽司常見94種

人人出版

手指壽司
作者：坂本一男
規格：144頁 / 9 x 16 cm
人人出版　定價：250元

教你點壽司、吃壽司 簡明易懂！

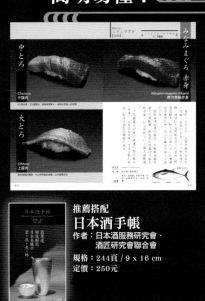

中とろ
Chutoro
中國肉

みなみまぐろ 赤身
Minami-maguro-Akami
南方黑鮪魚赤身

大とろ
Ohtoro
上腹肉

推薦搭配
日本酒手帳
作者：日本酒服務研究會・酒匠研究會聯合會
規格：244頁 / 9 x 16 cm
定價：250元

B午餐　1340円
有鮮蝦和香菇番茄奶油醬等口味的義大利麵，附前菜

義式料理

伊勢市站

LA Cucina di 元

●ラクッチーナディもと

在東京名店鍛鍊廚藝的主廚掌廚的正宗義大利菜。午間套餐的義大利麵有蒜香橄欖油、奶油、番茄等6種口味可選擇。

☎0596-25-8000　**MAP**附錄②7 C-2

🕐11:30～14:30 (LO)、18:00～21:00 (22:00閉店)　休週三、第2週二　所伊勢市一ノ木2-5-8　交JR/近鐵伊勢站步行5分　P免費

●由老闆娘親自接待的溫暖店內

展現實力派主廚的感性

午餐甜點 310円
午間套餐可追加甜點套餐

伊勢市站

Bistrot Boute-en-train ●ビストロブータントラン

法式料理

店名的意思是「炒熱氣氛的人」，店如其名，可在休閒的氣氛中享用正宗法式料理。主要使用當地食材的料理價位適中，分量十足，午餐時間總是連日客滿！

☎0596-29-3308　**MAP**附錄②7 B-3

🕐11:30～13:30 (LO)、18:00～20:30 (LO)　休週三（有不定休）、週四午間　所伊勢市本町4-7 ジョイナス伊勢1F　交JR/近鐵伊勢站步行3分　P免費

可輕鬆享用的豪華拼盤

小酒館午餐 2820円
含前菜拼盤、湯品、分量滿點的主食、甜點等

滿魅力 時髦卻不造作的氛圍充

拼盤午餐 1950円
可品嘗到使用當季時蔬的法式鹹派

伊勢市站

French Restaurant Bon Vivant

法式料理

●フランスりょうりボンヴィヴァン

建於庭園包圍的洋館之中，有以全餐為主的正宗法式餐廳，附設輕鬆的小餐館。以法式料理的方式烹煮伊勢龍蝦、黑鮑魚、松阪牛等料理是最上乘的豪華逸品。

☎0596-26-3131　**MAP**附錄②7 A-2

🕐12:00～13:30、17:30～19:30，小餐館的午餐11:30～※週日僅午餐時段營業　休週一（逢假日則翌日休）、休業前日的晚間、第3週二　所伊勢市本町20-24　交JR/近鐵伊勢站步行5分　P免費

在洋館享用幸福至極的料理

伊勢龍蝦全餐 15120円～
主食是火侯絕妙的伊勢龍蝦佐以蔬菜、醬汁的料理

古典店內。需預約 洋溢著高級感的

●全餐的當日濃湯

午間特別全餐 5400円
可選擇主食

將事物引導至「好的方向」的神明

來伊勢神宮
就要到

猿田彥大神是什麼

瓊瓊杵尊從天界降臨宮崎縣的高千穗時（天孫降臨），在人間為天孫引路就是猿田彥大神。據說猿田彥大神將伊勢的宇治視為聖地，開拓全國，是引導事物開端的「開路」之神。猿田彥神社祀奉猿田彥大神和其末裔大田命。

祀奉天孫引領旅程的神明
負責「開路」的神社

猿田彥神社 祈求開運

猿田彥神社裡供奉的「猿田彥大神」不僅是天孫降臨時的引路人，也是會將事物引導至好方向的「開路」神明。境內也供奉演藝的神明，佐瑠女神社有很多信仰虔誠的名人。在參拜訪客眾多的伊勢首屈一指的能量景點祈求開運吧。

從內宮
步行16分

近鐵鳥羽線
伊勢自動車道 五十鈴川駅
月読宮庁
伊勢西
猿田彥神社
五十鈴川 伊勢志摩スカイライン
宇治橋
伊勢神宮 內宮

祀奉猿田彥大神

御殿ごてん

本殿採用名為「sadahiko造」的雙重破風妻入造的獨特建築樣式。到處可見顯示八個方位的八角形柱子。

摸了說不定會實現願望

方位石（古殿地）
ほういせき（こでんち）

代表「開路」神德的八角形石柱，位於曾是御神座的神聖場所的方位石。

冷知識

在猿田彥神社迎接「人生新階段」

有很多情侶會在神前舉辦結婚典禮，希望能夠獲得神的引導和保佑。運氣好的話，說不定有機會看到前往本殿的新郎新娘。

1 先到御殿參拜，問候猿田彥大神

2 如果要許願的話，參拜後再來許願

參拜方法
◆在手水舍清洗手和嘴巴之後前往本殿
◆在神前行二拜二拍手一拜之禮

境內MAP

御神田
御殿
祈祷受付授与所
方位石（古殿地）
寶石
大鳥居
子寶池
細卵石
御木本通り
手水舍
佐瑠女神社
內宮

猿田彥神社 ●さるたひこじんじゃ
☎0596-22-2554 **MAP** 附錄②5 B-4
費用…免費參拜 **時間**…自由參拜
參拜所需時間…30分 **拍照攝影**…可
休自由參拜 所伊勢市宇治浦田2-1-10 交JR/近鐵伊勢市站搭三重交通巴士往內宮前15分，猿田彥神社前下車即到 P免費（30分）

參拜完本殿後前往境內社

祀奉才藝精進和締結良緣的神明

佐瑠女神社

●さるめじんじゃ　**MAP** 附錄②5 B-4

佐瑠女神社位於猿田彥神社對面。有一說法是祭神天宇受賣命是猿田彥大神的妻子。因天照大御神躲在岩戶時跳神樂的神話，而成為保佑才藝精進的神明。

保佑項目
才藝精進、締結良緣
從跳神樂的天宇受賣命神話中，和才藝精進及戀愛成就有很深的緣分

冷知識
藝人常來許願的著名神社
有很多演員、運動員、藝術家等名人都會來這裡祈求才藝精進。每年8月17、18日境內會點燈籠，吸引眾多參拜訪客前來，熱鬧非凡。

抽戀愛籤，蒐集戀愛護身符許願

↑佐瑠女神社 良緣護身符 各800円
可締結人與人、人與物的良緣

↑佐瑠女神社 演藝護身符 各800円
祈求演藝、音樂、藝術相關的精進

↗戀愛籤 初穗料300円
打開繩結，裡面有小小的鈴鐺裝飾。包裝用的紙是籤紙，可綁在境內，也可帶回去

這邊也要CHECK

深懷感謝之意和心願的「引路之舞」

許願牌上也有畫的「引路之舞」是猿田彥神社獨特的舞蹈，會在祭典或特別祈禱時表演。

從猿田彥神社步行3分
宮司之女畫的日本畫
伊藤小坡美術館
●いとうしょうはびじゅつかん

主要展示明治10（1877）年誕生的猿田彥神社宮司之女——日本畫家伊藤小坡的作品。畫出身為妻子和母親的日常風景，晚年則以歷史和物語為主題，積極描繪出強而有力的女性形象。

↑以土藏為意象的建築物，自此眺望的大自然格外特別

☎0596-22-2554（猿田彥神社）　**MAP** 附錄②5 B-4
🕒9:30〜16:00　週一（逢假日則翌日休）　¥300円
🏠伊勢市宇治浦田2-4-65　🚃JR／近鐵伊勢市站搭三重交通巴士往內宮前15分，猿田彥神社前下車，步行3分　Ｐ免費

蛇和寶船加強財運

寶石 たからいし

石頭形狀像一艘寶船，故得此名。看起來像是有一條蛇在石頭上的吉利石頭。

保佑項目 **財運**
蛇自古傳說能夠帶來財運，坐在寶船上更顯吉利

兩種象徵吉祥的東西一起出現

在日本國歌當中象徵成長的石頭

細卵石 さざれいし

各地都有放置的著名吉石。據說是小石頭會隨著經年累月成長成為大岩石。

保佑項目 **成長、活躍**
從小石頭成長為大岩石的樣貌，貌似人的成長，因此有保佑活躍的傳說

景仰石頭的成長

祀奉猿田彥大神的子孫

子寶池 こだからいけ

祀奉神社的宮司，也是大神子孫的宇治土公家的產靈神。

保佑項目 **子嗣**
供奉祭神子孫，因此有可保佑子嗣的說法

有許多女性的參拜訪客

↗猿田彥神社 許願牌500円
在許願牌上寫下心願祈禱

有多種目的的護身符！
護身符收藏品

參拜完後，抱著積極正向的心情，選擇適合自己的護身符許願吧。

↗最初的一步護身符800円
展開新事物時，會引導我們的第一步往好的方向前進

↗御朱印帳1500円（左）和御朱印袋1000円（右）
柔和的淡粉色深受女性喜愛

↗猿田彥神社護身符 各800円
可獲得「開路」之神的保佑

→重現河崎商家的生活

河崎散步

前往復古可愛的倉庫街

河崎是從江戶時代就被視為伊勢廚房而繁榮的批發商業街。現在有許多商店改裝自當時的町家和倉庫，充滿懷舊風情。

漫遊河崎逛倉庫

伊勢河崎商人館
●いせかわさきしょうにんかん

重現河崎商家的生活
對外開放的「小川商店」是能看到從江戶時代保留至今的倉庫和町家等。除了有能夠得知當時生活情形的資料室之外，還有附設咖啡廳和雜貨店。

☎0596-22-4810 **MAP** 附錄②6 F-1
🕒9:30～17:00 休週二（逢假日則翌日休）¥300円 所伊勢市河崎2-25-32 🚉JR/近鐵伊勢市站步行15分 🅿無

↑位於主屋的茶室，光看就讓人覺得療癒的風雅庭院也是一大看點

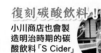
復刻碳酸飲料！
小川商店也會製造明治時期的碳酸飲料「S Cider」

↑泥土地板通道等河崎代表性商家的建築。也登記為日本的有形文化財

河崎商人藏
●かわさきしょうにんぐら

利用藏（倉庫）的店家集結於此
集結約20間重新改建面對河川的酒倉的店家。從食品到雜貨都有販售，新舊夾雜，有很多充滿特色的店家。

🕒10:00～17:00 ¥免費

河崎・水路休息站
●かわさき かわのえき

江戶時代的「船參宮」復活
改建自味噌、醬油倉庫，建於勢田川沿岸的建築物。為周遊勢田川的木造船「Mizuki」的起訖站，2樓展示河崎歷史等資訊的展示板。

☎0596-22-4810（伊勢河崎商人館）
MAP 附錄②6 F-1
🕒9:30～17:00 休週二（逢假日則翌日休）¥免費 所伊勢市河崎2 🚉JR/近鐵伊勢市站步行15分 🅿無（利用伊勢河崎商人館的停車場）

推薦租借自行車
伊勢市站前和宇治山田站觀光服務處都有租借的自行車可使用（→p.117），從這兩站到河崎騎自行車約6分，相當方便！

逛倉庫的關鍵字

世古（小巷）
穿過建築物中間的「世古」小巷讓人聯想到江戶時代

隅蓋
裝飾於切妻兩端的裝飾瓦片，有防災功能，有很多和水相關的主題

路標
刻有前往內宮道路指標的石碑路標。現還保留2柱

切妻造街景
「切妻造」是指照片中的山形屋頂，是伊勢的傳統建築樣式

伊勢神宮・二見
河崎散歩

鳥羽 P.51
志摩 P.73
松阪 P.94
旅行伴手禮 P.100
嚴選住宿 P.104

尋找喜歡的商品

2018年7月重新開張

中谷武司協会
●なかたにたけしきょうかい

改裝自砂糖倉庫的雜貨店

主要販售使用鹽、米、酒製作的餅乾「里中餅」，也是伊勢神宮的御神饌，還有藝術家設計的T恤、可信賴的無農藥茶葉等，是販售許多嚴選商品的雜貨店。

📞0596-22-7600　**MAP**附錄②6 E-3
🕐11:00～17:00　休週二(逢假日則營業)　所伊勢市河崎2-4-4　🚃JR/近鐵伊勢市站步行10分　P無

↑里中餅(9片裝)696円(右)。也有黑糖口味和18片裝

↑外觀的標誌只有一個小看板的簡單裝潢

古本屋ぽらん
●ふるほんやぽらん

有許多伊勢相關的舊書

屋齡200多年，改建自曾是迴船批發商古民宅的二手書店。從伊勢神宮相關鄉土史、故事書，到圖畫明信片、唱片等都有。

↑有許多二手書和二手唱片等珍貴的商品

📞0596-24-7139
MAP附錄②6 E-2
🕐10:00～19:00　休週二
所伊勢市河崎2-13-8
🚃JR/近鐵伊勢市站步行12分　P無

↑書衣各2700円
使用舊和服布料製作的特色商品

月の魚
●つきのさかな

單樣特色商品和風雜貨最受歡迎

和服改編的包包、化妝包、玻璃飾品等有許多藝術家手工製作的雜貨，最適合來此挑選伴手禮。

📞0596-26-2008　**MAP**附錄②6 E-3
🕐11:00～18:30　休週二(逢假日則翌日休)　所伊勢市河崎2-4-14
🚃JR/近鐵伊勢市站步行10分　P無

↑手機、相機包2300～2500円
改造伊勢醬油袋的新商品

↑卡片盒 各1944円
和風摩登的中古布料令人印象深刻

河崎MAP

景 河崎・川の駅
伊勢河崎商人館駐車場 P
景 伊勢河崎商人館
つたや →P.42
河辺七種神社
北新橋
商人蔵カフェ
P 中橋
星出館 →P.104
買 古本屋ぽらん
播田屋 →P.45
cafeわっく
南新橋
買 月の魚
買 中谷武司協会
伊勢シティホテルアネックス
清浄坊橋
勢田川
N

廣域MAP

月夜見宮
近鐵山田線
伊勢市駅
河崎
JR參宮線
伊勢市駅
宇治山田駅
伊勢神宮 外宮
近鐵鳥羽線

在倉庫咖啡廳小休片刻

cafeわっく
●カフェわっく

令人流連忘返的舒適感

充滿木頭溫暖的古民宅咖啡廳。店內也設有和式座位，可脫鞋閒坐。17:00前點無酒精飲料會招待自家製的法式土司。

📞0596-63-8697　**MAP**附錄②6 E-2
🕐11:00～22:00　休週一
所伊勢市河崎2-6-8
🚃JR/近鐵伊勢市站步行10分　P無

↑牛筋燉得很爛的紅酒燉牛肉飯961円

↑木紋風格的店內，裡面還有充滿風情的和式座位

↑漆黑的木牆完全融入昭和老街裡

商人蔵カフェ
●しょうにんぐらカフェ

在倉庫享受休閒時光

位於河崎商人倉庫內的咖啡廳。除了香醇的咖啡和伊勢的日式紅茶之外，還有巧克力蛋糕、起司蛋糕等自家製甜點也大受好評。

📞0596-22-4810(伊勢河崎商人館)
MAP附錄②6 F-1
🕐9:30～17:00　休週二(逢假日則翌日休)　所伊勢市河崎2-25-32　🚃JR/近鐵伊勢市站步行15分　P無

→面對河川的涼爽店內

↑濃郁的起司蛋糕350円和咖啡350円

↑位於商人倉庫內的「壹之藏」

倭姫宮（別宮）周邊　MAP附錄②5 B-3

倭庵 黑石
●やまとあん くろいし　☎0596-24-9614　美食

可品嘗脫皮伊勢龍蝦

一年反覆脫皮數次的伊勢龍蝦在當地是重要的「變種龍蝦」。這間建於古市街道附近的和食店就能品嘗到整隻脫皮後變得Q軟的伊勢龍蝦。「奶油烤脫皮伊勢龍蝦」的香味和Q彈的口感堪稱絕品。海鮮蓋飯2160円等也是人氣料理。店內有個大型水族箱。

🕐11:00～14:00，17:00～20:30（21:00閉店）　休週三（逢假日則營業）　所伊勢市倭町125-2　近鐵宇治山田站搭三重交通巴士往浦田10分，倭町下車即到　P免費

➡一整年都能吃到伊勢龍蝦、鮑魚、河豚料理。伊勢龍蝦活生魚片4320円～

💴預算　午1500円～　晚2500円～

河崎　MAP附錄②6 F-1

つたや
☎0596-28-3880　美食

對沾醬相當用心講究

位於河崎老街當中的店。自豪的沾醬是用火柴生火煮入大鍋熬煮，最後再加入烤鐵板消除臭味，呈現令人驚豔的極品美味。

🕐11:00～17:00（售完即打烊）　休週日　所伊勢市河崎2-22-24　JR/近鐵伊勢市站步行15分　P免費

➡伊勢烏龍麵550円、使用小魚乾、柴魚片、利尻昆布高湯的沾醬和麵條味道絕配

💴預算　午550円～

外宮周邊　MAP附錄②7 A-2

外宮前勢乃國屋豐恩館 勾玉亭
●ぎくうまえせのくにやほうおんかんまがたむてい　☎0596-22-7788　美食

地產地消的自助百匯餐廳

以地產地消為主旨，使用當地產農產品和魚類的自助百匯餐廳。有許多有季節感的菜色。

🕐11:00～13:45（14:30休息），18:00～20:00（21:00閉店）　休週三、第2、4週二的晚餐時段　所伊勢市岩渕1-1-31　JR/近鐵伊勢市站步行5分　P無

➡可品嘗到手捏壽司等鄉土料理，和使用當地時令素材的和洋折衷料理，1620円的午間自助百匯

💴預算　午1620円～　晚2376円～

伊勢市街　MAP附錄②2 D-2

山田奉行所紀念館
●やまだぶぎょうしょきねんかん　☎0596-36-8833　景點

復原一部分的江戶時代奉行所

慶長8（1603）年開設的山田奉行所。依弘化3（1846）年重建之際的配置，重建書院、白州等的紀念館。館內展示山田奉行搭乘的御座船「虎丸」模型和47代奉行秋山安房守的書法等。

🕐9:00～16:00　休週二（逢假日則翌日休）　💴免費　所伊勢市御薗町上條1602　JR/近鐵伊勢市站車程20分　P免費

➡建築物面積約為當時奉行所的6分之1

宇治山田站周邊　MAP附錄②6 E-4

グリル片山
●グリルかたやま　☎0596-25-1726　美食

溫馨的接待令人高興

時尚有型的法式料理店，招牌料理為鮑魚排。蒸烤鮑魚淋上青豆醬的美味逸品。紀念日也會有溫馨的招待，獲得極高評價。

🕐11:30～14:00，17:00～20:00　休週二（逢假日則營業）　所伊勢市岩渕2-4-37　近鐵宇治山田站步行5分　P免費

➡鮑魚排佐青豆醬6800円～，美麗的綠色醬汁襯托出肉質豐厚的鮑魚之美味

💴預算　午晚8500円～

伊勢市站周邊　MAP附錄②5 A-2

花菖蒲
●はなしょうぶ　☎0596-27-1381　美食

可輕鬆品嘗到使用當季食材的懷石料理

可品嘗季節性日本料理的店。3月～9月推薦奶油烤鮑魚、10～3月推薦伊勢龍蝦料理。使用牛奶的名產「嶺岡豆腐」為人氣料理，也有販售伴手禮。

🕐11:00～14:00，17:00～20:00　休週三（每月1次連休）　所伊勢市曾祢1-7-2　JR/近鐵伊勢市站步行13分　P

➡3～9月限定的鮑懷石全餐8000円（未含稅）～。1顆約200g的大鮑魚登場。此外還有休閒全餐3500円和細便當2500円

💴預算　午晚2500円～

還想去這些地方！

伊勢神宮 周邊
いせじんぐうしゅうへん

自古就有眾多民眾拜訪，熱鬧非凡的伊勢神宮周邊是個可感受歷史的景點，也有很多接待參拜訪客的傳統老店。除了伊勢名產之外，還有可吃到正宗法式料理的法式餐廳，豐富的飲食文化，樂趣多多。

特集介紹！

五十鈴丘站　MAP附錄②5 C-2

OUTISE
●アウティーズ　☎080-3629-3009　玩樂

透過海上活動感受伊勢的大自然

皮艇和SUP（立式划槳）等活動可盡情感受伊勢的大自然。行程有少人數限制，並有經驗豐富的導遊帶領，令人放心。有很多初次體驗的人。

🕐9:00～18:00（櫃檯，需於1日前預約，體驗時間視行程而異）　休無休　💴皮艇半日6500円，SUP半日6500円等　所伊勢市通535-2　伊勢自動車道、伊勢IC車程5分　P免費

➡行程視野範圍涵蓋伊勢志摩全域的景點（伊勢灣、英虞灣、的矢灣等）。當天天氣前往最適合的景點

五十鈴川站　MAP附錄②5 B-3

伊勢古市參宮街道資料館
●いせふるいちさんぐうかいどうしりょうかん　☎0596-22-8410　景點

展示遊郭繁盛時期的古市資料

參拜完伊勢神宮後找樂子的休閒場所，和江戶吉原、京都島原合稱為日本三大遊郭（風月場所）而興盛繁榮，展示伊勢古市的歷史和伊勢歌舞伎的資料。

🕐9:00～16:30　休週一（逢假日則翌日休）、假日的隔日　所伊勢市中之町69　JR/近鐵伊勢市站搭三重交通巴士往浦田町12分，三条前下車即到　P免費

➡了解江戶時期的伊勢風貌

42

日本旅遊必備！全系列熱銷10萬本

燒肉手帳

作者：東京書籍編輯部
規格：192頁 / 9 x 16 cm
人人出版　定價：250元

教你點燒肉、吃燒肉

帶著書就能
看懂日文菜單
說出日語發音
知道價位的參考
讓你晉身燒肉達人！

牛肉、豬肉、馬肉、雞肉、鴨肉 5大種類

おいしい～Yakiniku
到日本吃燒肉必攜！

伊勢市站周邊　魚鈴
●うおすず　☎0596-20-7787　美食

MAP 附錄②5 A-2

使用當季海產決勝負的居酒屋

每一片的厚度都令人驚喜，加上口感新鮮的生魚片是必點的食物。發揮食材極致美味的菜色，會隨季節變化萬千。夏天的星鰻，冬天的鳥羽安樂島產牡蠣都是當季才能遇到的美味絕品。

🕐17:00～23:00　🈳週日（若週一為假日則營業）　📍伊勢市曽祢2-9-4　🚃JR/近鐵伊勢市站步行15分　🅿免費

→很推薦有放牡蠣的2500円的土手鍋。老闆也…
生魚片拼盤（2人份）2500円（未含稅）

💴晚 3000円～

伊勢市街　Gentille
●ジャンティーユ　☎0596-22-2882　美食

MAP 附錄②2 D-2

使用自家製蔬菜的法式餐廳

主廚曾在法國的3星餐廳和志摩觀光飯店鍛鍊廚藝。「鮑魚全餐」的主食為「鮑魚排 主廚自我流」，肉質肥厚的鮑魚淋上清爽醬汁的美味逸品。也很推薦海鮮料理和肉類料理都可品嘗到的Gentille全餐6800円

🕐11:30～14:00、17:30～20:00
🈳週日晚、週一（若週一為假日，則週日晚營業，週一晚和週二休）
📍伊勢市大倉町302　🚃JR/近鐵伊勢市站車程10分　🅿免費

→鮑魚全餐10584円。主食的鮑魚排上也有滿滿的蔬菜

💴午 3400円～ 晚 6800円～

猿田彦神社周邊　料理屋 おくやま
●りょうりや おくやま　☎0596-22-1515　美食

MAP 附錄②5 B-3

建於街道，女性喜愛的和食店

位於猿田彦神社附近的古市街道旁，由在東京和大阪培訓廚藝的老闆親自接待。堅持使用天然魚類，不賣弄噱頭，全力將素材的原味和季節感放入料理當中。每一道器皿，甚至到筷子都傳達出和式摩登店面的柔韌感性。

🕐11:30～14:00、17:30～21:00（22:00閉店）
🈳週一（逢假日則翌日休）
📍伊勢市桜木町139
🚃近鐵五十鈴川站車程7分　🅿免費

→附生魚片的主廚推薦午餐2700円。附八寸拼盤和自豪的「蟹肉奶油可樂餅」

💴午 1300円～ 晚 3500円～

五十鈴川站周邊　松阪肉 かぐら
●まつさかにく かぐら　☎0596-29-1677　美食

MAP 附錄②5 C-3

味道獨特的「岩盤燒」為名產

月讀宮附近的肉類料理店。除了經典的壽喜燒、網燒，使用具遠紅外線效果的熔岩石燒烤的獨特「岩盤燒」也很推薦。

🕐11:30～14:30、17:00～20:00　🈳不定休
📍伊勢市中村町815-1　🚃近鐵五十鈴川站步行12分　🅿免費

→能將肉烤得軟嫩Q彈的「岩盤燒」全餐5500円～

💴午 3800円～ 晚 5500円～

宇治山田站　Time's Place 宇治山田
●タイムズプレイスうじやまだ

MAP 附錄②6 E-4

旅遊的 PICK UP

近鐵宇治山田站的購物中心

要添購伴手禮時，便可利用方便的站內購物中心。裡面有很多伊勢志摩代表性的伴手禮店和餐飲店，等電車的時間也能開心度過。

→有很多當地名品進駐。獲指定為登錄有形文化財的站舍也很值得一看

→以八角形為特徵的明亮採光窗

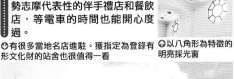

SHRIMP KITCHEN SAZANAMI
●シュリンプキッチン サザナミ　美食

可吃到在鳥羽和伊勢都有店家的人氣店「漣」（→P.69）的炸開背蝦。也能外帶。

🕐11:00～17:00（18:00閉店）　🈳無休

購物

伴手禮專賣店有「赤福」、「MIKIMOTO」、「虎屋ういろ」等9間店家進駐。

🕐9:00～18:00（赤福6:00～、果寮伊勢 藤次郎8:30～）　🈳無休

玩樂

休息區有近鐵觀光特急列車「島風號」等4個車廂在跑的鐵道展示模型。

也有以前的彩色近鐵特急列車模型

還想去這些地方！

伊勢和紙館

●いせわしかん　☎0596-28-2359　購物

製作伊勢神宮使用的和紙

製作伊勢神宮神符用和紙的「大豐和紙工業」土地內的店家。館內展示並販售各式各樣的伊勢和紙。可愛的和紙自用送禮都很適合。

🕐9:30～16:30　休週六、日(第2週六和附設的伊勢和紙畫廊展期間營業)
所伊勢市大世古1-10-30
🚃JR/近鐵伊勢市站步行12分　P免費

◎店內有販售信紙袋、信封組合等使用伊勢和紙的商品

駒鳥食堂

●こまどりしょくどう　☎0596-24-3792　美食

手打麵與豐富菜單很有魅力

無論手打麵還是中華面都是老闆親自手打的稀少店家，沾醬也是自家製。除了牆上琳瑯滿目的菜單之外，櫥櫃裡的熟食小菜也相當吸睛。

🕐9:30～17:00 (17:30閉店)　休週一
所伊勢市一之木2-5-12
🚃JR/近鐵伊勢市站步行7分　P免費

◎伊勢烏龍麵500円。除了經典口味之外，店內還有種類豐富的伊勢烏龍麵可以享用

¥預算 午 650円～

シラセ

●シラセ　☎0120-25-7590　購物

象徵神宮杉的吉祥年輪

材料用心，使用古製法烘烤的名產年輪蛋糕是以神宮杉為概念的吉祥西點。由職人精心烘焙而成。

🕐9:00～19:00
休週四
所伊勢市河崎1-4-31
🚃JR/近鐵伊勢市站步行5分
P免費

◎象徵神宮杉的西點最適合當伴手禮。神宮杉神宮（小）1080円～

カフェ・ラーメン市丸

●カフェラーメンいちまる　☎0596-26-0328　咖啡廳

眺望河川，享受午茶時光

厄除町中少見的拉麵店「ラーメン市丸」的附設咖啡廳。吃完拉麵後，還可以來喝茶。設有五十鈴川河邊的露台座，可盡情感受伊勢的大自然。

🕐11:00～16:00　休週三　所伊勢市宇治中之切町7　🚃JR/近鐵伊勢市站搭三重交通巴士往內宮前20分，內宮前巴士站下車即到
P利用市立停車場

◎與冰淇淋搭配絕佳的鬆餅400円(連同飲料一起點的話，只要300円)

¥預算 午 400円～

若松屋 外宮前店

●わかまつやげくうまえてん　☎0596-22-5177　購物

傳統老店獻上的絕品魚漿

伊勢魚板老店開設的外宮前店。起司棒、章魚棒等有很多適合邊走邊吃的小吃。炸麵包包裹魚漿的原創「魚板短號」是外宮前店限定商品，絕對不可錯過。

🕐9:00～18:00 (11～3月為～17:00)　休無休
所伊勢市本町13-6
🚃JR/近鐵伊勢市站步行5分　P無

◎伊勢羊棲菜、香菇等使用9種內餡，用米油酥炸的炸豆腐餅(飛龍頭)1個350円

◎可在外宮參道品嘗到擁有100年以上歷史傳統老店的味道

食堂カフェいちしな

●しょくどうカフェいちしな　☎0596-63-7117　咖啡廳

令人心動的雜貨店附設咖啡廳

改裝自舊倉庫的店內搭配古董傢俱，時間流動緩慢。每一道料理都是精心製作，滋味豐富的午餐，餐具和擺盤都令人心醉。

🕐11:00～17:00 (17:30閉店)
休週三 (有臨時休業)
所伊勢市船江3-11-2
🚃JR/近鐵伊勢市站車程7分
P免費

◎古董傢俱令人心曠神怡

◎季節香御膳 1980円

¥預算 午 1180円～

日本市集巡禮

這兒走走、那兒逛逛 市集挖寶真有趣

1【睦月】January
日本電咚咚咚市(福岡縣)
勝山左義長市(福井縣)
高津宮宵德祭(大阪府)
控鰭市集(新潟縣)
十日惠比須(大阪府)
七草大祭達摩市(群馬縣)
二十四日市(岐阜縣)
鯲魚市(佐賀縣)

2【如月】February
上岡觀音繪馬市(埼玉縣)
大鏡餅奉納(秋田縣)
彩樂館市集
京都二手市(京都府)
朝日大市(兵庫縣)
昆沙門天大祭(靜岡縣)
厄除元三大師大祭(東京都)

3【彌生】March
マジックスネーク

4【卯月】April
有田陶器市(佐賀縣)
高來神社
花園神社花市(東京都)
笠間稻荷市(茨城縣)
香取神社花市(千葉縣)
墨田硝子市集(東京都)
瀬戸風鈴市祭(愛知縣)

從早市到吉祥物的市集

5【皐月】May
湊間神社花市(東京都)
九谷茶碗祭(石川縣)
新綠井寶植陶器市(三重縣)
大盆栽祭(埼玉縣)
萩燒祭(山口縣)
春季民陶村祭(福岡縣)

6【水無月】June
千日詣鬼燈果會(東京都)
梅市(東京都)

總覽日本全國四季的市集風情
日本各地市集導覽書

7【文月】July
雨樂節廟會(埼玉縣)
入谷牽牛花祭(東京都)
江戶川區特產金魚祭(東京都)
小樽玻璃市(北海道)
川崎大師風鈴市(神奈川縣)
李子祭(東京都)
四萬六千日酸漿果市(東京都)

9【長月】September
生薑祭(東京都)
瀬戸物祭(愛知縣)
全國小芥子祭(宮城縣)
竹籠市(佐賀縣)

8【葉月】August
五条坂陶器市(京都府)
下鴨納涼二書祭(京都府)
馬頭的繪馬市祭(岐阜縣)

10【神無月】October
神田二手書祭(東京都)
清水燒故鄉祭(京都府)
信樂陶器祭(滋賀縣)
出來玩吧(愛知縣)

11【霜月】November
淺草酉之市(東京都)
大鷲神社酉之市(東京都)
茶碗供養
花園神社大西市(東京都)

12【師走】December REGULAR (常態市集)
藥研堀納歲市
歲末市集(東京都)
世田谷舊貨市集(東京都)
歲末市集(岐阜縣)
羽子板市(東京都)
讚岐山燒陶器市(沖繩縣)

伊勢神宮‧二見 地區導覽

鳥羽 P.51
志摩 P.73
松阪 P.94
旅行伴手禮 P.100
嚴選住宿 P.104

行駛在日本第一山駅前的觀光列車
富士登山電車
富士急行公司經營的觀光列車

人人出版
日本觀光列車之旅
作者：K&B PUBLISHERS
規格：240頁 / 14.6 x 21 cm
定價：450元

趣味及實用性兼具
就算你不是鐵道迷也心動！

收錄日本各地具代表性之觀光列車

以地圖方式呈現周邊景點

日本觀光列車之旅 人人出版

河崎　MAP附錄②6 E-2

播田屋
●はりたや　☎0596-28-2207　買う

老店的格調！歷史悠久的煎餅

建築物具有格調的菓子店。使用蛋、麵粉、砂糖製作的簡樸菓子。明治天皇參拜伊勢神宮時的創作，餅面上印有絲印燒印的絲印煎餅為招牌。

⏰8:30～20:00　休每月最終週日　所伊勢市河崎2-13-5　近JR/近鐵伊勢市站步行10分　P免費

⤷絲印煎餅1袋480円～（盒裝520円～）。淡淡的甜味有高雅的味道

倭姬宮（別宮）周邊　MAP附錄②5 C-2

松尾觀音寺
●まつおかんのんじ　☎0596-22-2722　見る

歷史悠久的寺廟有色彩繽紛的許願牌

奈良時代行基建立的日本最古老的解厄觀音寺，有從火災中保護觀音的龍神傳說。保佑除厄消災和締結良緣的許願牌特別受女性歡迎。

⏰自由參拜，社務所8:00～16:00　¥自由參拜　所伊勢市楠部町156-6　近近鐵宇治山田站打三重交通巴士，松尾觀音前下車，步行5分　P免費

⤷附護身符的許願牌1000円。有紅（良緣）、綠（健康）、黃（財運）、紫（人緣）、白（工作）5種顏色可挑選

河崎周邊　MAP附錄②5 B-2

酒德昆布
●さかとくこんぶ　☎0596-28-2068　買う

購買傳統老店的昆布當旅行的伴手禮

明治45（1912）年創業的老店專門製造、販售昆布商品。使用北海道產昆布的手削「伊勢海帶條」最適合當伊勢伴手禮。

⏰8:30～18:30　休週三（逢12月、假日則營業）　所伊勢市神久2-7-20　近JR/近鐵伊勢市站搭三重交通巴士往今一色13分，伊勢工高前下車即到　P免費

←充滿和風情懷的時髦店面

內宮周邊　MAP附錄②5 C-4

浜幸パール　伊勢店
●はまこうパールいせてん　☎0596-24-5353　買う

能發現伊勢志摩逸品的珍珠店

創業約60年的珍珠專賣店。除了經典的正式商品之外，還有可輕鬆選購珍珠寶石的多樣商品。可前往選擇送給自己的伴手禮或送別人的禮物。

⏰8:30～17:00　休週二（逢假日則營業）　所伊勢市宇治浦田1-15-20　近近鐵五十鈴川站車程5分（有免費接駁，需洽詢）　P免費

←人氣的AKOYA珍珠項鍊組4萬円起。也有很多來自遠方的回流客

在伊勢享用名產餅　買う

味道簡樸的「返馬餅」最有人氣

へんばや商店 本店
へんばやしょうてん ほんてん
☎0596-22-0097
MAP附錄②2 D-2

包紅豆泥的餅兩面的燒烤顏色絕妙。

⏰8:00～17:00（傍晚售完即打烊）　休週一（逢假日則翌日休）　所伊勢市小俣町明野1430-1　近近鐵明野站步行10分　P免費

⤷返馬餅1盤2個（附粗茶）160円

與豐臣秀吉有淵源的手烤餅

太閤餅
たいこうもち
☎0596-22-2767
MAP附錄①5

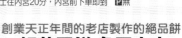

永祿8（1565）年創業。豐臣秀吉稱讚「美味也」的銘菓。

⏰8:30～16:00（週六日、假日為～16:30）　所伊勢市宇治今在家町63　近JR/近鐵伊勢市站搭三重交通巴士往內宮20分，內宮前下車即到　P無

⤷太閤出世餅1盤2個（附烘焙茶）200円

使用傳統製法製作的伊勢名產

茶房太助庵
さぼうたすけあん
☎0596-29-2323
MAP附錄①4

僅使用北方大地的紅豆、天然艾草和玄米精米後的糯米。

➡詳細請看附錄①P.11

⤷神代餅（かみよもち）1盤3個（附煎茶）400円

創業天正年間的老店製作的絕品餅

二軒茶屋餅 角屋本店
にけんちゃやもち かどやほんてん
☎0596-23-3040
MAP附錄②5 C-2

⏰8:00～18:00　休無休　所伊勢市神久6-8-25　近JR/近鐵伊勢市站搭三重交通巴士往今一色10分，二軒茶屋下車即到　P免費

⤷二軒茶屋餅1盤3個（附煎茶）230円

夫妻圓滿的象徵 夫婦岩

二見浦海岸兩塊相互依偎的大岩石是著名的景色，男岩高9m，女岩高4m。上方的鳥居是為了遙拜位於距海岸700m處的興玉神石及日出大神。每年5月5日、9月5日、12月中旬的週六、日會舉行替換注連繩的儀式。

可以從參道看到喔

介紹的地區在**這裡！**

松阪　二見★　伊勢神宮　伊勢　鳥羽　志摩

前往伊勢參拜前的「淨身」之地

在二見興玉神社祈求良緣

二見自古就是前往伊勢神宮參拜前清淨身心的地方。現在也有很多訪客會來參拜以保佑戀愛成就、夫妻圓滿著名的二見興玉神社。建議可來此感受夫婦岩的神聖能量，或走在參道上感受海風。

這裡是這樣的地方！
二見自古便是接待參拜伊勢的旅人之處。以淨身之濱・二見浦、締結良緣的夫婦岩等神聖海域廣為人知。

交通資訊
前往伊勢的交通資訊請參閱P.114！

自駕
二見←→伊勢IC　伊勢二見鳥羽Line　約7.7km　11分

搭電車
二見浦站←→伊勢市站　JR參宮線　210円　8分

詳細MAP
附錄②4 F-1

洽詢處
● 伊勢市二見綜合支所
☎0596-42-1111
● 伊勢市觀光協會
☎0596-28-3705

祈求良緣的參拜方法

❶ 參拜天岩屋
傳說中為天照大御神隱身的地方（日入處）。這裡有跳神神樂吸引大神出來的天宇受賣命之像。

❷ 在手水舍洗手
前往手水舍，清淨之水從猿田彥大神的使者青蛙像口中流出。洗手順序為左手→右手→再以左手手掌接水漱口，請留意最後漱口時別把水吞下去。

❸ 用輪注連繩淨身
使用小型的輪注連繩（200円）摩擦身體可清除身上的穢氣。

❺ 前往本殿參拜
在祀奉開運招福的猿田彥大神的本殿，祈求締結良緣和夫妻圓滿。參拜方式為二拜二拍手一拜。

❹ 供奉繪馬
在繪馬上寫下心願，再掛在境內掛繪馬之處，也可將繪馬帶回家當護身符。

祈求良緣和夫妻圓滿
二見興玉神社
● ふたみおきたまじんじゃ

祀奉猿田彥大神，保佑締結良緣、夫妻圓滿、交通安全等的神社。自古就有前往伊勢神宮參拜前會先到這裡來淨身的習俗，現在不用進到海裡，在社殿也能無垢鹽淨身。

☎0596-43-2020　**MAP**附錄②4 F-1
費用…免費參拜　**時間**…自由參拜
預計參拜時間…20分　**拍照攝影**…可
祭神…猿田彥大神、宇迦御魂大神、綿津見大神
庇佑…締結良緣
休自由參拜　**所**伊勢市二見町江575
交JR二見浦站步行15分　**P**免費（30分）

二見地區MAP
充滿情懷的旅館街
伊勢灣
二見浦海水浴場
二見興玉神社・夫婦岩
賓日館　龍宮社
ISE Sea Paradise（→P.48）
二見浦表參道　總合支所
夫婦岩東口
正覺寺　江の橋
堅田神社　音無山　太江寺
五十日の出橋東
猿田彥石
二見浦駅 42
江のトンネル
江神社
蘇民森 松下社
民話の驛 蘇民
建有味噌倉庫的江邊老街是必訪的景點
伊勢安土桃山城下街（→P.48）
二見浦トンネル
民話の驛 蘇民前
文化村
榮野神社
橘橋
42
松下駅
松下　小屋

伊勢神宮·二見 二見興玉神社

鳥羽 P.51
志摩 P.73
松阪 P.94
旅行伴手禮 P.100
嚴選住宿 P.104

前往境內之前的…

參道景點！

由一流建築師設計的格調建築
賓日館 ●ひんじつかん

建於明治20（1887）年供參拜伊勢神宮的賓客住宿的設施，集結了當時的一流建築師、建築工匠所建造，現在為改建後的模樣。從明治時代起，接待過大正天皇等歷代諸皇族和各界要人，是可學習到二見歷史和文化的貴重建築。已獲指定為日本的重要文化財。

↑桃山式的折上格天花板有60坪大的大廳，上吊著水晶吊燈

📞0596-43-2003
🕙9:00～16:30
休週二（逢假日則翌日休）
💴300円
所伊勢市二見町茶屋566-2
🚉JR二見浦站步行12分
🅿️免費
MAP 附錄②4 F-1

➡從客房可眺望白玉砂粒鋪設的美麗庭園

可看到日出的期間
夏至（6月下旬）前後2～3週

從夫婦岩中間升起的朝日，將海面染成一片金黃色

夫婦岩的日出

二見浦景色優美，將天照大神迎來伊勢的倭姬命也曾二度回望這副美景。夏至前後2～3週可看到日出從夫婦岩之間升起，天晴時還有機會從雙岩之間看到富士山。傾聽海浪聲等待日出可讓心情安穩平靜。

10月到2月這段期間滿月會從兩顆岩石中間升起

可在二見當地品嘗，也可帶回家的鹽巴甜品

招待參拜訪客的伴手禮店
まるはま

位於二見興玉神社門前的鄉土料理和伊勢志摩伴手禮店。可品嘗伊勢烏龍麵和壺燒海螺等當地名產，當中以鹽味霜淇淋最有人氣。

📞0596-43-2018
🕙9:00～17:00 休不定休
所伊勢市二見町茶屋569-14
🚉JR二見浦站步行15分 🅿️免費
MAP 附錄②4 F-1

『二見鹽』是什麼？
自古以來二見浦製作的鹽巴就是用來供奉給伊勢神宮的御鹽。甜甜鹹鹹的鹽巴甜品一吃就上癮，可讓疲累的身體恢復力氣。

後勁爽口的岩戶鹽霜淇淋 350円

甜味適中，後勁無窮的鹽味羊羹
五十鈴勢語庵 ●いすずせいごあん

鹽味羊羹（1條）700円
鹽味和砂糖的調配恰到好處

使用「岩戶鹽」，甜味適中的鹽味羊羹為招牌名產。會隨季節調整鹽量，細心周到，並使用北海道產的紅豆餡手工製作。

📞0596-42-1212
🕙8:30～19:00 休不定休
所伊勢市二見町茶屋569-35
🚉JR二見浦站步行10分 🅿️免費
MAP 附錄②4 E-1

只用海水當原料，以柴火燒煮的自然鹽
岩戶館 ●いわとかん

「岩戶鹽」是從清渚汲取海水，以傳統製法製成的天然鹽。含鹽滷的鹽巴帶有淡淡的奶油色和柔和的鹹味。

甜味爽口的岩岩戶鹽義式冰淇淋400円

📞0596-43-2122
🕙8:00～18:00 休不定休
所伊勢市二見町江566-9
🚉JR二見浦站步行15分
🅿️免費

岩戶鹽（小125g）820円

人氣的岩戶鹽義式冰淇淋最中350円

MAP 附錄②4 F-1

庇佑護身符 祈求良緣

二見浦夫婦岩 夫婦御守 乃一二見興玉神社

絆守 各600円
附有一對勾玉，可成對配戴

金銀蛙守 一組400円
可放入錢包中隨身攜帶

結緣守 800円
附有5色吊飾

えんむすび

夫婦守 一組1000円
畫有夫婦岩，祈求夫妻圓滿的護身符

戀愛籤 300円
適合祈求良緣的神籤，籤上附有小人偶

蛙籤 200円
從青蛙嘴中抽出神籤

向滿願蛙 許願

境內到處都有祭神猿田彥大神的使者青蛙的擺飾。手水舍旁有2隻滿願蛙，據說將水淋在青蛙身上願望就能實現。

還想去這些地方！

二見
ふたみ

二見浦是很多人會在前往參拜伊勢神宮之前先來淨身的地方，有很多相當靈驗的神社。此外還可以去主題樂園遊玩，品嚐二見的「岩戶鹽」甜品，在此地區散步漫遊也很有樂趣。

CLOSE UP

從二見興玉神社即到

逛街、美食、和生物交流。
前往夫婦岩著名的二見浦，尋找遊玩景點！

ISE Meotoiwa Meoto Yokocho
●いせめおといわめおとよこちょう

☎0596-43-4111　　MAP附錄②4 F-1

位於和ISE Sea Paradise同一塊腹地內的伊勢志摩伴手禮品、海產品、工藝品等的購物中心，內有大大小小各式各樣的餐廳。

🕘9:00～17:00（視季節而異）
休無休（12月中旬有休館日）
所伊勢市二見町江580
JR二見浦站步行15分
P收費

→建於沿海地帶，離夫婦岩也很近

→廣場內有琳瑯滿目的名產品和伴手禮

推薦！

可「清淨身心」的體驗型咖啡廳
めおと岩カフェ
めおといわカフェ

有清淨身心的體驗活動，也有可享用三重縣產的水果和使用岩戶鹽及蜂蜜的「神饌水」的咖啡廳。

🕘9:00～17:00
（體驗受理至16:00）
休無休

→傳統工藝品・伊勢木棉的「手作御朱印帳」體驗

→飲品使用的是含豐富礦物質的伊勢地下水。除了「神饌水」之外，也有咖啡和綠茶

↑海象的散步時間說不定還可以這樣互動喔

ISE Sea Paradise
●いせシーパラダイス

☎0596-42-1760　　MAP附錄②4 F-1

以零距離觀賞、接觸、感受北海獅、海象等海生動物、淡水魚、熱帶魚等158種生物為概念的水族館。有巨大海象的表演秀和海獅秀等，可和動物拍照的「互動活動」最有人氣。

🕘9:00～17:00（視季節而異）
休無休（12月中旬有休館日）
¥1600円
所伊勢市二見町江580
JR二見浦站步行15分
P收費

↑水族館入口有北海獅在迎接

推薦！

可以見到水獺
可以見到在第2屆水獺選舉中獲得優勝的Kirari、Hirari。時機對的話還有機會握手。

精彩的表演秀
海豹接觸活動可和眼睛圓滾滾的斑海豹交流，還有很多令人期待興奮的表演秀。

足浴！
以溫泉魚療著名的溫泉醫生魚足浴，可去除老舊角質。

池之浦　　MAP附錄②2 E-2
馬孔德美術館
●マコンデびじゅつかん　☎0596-42-1192　景點

來自東非充滿生命力的雕刻
展示住在非洲坦尚尼亞南部高原地帶、使用黑檀誕生出美麗雕刻的馬孔德族雕刻，以及TingaTinga的繪畫。

🕘9:00～16:30　休週二（逢假日則翌日休，6、12月為第2週一～五休）　¥1000円　所伊勢市二見町松下1799　JR/近鐵鳥羽站搭三重交通巴士往伊勢市站8分，池の浦下車，步行4分　P免費

→充滿非洲氣息的展示室。雕刻以外還有600件以上的收藏

二見浦　　MAP附錄②4 E-2
伊勢安土桃山城下街
●いせあづちももやまじょうかまち　☎0596-43-2300　玩樂

可體驗各種日本文化
以原尺寸重現織田信長所建的安土城。在城下換上忍者服，觀賞忍者秀、花魁劇，參加忍者森林的冒險活動和機關迷宮等。玩完後還可以泡個溫泉再回家。

🕘9:00～17:00（17:00後免費入場，餐廳、溫浴設施11:00～21:00）　休無休　¥通票4900円（含付費設施、溫浴設施、變身方案）　所伊勢市二見町三津1201-1　JR二見浦站步行15分　P免費

→可不住宿的午餐自助百匯，也有伊勢烏龍麵和手捏壽司等伊勢名產

→榊原溫泉的露天浴池和香蕉葉浴池、高濃度碳酸泉等種類豐富的「安土城下之湯」

→換上忍者服！挑戰競技活動最受小孩子歡迎

旅遊情報！

JR參宮線
●ジェイアールさんぐうせん

從視野良好的二見浦月台前往鳥羽方向。穿過隧道後，兩邊可眺望里山美景，度過悠閒時光。經過松下站後，穿過山間，景色一變，列車沿著海岸線快速前進，波光粼粼的海面近在眼前，充滿旅遊的氣氛。緩緩通過弧形曲線後，會逐漸看到浮在海面上的島嶼和海岬的車窗風景樂趣無窮。

↳行駛於松下站～鳥羽站間的參宮線

前往伊勢神宮的參拜路線
二見浦～松下～鳥羽

池之浦　MAP附錄②E-2

粟皇子神社 [景點]
●あわみこじんじゃ　☎0596-24-1111（神宮司廳）

建於海邊的內宮攝社

祭神為須佐乃乎命御玉道主命，據說曾獻上御饌給倭姬命，又稱為淡海子神，是守護海岸的神明。位於海的附近。

🕐休¥自由參拜　所伊勢市二見町松下　🚉JR二見站步行20分　P無

↳神殿背後是一整片海岸

二見浦　MAP附錄②E-1

二見浦海岸 [景點]
●ふたみうらかいがん　☎0596-28-3705（伊勢市觀光協會）

白沙廣闊的美麗海岸

圓弧狀的海岸上有松樹林和整備完善的碼頭，是著名的夕陽人氣景點。

🕐休自由參觀　所伊勢市二見町莊　🚉JR二見浦站步行15分　P免費

↳就在夫婦岩和二見興玉神社附近

二見浦　MAP附錄②E-1

御福餅本家 [購物]
●おふくもちほんけ　☎0596-43-3500

福餅的紅豆冰最有人氣

元文3（1738）年創業的老店。除了自江戶時代深受喜愛的福餅之外，還可在店內吃到刨冰和紅豆湯。

🕐9:00～17:00　休無休　所伊勢市二見町茶屋197-1　🚉JR二見浦站步行3分　P免費

→御福冰棒（1支）150円，是用福餅的紅豆餡製作、口味清爽的冰棒。

↳具有歷史感的建築。店家不僅守護傳統的味道，也經常在挑戰新事物

二見浦　MAP附錄②E-1

扇屋 [美食]
●おうぎや　☎0596-43-3890

享用當地食材烹煮的家庭料理

可品嘗到義大利麵、蛋包飯等經典料理，以及使用玉城豬和浦村牡蠣等當地食材的菜色。使用奢華的松阪牛，卻只要1350円的平價漢堡排food也很受歡迎。

🕐11:00～14:30、17:00～20:00　休不定休　所伊勢市二見町茶屋6-1　🚉JR二見浦站即到　P免費

↳炸伊勢龍蝦頭高湯煮成的味噌湯。附伊勢龍蝦定食2500円

¥預算　午1250円～　夜1250円～

松下　MAP附錄②F-2

蘇民森 松下社 [景點]
●そみんのもり まつしたしゃ　☎0596-42-1111（伊勢市二見綜合支所）　0596-44-1000（民話の駅 蘇民）

除厄門符的發源地神社

伊勢家家戶戶玄關前都可看到「蘇民將來子孫家門」的門符發源地。傳說這道門符可消災解厄。

🕐休¥自由參拜　所伊勢市二見町松下　🚉JR松下站步行7分　P免費

↳境內有黑松和檜木等巨木林立

二見浦　MAP附錄②E-1

旭家 酒素饅頭製造本舖 [購物]
●あさひやさかもとまん じゅうせいぞうほんぽ　☎0596-43-2226

清爽的紅豆餡甜味

大正2（1913）年創業。店頭只賣酒素饅頭。賣場旁的工房飄散著煮的香甜熱氣。

🕐8:00～19:00（售完即打烊）　休不定休　所伊勢市二見町茶屋107-6　🚉JR二見浦站步行3分　P免費

↳在二見浦散完步後，正好可以來這裡逛逛

→酒素饅頭（1個）82円。散發著酒麴淡淡香氣的饅頭。嚴守的傳統製法讓酒麴自然發酵

松下　MAP附錄②F-2

民話の駅 蘇民 [購物]
●みんわのえきそみん　☎0596-44-1000

名產現搗麻糬動不動就會銷售一空

販售早上現捕的海產及當地田園直送的新鮮蔬果等當季食材。12月店門口會擺放松下社的注連繩。

🕐9:00～18:00（11～3月為～17:00）　休無休　所伊勢市二見町松下1335　🚉JR松下站步行7分　P免費

↳除了當地農產品和海產之外，還有手工熟食和工藝品等

松下　MAP附錄②F-2

二見菖蒲浪漫之森 [景點]
●ふたみしょうぶ ロマンのもり　☎0596-44-1000（民話の駅 蘇民）

有很多菖蒲和蓮花

每年6月上旬～中旬會有許多菖蒲花盛開。園內有整備完善的遊步道，可邊走邊賞花。

🕐9:00～18:00（11～3月為～17:00）　休無休　所伊勢市二見町松下1335　🚉JR松下站步行7分　P免費

↳鄰接「民話の駅 蘇民」

朝熊山頂展望台的廣場上有迎風搖曳的吊床，躺在吊床上欣賞美景是最棒的享受。

眺望伊勢絕景
前往鎮守伊勢神宮鬼門的寺院

從伊勢市站車程約30分

在朝熊山療癒身心！

走在綠意環繞的朝熊岳金剛證寺境內，度過悠閒安穩的時光。
在展望台上遇見令人感動的絕景，讓伊勢志摩的大自然療癒身心。

到朝熊山一起享受兜風樂趣

連接伊勢神宮周邊～鳥羽的
絕景兜風路線

伊勢志摩 Skyline
いせしまスカイライン

從伊勢神宮內宮附近到鳥羽，全長16km的觀光道路。山頂展望台有展望足浴，山頂附近有鎮守伊勢神宮鬼門的名寺朝熊岳金剛證寺。

📞0596-22-1810（伊勢料金所）

🕐山頂展望台7:00～19:00（視季節而異），展望足湯10:00～16:00 🈺無休 💴通行費（輕、普通車）1250円、展望足湯100円 🅿免費（使用朝雄山頂展望台停車場）

MAP 附錄②4 E-4

搭巴士前往山頂

參宮巴士 さんぐうバス 僅週六、日、假日行駛
📞0596-25-7131（三重交通株式會社）

想去朝熊岳金剛證寺參拜卻沒有車的人，建議可搭乘行駛於伊勢志摩Skyline，從五十鈴川站到朝熊岳金剛證寺的參宮巴士。但只有週六、日、假日運行，敬請留意。

💴五十鈴川駅前～金剛證寺、山上広苑730円

五十鈴川駅前	8:25	10:10	12:45	14:35	16:25
浦田町	8:30	10:15	12:50	14:40	16:30
金剛證寺	8:49	10:34	13:09	14:59	16:49
山上広苑	8:51	10:36	13:11	15:01	16:51
山上広苑	9:30	11:20	13:50	15:45	17:15
金剛證寺	9:32	11:22	13:52	15:47	17:17
浦田町	9:49	11:39	14:09	16:04	17:34
五十鈴川駅前	9:54	11:44	14:14	16:09	17:39

※8月13～15日、12月30日～1月4日也會運行

朝熊山頂展望台
あさまさんちょうてんぼうだい

位於伊勢志摩Skyline經過的朝熊山山頂。從展望台的足浴眺望的鳥羽灣絕景美不勝收，也是著名的看日出景點。

位於海拔500m處的絕佳療癒景點

⬆從展望台看到的絕景，由此可一覽海洋和市區

⬅從山頂廣場的「天空郵筒」寄信也很有趣

📞0596-22-1810
MAP 附錄②4 F-4
（伊勢志摩スカイライン 伊勢料金所）

🕐7:00～19:00（5～8月為6:00～20:00、12/31～1/1全天營業、1/2～15為6:00～19:00）🈺無休 💴伊勢志摩Skyline需付通行費 所伊勢市朝熊町名古185-3 🚃JR/近鐵伊勢市站車程30分 🅿免費

お食事処 朝熊茶屋
おしょくじどころあさまちゃや

山頂的名產烏龍麵讓身心都變得暖呼呼

山頂的餐廳。招牌名產為加入石蓴、昆布絲和磯邊炸物等海產的志摩烏龍麵。炒伊勢烏龍麵、松阪牛可樂餅與伊勢龍蝦奶油可樂餅等B級美食也很受歡迎。

⬆全都可以外帶，適合進來逛逛

⬆登山客的必吃料理，志摩烏龍麵600円

📞0596-22-1248
MAP 附錄②4 F-4

🕐9:00～17:00 🈺無休 所伊勢市朝熊町名古185-3 🚃JR/近鐵伊勢市站車程30分 🅿免費

⬆獲指定為日本重要文化財的本堂摩尼殿

⬅架於連間池的太鼓橋，呈現美麗的曲線和朱色

⬇也被稱為伊勢神宮奧之宮的莊嚴古寺

參拜伊勢神宮時也要繞來這邊

朝熊岳金剛證寺
あさまだけこんごうしょうじ

伊勢音頭中有一節唱到「伊勢神宮參拜歸途到朝熊，沒到朝熊就是單向參宮」，因此伊勢神宮的參拜訪客都一定會來這間位於朝熊岳南方的寺院。

📞0596-22-1710
MAP 附錄②4 F-4

🕐9:00～16:00 🈺無休 💴免費 所伊勢市朝熊町548 🚃JR/近鐵伊勢市站車程30分 🅿免費

➡替身御守500円

鳥羽 (とば)

三世代海女
中川母女

從伊勢車程30分，搭電車13分

與海女文化息息相關，與海共生的城市鳥羽

臨海城市中有超人氣的鳥羽水族館、因高峰會引發熱烈討論的御木本珍珠島、海女自古信仰的「石神」等多數景點。遊逛懷舊的離島和大啖新鮮海產美食，樂趣無窮。

推薦景點 鳥羽水族館

飼育種類為日本No.1的水族館，可一窺充滿特色的生物居住的水中世界。

除了美麗的海景之外，鳥羽還有牡蠣等鮮美海產、名產珍珠、離島等樂趣多多！海女信仰的石神也是備受矚目的女性能量景點。就由我們來為大家獻上鳥羽的魅力吧！

推薦景點 御木本珍珠島

養殖珍珠的發源地，可愉快學習珍珠相關知識，還可快樂購物！

推薦景點 珍珠路

連結鳥羽和志摩的觀光道路。山海交織的絕景令人陶醉

大啖美食，品嘗擺滿漁獲地獨有食材的海鮮蓋飯

鳥羽觀光洽詢處
☎0599-25-1157（鳥羽市觀光課）
☎0599-25-3019（鳥羽市觀光協會）

CONTENTS

松阪　鳥羽　神島
　　　坂手島　答志島
伊勢神宮‧二見　菅島
鳥羽駅　鳥羽島
　　　　相差
志摩

前往鳥羽的交通資訊請參閱P.114！

◆ 前往鳥羽地區主要景點的交通資訊

往鳥羽水族館周邊
鳥羽水族館周邊有許多景點。從JR/近鐵‧鳥羽站到鳥羽水族館步行10分，到御木本珍珠島步行5分，到鳥羽1番街和鳥羽市集步行即到。從鳥羽IC到各設施約1～1.6km，車程2～3分。

往珍珠路（麻生浦大橋）
可先搭電車到鳥羽，再租車到珍珠路兜風。珍珠路始於JR/近鐵‧鳥羽站，前往麻生浦大橋約9.4km，車程15分。從鳥羽IC約10km，車程18分。

往神明神社（石神）
從JR/近鐵‧鳥羽站（鳥羽巴士中心）搭往國崎的鳥羽市海鷗巴士33～50分，相差巴士站下車，步行5分。從鳥羽IC經由國道167號、縣道47號18km，約25分。從鳥羽IC經由珍珠路、縣道47號、750號的40分觀光路線也很推薦。

往鳥羽的離島
從鳥羽海運碼頭搭市營定期船前往。往菅島13～24分，往答志島12～35分，往神島30～40分。※前往鳥羽海運碼頭從JR/近鐵‧鳥羽站步行10分，從鳥羽IC約1.2km，車程3分。

◆ 有用資訊導覽

活用鳥羽站的手提行李寄送服務
除了可寄送行李至全國各地之外，還可寄送到伊勢、鳥羽、志摩的飯店。另外，暫放的手提行李也可在伊勢市站手提行李寄放處或宇治山田站手提行李服務台領取。有許多利於觀光的服務（收費）。

◆鳥羽站手提行李寄送服務台
☎080-6698-9622　MAP附錄②8 E-2
🕐9:00～16:00（截止時間視服務內容而異）
休無休　JR/近鐵鳥羽站即到

和志工導遊一起環遊城市
有志工導遊會幫忙介紹市內名勝古蹟（1次2000円），可透過詳細解說，發現鳥羽更深層的魅力。

◆鳥羽市歷史文化導覽中心
☎0599-25-8255　MAP附錄②8 E-3
🕐9:00～16:00（無需預約）　休週二　鳥羽市鳥羽1-10-48　JR/近鐵鳥羽站步行5分

飼育種類為
日本第一！

暱稱為
「鳥羽水」！

日本唯一可見到儒艮的水族館！
とばすいぞくかん

鳥羽水族館

為飼養種類約1200種、3萬隻生物的巨大水族館。除了只有在「鳥羽水」才能看到的儒艮之外，還能見到世上罕見的珍奇生物。水生動物的姿態令人療癒，還有獨特的表演秀讓人捧腹大笑，伴手禮和美食的種類也很豐富。快來興奮不已的海洋世界冒險一番吧！

鳥羽水族館 基本資訊
MAP 附錄② 8 F-3
☎0599-25-2555
⏰9:00～16:00 (17:00閉館)、7月20日～8月31日8:30～16:30 (17:30閉館) 休無休
¥2500円，中小學生1250円、幼兒 (3歲以上) 630円，年長者 (65歲以上) 2100円 📍鳥羽市鳥羽3-3-6 🚉JR/近鐵鳥羽站步行10分 🅿1日1次800円

除了鄰近的停車場，鳥羽站4號出口也有停車場

秘密的背後
後台探險隊 後場參觀之旅

鳥羽水族館致力於打造生物環境。參加本行程可跟隨工作人員逛水族館後場，一窺水族館背後的運作模式。

活動日期 週六日
活動時間 15:00～(約30分)
報名方式 先以電話預約，當日再至館內詢問處辦理報名。

預約電話號碼
☎0599-26-5575

有漁貓周邊和儒艮抱枕等許多鳥羽水的人氣動物商品。餐廳也可吃到伊勢志摩的名產。

有很多店家和餐廳！內有鳥羽水特有的商品陣容

和其他水族館不同，鳥羽水沒有既定的觀覽路線，可以隨心所欲，在自己喜歡的區域慢慢觀賞。

從哪裡開始參觀都很OK
順序自由的水族館

忠實重現南美智利海岸的「海獸王國」和極寒世界的「極地之海」等，可以看到在接近原本環境中生存的生物。

在館內遊逛世界!?
探索生物的棲息地

儒艮飼養困難，在日本只有鳥羽水族館能看到儒艮。鳥羽水的儒艮「塞萊娜」正在不斷更新飼養時間最久的世界記錄。另外也是日本首次嘗試成功誕生海獺的小寶寶。

有很多鳥羽水特有的嘗試
可見到日本唯一的儒艮！

鳥羽水族館中飼養的生物約有1200種類。可遇見生態特殊的大王具足蟲和在水邊捕魚的漁貓等珍貴的生物。

飼育種類日本第一！
有很多珍奇的生物

人氣的秘密
「鳥羽水」是這樣的水族館！

企劃宣傳組
榊原小姐

鳥羽水的魅力和深受歡迎的理由就在這裡！

「鳥羽水」的 人氣王 BEST3

必看1

掌握館內重點，盡情玩樂鳥羽水族館

除了永遠的人氣王儒艮之外，看看在鳥羽水族館還可以遇到哪些明星生物！可愛的動物們在等著你喔。

No.1 儒艮
日本唯一飼養的儒艮「塞萊娜」來到鳥羽水族館已經30年，溫吞的模樣總是大受歡迎！

No.2 江豚
小型鯨類，嘴角上揚，總是帶著可愛微笑的「草莓」很親人，有時也會游到玻璃前面。

No.3 海獺
飼育員丟出花枝鱈時，母海獺「小梅」會跳起來抓住。「花枝鱈跳躍」是牠的拿手絕活。

隱藏的人氣王也要CHECK！
大王具足蟲的人氣可是不輸給可愛的儒艮和江豚的。平常看起來動也不動，運氣好的話，說不定可以觀察到大王具足蟲動起來的樣子！？
→世界最大的西瓜蟲的同伴。可在「奇特生物研究所」見到

事前CHECK

鳥羽水族館twitter
官方twitter中有最新消息、活動資訊和飼育日記，也有和生物們最親近的飼育員才看得到的樣貌，及有趣的冷知識。在逛水族館之前先閱覽能更添樂趣。

可以看到鳥羽水族館人氣生物們放鬆的可愛模樣喔！

經常瀏覽可以獲得很棒的資訊！

4小時 半天標準行程

事前CHECK

參觀建議
這裡沒有固定的參觀路線，可自由隨興走動。在有限的觀光時間裡，建議可事先決定好想看的動物，並調查好表演秀的時間，再來規劃行程。

有季節性活動！春天會有與過去熱門的生物一起回顧平成的活動。黃金週也預定舉辦體驗型的交流活動。

11:00 入館

11:30 在表演體育場區
必看 為**海獅**的名表演大聲喝采
海獅表演會有跳圈圈、華麗跳躍和愉快的表演。

12:00 在水之迴廊區
觀賞**企鵝**可愛的散步模樣
建議在企鵝散步的時間來此。搖搖晃晃向前進的模樣可愛到不行。

12:15 在館內的餐廳
品嘗名產**美食**
館內的餐廳「花珊瑚」可吃到伊勢志摩的名產「手捏壽司」。

13:00 在人魚之鄉&伊勢志摩之海‧日本之海區
必看 見人氣的**儒艮**和**江豚**
終於要跟鳥羽水的偶像明星碰面了。徜徉於神秘的海中世界。

13:40 在奇蹟之森區
必看 為帥氣的熱門**漁貓**傾醉
曾獲得人氣投票第1名！說不定可以看到牠捕魚的靈敏動作。

14:00 在水之迴廊區
海象的巨大身軀令人驚訝！
大海象在眼前登場。可以摸摸看牠的身體和鬍鬚。

14:30 在館內的商店
尋找可愛的**伴手禮**
購買伴手禮當紀念！玩偶、抱枕、珍奇生物的周邊商品應有盡有。

下頁開始介紹各區的魅力！

動物們的表演秀
生物們驚奇的特技令人興奮！特殊的技藝也不容錯過。

必看2

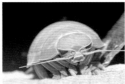

接觸海象時間
地點 水之迴廊
需時 約20分　開演 11:00～、14:00～
可碰觸海象的身體和鬍子的人氣交流單元。體重超過900kg的大海象充滿魄力。

海獅表演
地點 表演體育場
需時 約15分
開演 10:00～、11:30～、13:00～、15:30～
海獅和海狗大活躍，展露後空翻跳躍等華麗特技。

企鵝散步
地點 水之迴廊
需時 約10分　開演 12:00～
企鵝在眼前搖搖晃晃，拼命向前走的樣子相當可愛，是超人氣的表演秀。

海獺的餵食時間
地點 極地之海
需時 約15分　開演 9:40～、13:00～、16:20～
可以看到貝類放在肚子上食用的模樣，和跳起來抓住花枝的樣子。

海獸王國的餵食時間
地點 海獸王國
需時 約15分　開演 10:30～、15:00～
可參觀灰海豹和北海獅充滿魄力的餵食畫面，附解說。

觀察海豹的自然生態

1樓在水中，2樓在水面，3樓可以從上方看到不同的光景

2・3F 舉辦生物表演秀

1 表演體育場
●パフォーマンススタジアム

在舞台上的水族館的大明星‧海獅，會向大家秀出各種驚奇表演。水族館工作人員和動物們之間也默契絕佳！

海獅表演開始！
詳情參閱P.53

魅力介紹
可看到跳圈圈、旋轉跳躍等多種特技。和大家融為一體，快樂無比。

觀賞海獅表演，享受愉快時光

1・2・3F 重現智利海岸

2 海獸王國
●かいじゅうのおうこく

2018年7月全面整修翻新。走在全新打造的巨大透明隧道中，海獅和海豹就在腳邊徜泳，還可看到體重超過700kg的海象在眼前潛水的畫面。

舉辦餵食時間！
詳情參閱P.53

在這裡可以看到
海象／灰海豹／加州海獅 等

魅力介紹
展示古代魚、腔棘魚的影片，可接觸神秘的世界

太古的海洋裡！時光穿梭到

2F 展示活化石

3 古代之海
●こだいのうみ

此區集結了許多仍保有古時面貌的生物，感受生命的奧秘。

在這裡可以看到
鸚鵡螺／中華鱟／鯊魚 等

鸚鵡螺其實是花枝和章魚的同伴喔

魅力介紹
可以體驗和色彩繽紛的熱帶魚在珊瑚礁海洋中徜泳的感覺

約55種、650簇
人工珊瑚令人震撼！

在珊瑚礁海洋的簇擁下

像在潛水般窺探海中世界

2F

4 珊瑚礁潛水
●コーラルリーフ・ダイビング

除了正面和左右兩側之外，連天花板都用玻璃覆蓋的巨大水族箱，是世界最大的人工珊瑚礁之海。有彷彿在潛水般的臨場感。

在這裡可以看到
珊瑚／小丑魚／海龜／龍王鯛 等

來看我呦！

介紹12個區域的魅力

想去的地方一目瞭然

館內依照生物的棲息環境分為12個區域，以下將徹底介紹這12個區域的攻略！找到自己想去的目標吧！

2F 在當地海洋中徜泳的生物

5 伊勢志摩之海・日本之海
●いせしまのうみ にほんのうみ

以黑潮流經的熊野灘和日本最大的內灣——伊勢灣為中心，可見到棲息於日本海洋中的各種生物。

在這裡可以看到
江豚／甘氏巨螯蟹／伊勢龍蝦 等

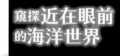

窺探近在眼前的海洋世界

魅力介紹
各式各樣的魚類、潛藏在岩石陰影處的蝦、蟹，可盡情窺探海洋世界的空間

3F 水邊生物大集合

7 奇蹟之森
●きせきのもり

經過吊橋，穿到瀑布背後就可以見到生物們，令人興奮緊張的體驗型新區域。

在這裡可以看到
漁貓／紅眼樹蛙／亞達伯拉象龜 等

魅力介紹
有人氣帥貓「桑尼」在等候大家。飼養約60種兩棲、爬蟲類生物

到水邊去探險！

體驗與探險的新區域

2F 重現叢林和大河

6 叢林世界
●ジャングルワールド

命名為「亞馬遜魚群」的水族箱中，模擬了熱帶雨林氣候的一整天。可以看到平常看不到的生物。

在這裡可以看到
西非海牛／食人魚／電鰻／水豚 等

魅力介紹
可以看到跟儒艮同樣被視為美人魚原型、充滿謎團的海牛

熱帶雨林的叢林充滿魄力

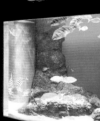

二見神宮・P.14

★鳥羽

鳥羽水族館

志摩 P.73

松阪 P.94

旅行伴手禮 P.100

最選住宿 P.104

各種進化的水中生物

2F ⑩ 水之迴廊（水中漫步）
●みずのかいろう アクアプロムナード

企鵝、鵜鶘等在進化和適應當中誕生的水邊生物聚集的區域。

在這裡可以看到
漢波德企鵝／黑白海豚／白鵜鶘／亞洲小爪水獺 等

企鵝散步、接觸海象時間
詳情參閱P.53

魅力介紹
可窺見生物為了在自然界中生存下來，獨自演化而來的型態

看寒冷至極的海洋

2F ⑨ 極地之海
●きょくちのうみ

可以了解在冰冷的海洋和湖泊中生存的動物生態。海獺是在吃東西和理毛時，能夠靈活運用手的海中生物，看起來相當可愛。

在這裡可以看到
海獺／黑白海豚／貝加爾海豹／裸海蝶（海天使）

舉辦海獺的餵食時間！詳情參閱P.53

魅力介紹
可以看到黑白海豚和海天使悠游海中的可愛模樣

重現極寒世界的區域

可以遇見人魚傳說的原型儒艮

儒艮居住的

2F ⑧ 人魚之海
●にんぎょのうみ

儒艮和人類同是哺乳動物的同伴，因生存數量少，故被指定為國際保護動物。據說儒艮很神經質，對聲音和光線都很敏感，飼養非常困難。

在這裡可以看到
儒艮

魅力介紹
日本唯一可就近觀察儒艮的地方

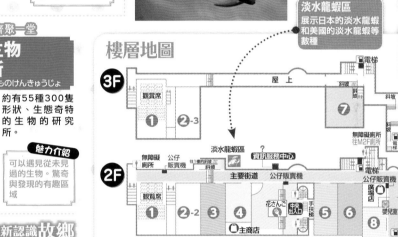

奇特生物齊聚一堂

2F ⑪ 奇特生物研究所
●へんないきものけんきゅうじょ

大王具足蟲　海仙人掌

在這裡可以看到
奇特生物大集合

蟬蝦

約有55種300隻形狀、生態奇特的生物的研究所。

魅力介紹
可以遇見從未見過的生物。驚奇與發現的有趣區域

淡水龍蝦區
展示日本的淡水龍蝦和美國的淡水龍蝦等數種

企劃展示室
舉辦特殊展覽和特集展覽的地方（也有無任何展覽或活動的情況）

重現日本的水邊風景

3F ⑫ 日本河川
●にほんのかわ

「日本河川水族箱」有瀑布流洩和美麗河岸等，重現逐漸喪失的日本水邊自然之美。

重新認識故鄉河川之美

魅力介紹
除了日本河川水族箱，還有田地水族箱等，可看見日本深山間美麗的風景

樓層地圖

3F
觀賞席 ①
②-3
屋上
斜坡
電梯
⑦
斜坡
斜坡
⑫
無障礙廁所（往M2F所用）
企劃展示室
斜坡

2F
無障礙廁所
公仔販賣機
往1樓的斜坡
資訊服務中心
淡水龍蝦區
?
電梯
電扶梯
觀覽席 ①
②-2
③
④
主要街道
花さんご
中央出入口
手扶梯
⑤
公仔販賣機
⑥
ベイサイド
公仔販賣店
廣場店
⑧
嬰兒室
特別展示室
⑨
主商店
大廳
無障礙廁所
⑪
斜坡
⑩

1F
海洋
シェルズコレクション
②-1
斜坡

① 表演體育場
② 海獸王國
③ 古代之海
④ 珊瑚礁潛水
⑤ 伊勢志摩之海・日本之海
⑥ 叢林世界
⑦ 奇蹟之森
⑧ 人魚之海
⑨ 極地之海
⑩ 水之迴廊（水中漫步）
⑪ 奇特生物研究所
⑫ 日本河川

↓下樓　↑上樓
餐廳　商店

海洋藝廊
展示全世界的美麗貝殼和珍奇貝殼等收藏品

特別展示室
有很多水母、草海龍、花園鰻等神秘生物的美麗水族箱

可愛的

鳥羽水紀念品

拔染印花和風T恤
2375円　廣場店
鳥羽水族館特製的和風T恤。日本製。上面有可愛的圖案

金平糖
各500円　主店
共有4種包裝。每種口味不同

鳥羽水族館牛奶巧克力餅乾
小645円、大1080円　主店
鳥羽水族館特製的牛奶巧克力餅乾。是相當受歡迎的伴手禮

咬咬海象
2160円　廣場店
軟綿綿的可愛海象。被咬住後暖暖的好舒服

Q彈儒艮
1995円　主店
質料柔軟、觸感舒適，抱起來超舒服療癒的商品

美味的

鳥羽水美食

伊勢志摩名產手捏壽司
1180円　花珊瑚
可在館內吃到在伊勢志摩一定要吃一次的名產「手捏壽司」

伊勢灣產小魚干蓋飯
1180円　花珊瑚
大量使用當地伊勢灣產小魚干的料理

伊勢烏龍麵霜淇淋
380円　海灣風光
伊勢烏龍麵和霜淇淋奇蹟似的組合。全新感覺的獨創霜淇淋！

※僅週六、日、假日（春假、暑假、寒假則每天）販售

御木本真珠島 ミキモト しんじゅしま 的玩樂方法

高峰會中各國元首夫人也想遊訪的女性嚮往之島

慢慢逛 約2小時

鄰近鳥羽站的小島，過去為御木本幸吉成功養殖珍珠的地方，現在整座島為學習認識珍珠的景點。伊勢志摩高峰會時，由於此地為能夠感受海女等土地文化及歷史的地方，因此元首夫人們也曾來訪此地。博物館、海女潛水實演、尋找伴手禮等，逛島樂趣無窮。

→高峰會時，各國元首夫人們也來體驗取珍珠

御木本珍珠島 基本資訊

☎0599-25-2028　MAP 附錄②8 F-3
⏰8:30～17:30（因季節而異）　休 無休（12月有3日公休）
¥1500円　所 鳥羽市鳥羽1-7-1
🚃JR/近鐵鳥羽站步行5分　P 2小時500円

●從展望台可眺望離島坂手島和答志島

御木本珍珠島MAP

● ③ 海女觀看台
● ④ 珍珠廣場
展望台
步行2分
● 珍珠博物館 ①
御木本珍珠島
步行1分
御木本幸吉銅像
恩愛石
珠の宮 願いの井戸
● ② 御木本幸吉紀念館
步行2分
鳥羽港
鳥羽橋 / パールブリッジ
鳥羽駅
近鐵觀光船乘り場
近鐵志摩線
42
賢島駅

←渡過珍珠橋，前往御木本珍珠島

了解珍珠的歷史，欣賞美麗的寶石

高峰會曾來訪

① 在 珍珠博物館 ●しんじゅはくぶつかん 認識珍珠

樂趣

為世界上少見的珍珠專門博物館。除了為了向世界宣揚珍珠養殖，而在世界博覽會上出展的作品之外，還可看到許多豪華的收藏。

高峰會時期向元首夫人們解說珍珠完成的過程

參觀珍珠博物館的收藏

天然珍珠的古董寶石和明治至昭和時期創造的御木本古典收藏都是必看展品，絕對會美到令人讚嘆不已。

←中間是珍珠，周圍是鑽石的高貴皇冠頭飾

←由796顆珍珠裝飾而成的拜占庭樣式的御木本珍珠王冠II

② 在 御木本幸吉紀念館 ●みきもとこうきちきねんかん 回顧珍珠王的人生

樂趣

聚焦在度過跌宕起伏一生的世界珍珠王御木本幸吉的主題館。按年代展示相片和實物，加深對御木本氏的了解。

御木本氏晚年住處的模樣

PICK UP

御木本幸吉是誰？

為第一位成功養殖珍珠的人。因為想讓全世界的女性都戴上珍珠而開了御木本珍珠店，並將其發揚光大。

復原曾為烏龍麵店「阿波幸」的老家

←19世紀製作的珍珠組寶石

←巴洛克珍珠製作的羊型墜飾

←石榴石和土耳其石以及珍珠裝飾的豪華手鍊

二見神宮・P.14

伊勢神宮

★鳥羽 御木本珍珠島

志摩 P.73

松阪 P.94

旅行伴手禮 P.100

嚴選住宿 P.104

遊玩御木本島周邊

搭遊覽船巡航 鳥羽灣

搭乘遊覽船觀光鳥羽的名勝三島和美麗的鳥羽灣，暫時停靠海豚島看海豚秀也很有趣。

眺望海景，在海上漫遊

鳥羽灣巡航和海豚島
●とばわんめぐりとイルカじま

約50分（除去海豚島參觀時間）周遊名勝三島和美麗的鳥羽灣。也會暫時停靠海豚島觀賞海豚秀。

MAP 附錄②8 F-1
☎0599-25-3145
（志摩マリンレジャー 鳥羽營業所）
9:00～16:00
1月下旬～2月中旬 ¥1800円（海豚島免費入園）
鳥羽市鳥羽1-2383-51
JR/近鐵鳥羽站步行10分，自鳥羽海運大廈出發 P無（利用佐田濱第1停車場，2小時500円）
HP shima-marineleisure.com

這裡也別錯過！

暫時停靠地點

有可愛的海豚在等候

海豚島
イルカじま

海豚島上可觀賞風格獨特的海豚秀和幽默的海獅秀。可直接與海豚接觸的「海豚碰碰樂」和「海豚的點心（餵食）」最有人氣。可在官網上確認表演秀的時間。

MAP 附錄②2 E-2
9:15～16:15 鳥羽市小浜町日向濱628 JR/近鐵鳥羽站步行10分，自鳥羽海運大廈搭觀光船15分 HP shima-marineleisure.com

鳥羽海運碼頭乘船處
15分
海豚島
25分
珍珠島・水族館前乘船處
10分
鳥羽海運碼頭城船處

海獅秀
表演丟圈圈和頂球等遊戲的幽默海獅

海豚碰碰樂
可零距離和海豚接觸

海豚秀
寬吻海豚風格獨特的表演

在 海女觀看台
●あまスタンド
觀賞海女實際工作的表演

海女在養殖珍珠中扮演了重要的角色，她們會潛入海中打撈珍珠貝，再將植入珠核的母貝放回海中。身著傳統白色海裝的海女們會在海女觀看台實際表演潛水。現在只有在御木本珍珠島才能看到這副景象。

會有約1小時的實際表演

數度潛入海中打撈珍珠貝

PICK UP

海女與珍珠

以前在颱風或紅潮時，必需潛入水中將母貝移到安全的地方，因此養殖珍珠都靠海女在維持。

這些也很有人氣！

↓珍珠島瑪德蓮蛋糕（10個裝）1620円

在 珍珠廣場
●パールプラザ
尋找伴手禮

想在養殖珍珠的發源地，帶著旅遊的回憶，買些令人嚮往的珍珠寶石回家。另外也有適合當伴手禮的珍珠貝首飾和輕便的商品。

↓推薦珍珠寶石

↑可愛的海馬珍珠胸針29160円

↓愛心中央裝飾珍珠的墜飾15120円

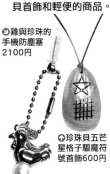

↓雞與珍珠的手機防塵塞2100円

↑珍珠貝五芒星格子驅魔符號首飾600円

知道不吃虧！

辨識頂級珍珠的4大重點

珍珠層厚度

形狀　　　　瑕疵

光澤

映照臉部的光澤、圓形、內部光輝（珍珠層厚度）、表面光滑是好珍珠的條件。

還有這樣的玩法

遊逛島內的能量景點

過去被稱為相島的島內有樹齡超過200年的松樹和錐樹，也有自古守護著此島的神社等可感受歷史的景點。當中介紹幾個人氣的能量景點！

有隔海祀奉的夫妻神傳說

珠宮
たまのみや

主祭神為豐受氣姬命，可保佑締結良緣、長壽、繁榮等。

恩愛石
ラブラブのいし

找到就能變得恩愛！？

位於御木本氏的銅像附近，蘇鐵包圍的路緣石呈愛心形狀，找到了就能變得恩愛！？

許願井
ねがいのいど

將貝殼丟進井裡許願吧！

位於珠宮前方的古井。據說在井旁的貝殼上寫下願望，丟進井裡許願，願望就能實現。

鳥羽魅力大集合！
站前亮點

位於鳥羽灣前的鳥羽站周邊有飯店、旅館、商業設施林立，是觀光客聚集的地方，熱鬧非凡。可在此盡情享用美食、逛街購物！

逛街購物
在直銷處將鳥羽、志摩的美味帶回家

鳥羽灣捕獲的海產、早上現採的蔬果一應俱全，使用當地食材製作的加工品也很受歡迎。
🕐10:00～18:00

草莓果醬 600円
減少糖量，可以吃到草莓原本的風味

鮑魚飯 2700円
可以吃到國崎產鮑魚的炊飯調理包

順道景點
在市集前的
足浴暖和一下

鳥羽足湯処とまり湯
とばあしゆどころとまりゆ

可眺望在鳥羽灣來來回回的船隻和海鷗，泡溫泉放流足浴的療癒場所。

🗺MAP 附錄②8 F-2　📞0599-25-3019（鳥羽市温泉振興会）
🕐9:00～17:00　休無休　📍鳥羽市鳥羽1丁目（佐田浜東公園內）
🚃JR/近鐵鳥羽站即到
🅿使用佐田濱第一停車場（1小時內免費）

鳥羽、志摩的山產、海產齊聚一堂
鳥羽市集

🗺MAP 附錄②8 F-2
📞0599-21-1080
🕐10:00～18:00
休週三
📍鳥羽市鳥羽1-2383-42
🚃JR/近鐵鳥羽站即到
🅿使用佐田濱第一停車場（1小時內免費）

とばマルシェ

有很多鳥羽、志摩著名的海產、農產品的產地直銷市場，另有附設以提供鄉土美食為主的自助百匯餐廳。也有許多適合當伴手禮的加工品。

⬆可一邊眺望遼闊的鳥羽灣，一邊用餐的窗邊吧檯座

美食
享用鄉土美食的自助百匯，
マルシェレストラン

堅持健康與傳統的自助百匯餐廳。可盡情享用大量使用海鮮、海藻、蔬菜等的鄉土料理。

🕐11:00～13:30 (LO) ※用餐限60分
💴1480円，小學生980円，3歲以上480円

➡除了健康美味的菜色之外，也能品嘗到當季的生魚片

⬆自助百匯空間提供25種以上的料理

鳥羽名產齊聚一堂！
鳥羽1番街

🗺MAP 附錄②8 F-2
📞0599-26-3331
🕐9:00～17:30（視季節和星期而異）
休週四不定休（逢假日則營業，春夏秋季不營業，黃金週無休，請上官網確認）
📍鳥羽市鳥羽1-2383-13　🚃JR/近鐵鳥羽站即到　🅿使用佐田濱第一停車場（1小時內免費）

とばいちばんがい

海鮮食堂、伴手禮店到珍珠專賣店都有的複合設施，直通車站。也有可實現女性願望的鳥羽三女神代理受理處！

逛街購物
多到難以抉擇！
琳瑯滿目的三重伴手禮

MINERVA食品館
ミネルヴァしょくひんかん
販售以伊勢、鳥羽、志摩為主的三重縣伴手禮，也有以珍珠為概念的甜點。
📞0599-26-2082

伊勢奉祝鮮蝦餅（15片裝）918円
使用伊勢龍蝦和伊勢米的奢華點心

許願姬 432円
石神書籤和珍珠鹽糖的組合

珍珠鹽甘藷（8個裝）648円
加入了少許鹹味的簡樸味道令人吃了就上癮

美食
在豐富多彩的餐廳
大快朵頤海鮮美食！

秀丸
ひでまる

漁夫和海女之城——石鏡町出身的老闆所經營，提供大量的鮑魚、海膽、當季鮮魚等當地海鮮。用天草製成的心太也是著名名產。
📞0599-26-2089
🕐10:00～17:30（視季節而異）

海女飯定食 1280円
在海女平時吃的飯中加入海鮮烹調的定食

磯桶定食（小）1650円
在磯桶裡盛滿生魚片和烤貝類的豪華美食

其他還有這些店			
味佐々	日本料理	えびしま	和食茶屋
吉平	麵、蓋飯	浜幸	鄉土壽司
天びん屋	和食茶屋	チェリー	咖啡廳、輕食

第一次 輕輕鬆鬆搭船旅♪ 簡單交通路線♪
登上離島

廣大的漁村風景，時間流動緩慢的離島。鳥羽灣上有4座有人居住的島嶼，每座島都充滿魅力！

有划算的周遊券喔！
購買日起4天可從鳥羽港搭乘定期船來回。
☎0599-25-4776(鳥羽市定期船課)
💴周遊路線：鳥羽⇔答志・和具⇔神島⇔菅島⇔鳥羽，大人1460円、兒童730円
※於鳥羽下船則不可再搭乘

伸手可及的距離
夕陽染紅的島嶼
●桃取町西海岸的夕陽
寧靜的漁港充滿鄉愁感

↑可在島內的牡蠣小屋享用牡蠣料理
←從桃取地區觀看夕陽絕景。

在3個區域散步！
答志島 ●とうしじま
從鳥羽港搭船約10～25分

東西長約6km的細長小島內有3個部落，是三重縣內最大的離島。島上有祈求出海平安和漁獲豐收的祭典，並保有獲指定為鳥羽市無形民俗文化財的寢屋子制度。
☎0599-25-1157(鳥羽市観光課)
MAP 附録②2 F-2
🚋JR/近鐵鳥羽站步行7分，自鳥羽海運大廈搭市營定期船，至桃取約12分，至和具港約15～22分，至答志港約23～35分 (各540円)

沒入海面的夕陽是必看的場景
桃取地區
除了可接觸海邊生物之外，夕陽的絕景和品牌牡蠣「桃小町」也不容錯過。

小巷中散步
走在充滿島上風情的路上

在小巷中散步
答志地區
漁業最興盛，也是島上唯一的市場業者。穿過民宅之間的小巷充滿風情。

↑充滿活力的答志漁港。只要報名就可以參觀

→位於希望之丘的展望台。可一覽和具漁港和整片海
天望山RAY FIELD
景色和甲板都染成夕陽的顏色

小巷取食體驗和海女小屋之旅
可在答志地區的小巷裡散步，順便吃島人所吃的食材的行程。午餐可在海女小屋的地爐享用海鮮美食。
☎0599-37-3339(島の旅社)
💴4500円(附午餐，定期船船資另計)
🏠鳥羽市答志島943 (事務所)
🚋答志和具港步行3分
🅿使用佐田濱第一停車場
※所需時間約4小時，4人以上成行，需在3天前預約

想看絕景就要來
和具地區
海拔約100m的天望山和視野良好的展望台等，高丘上有許多絕佳觀景點。

風格獨特的離島
最長單程40分鐘就能體驗島上之旅！有絕景，有美食，可盡情享受島上獨特的樂趣。

神島 ●かみしま
從鳥羽港搭船約35～40分
電影《潮騷》中的故事背景舞台，1圈約4km的小島。戀人的聖地「神島燈塔」、市的天然紀念物、石灰岩地形等，有許多值得一看的地方。
MAP 附録②2 F-2
💴乘船費單程730円
🚋鳥羽海運大廈搭市營定期船約35～40分

坂手島 ●さかてじま
從鳥羽港搭船約10分
和描繪自然風景的日本畫家嶋谷自然、小說家江戶川亂步有所淵源而知名的島。5月中旬起有燕子花盛開，形成春天美麗的風景。
MAP 附録②2 F-2
💴乘船費單程220円
🚋鳥羽海運大廈搭市營定期船約10分

菅島 ●すがしま
從鳥羽港搭船約15分
規模次於答志島的離島，登錄為有形文化財的菅島燈塔為當地標誌。可享用使用當季海產製成的乾物名產，品嘗濃縮於此的島上美味。
MAP 附録②2 F-2
💴乘船費單程500円
🚋鳥羽海運大廈搭市營定期船約15分

奔馳在往志摩的絕景道路

Nice View
絕美景色接連不斷，眼前一片壯觀的海平面，享受爽快的兜風樂趣

●從鳥羽展望台食國藏王眺望的景色。奔馳在丘陵地，心曠神怡的道路上

珍珠路的 爽快 兜風樂

穿越連結鳥羽與志摩的美麗沉降海岸旁的兜風道路。圖中繞到路上的燈塔和展望台，可遇見令人屏息的絕美景色，感受舒適海風，出發前往令人感動的兜風之旅。

3.8km 6分

START!

1 麻生浦大橋
●おうのうらおおはし

連結今浦和本浦，全長約196m的白色拱橋。以生浦灣為背景的純白拱橋身綻放出美麗的光輝。橋是在千葉縣建造後，直接用船運到此處，再利用潮汐的滿潮乾潮架設而成。

☎0599-25-1157（鳥羽市観光課） **MAP** 附錄②9 A-2
所鳥羽市浦村町 ■JR/近鐵鳥羽站車程15分
P無

Nice View
麻生浦大橋的特色為中間沒有橋樑，和從今浦聚落下車眺望的大自然融為一體，美不勝收。

以蔚藍的生浦灣和碧綠的山脈為背景，呈現充滿動感的白色光輝為

壯觀海景接連不斷的 珍珠路

始於鳥羽的麻生浦大橋附近，到志摩鵜方，全長23.8km的兜風道路。蔚藍的海洋和碧綠的大自然呈現出美麗對比，令人心曠神怡的人氣路線。 **MAP** 附錄②9 B-2

☎0599-25-1157（鳥羽市観光課）
¥免費 P免費

珍珠路MAP

鳥羽

浜焼市場 海太郎 P.66
海の駅 黑潮 パールロード店 P.69
①麻生浦大橋 ②鳥羽市立海洋博物館
丸善水産 P.61
生浦灣
英治丸 P.61
珍珠路
オイスターバー あじ蔵 P.69

浦村地區一到冬天就會有很多提供牡蠣的店家和牡蠣小屋，因此通稱「牡蠣之路」！

鳥羽展望台 食國藏王③
海士潛女神社 开
国崎漁港
珍珠路
志摩 的矢灣大橋
鎧埼燈塔④
神明神社（石神さん）开
千鳥ヶ浜海水浴場
菅崎園地（春雨展望台）⑤
的矢灣
N 0 1 2km
周邊圖 附錄②P.2 F-3

二見 伊勢神宮・ P.14

★ 鳥羽 珍珠路的爽快兜風樂

志摩 P.73
松阪 P.94
旅行伴手禮 P.100
嚴選住宿 P.104

Nice View
從展望台可一覽無垠的太平洋。條件佳時有機會看到富士山

伊勢志摩伴手禮、海鮮、絕景
都能一網打盡的兜風景點

↑伴手禮區的商品也很豐富

輕食區還可吃到漢堡

↑除了珍珠之外，還有鮑魚、牡蠣等海產，有豐富的鳥羽特產伴手禮

↑↑備受歡迎的心太霜淇淋（450円）和伊勢龍蝦可樂餅漢堡（600円）

繞道一遊！

② 鳥羽市立海洋博物館
●とばしりつうみのはくぶつかん

有兩棟展示館介紹海女、漁業、海祭等內容，和約有80艘木造船在內的船館，以及體驗學習館。榮獲建築賞的建築物也是看點之一。

☎0599-32-6006　　MAP 附錄②9 B-1
🕐9:00～16:30（視季節而異）
休無休（6、12月有公休）　¥800円
所鳥羽市浦村町大吉1731-68
🚃JR/近鐵鳥羽站車程20分　P免費

↓也有海洋主題的體驗學習活動

傳遞海洋與志摩文化的博物館

在附設的「カフェあらみ」稍作休息
可以吃到當地產的海藻製成的心太，和戚風蛋糕的咖啡廳，可繞來這裡坐一下。

4.7km 8分

繞道一遊！

③ 鳥羽展望台　食國藏王
●とばてんぼうだいおすくにくらおう

位於珍珠路中央的箱田山的設施。有眺望景色絕佳的餐廳、賣店和輕食區，可享用海女聖代、鳥羽漢堡等當地美食。是可眺望沉降海岸和水平線的絕佳觀景點。

☎0599-33-6201　　MAP 附錄②9 C-2
🕐9:00～17:00　休無休　所鳥羽市国崎町大岳3-3
🚃JR/近鐵鳥羽站車程25分　P免費

3.3km 12分

繞道一遊！

④ 鎧埼燈塔
●よろいざきとうだい

國崎有親潮和黑潮交會，自古就是著名的海上險處。鎧崎燈塔是昭和38（1963）年建於國崎前端的鎧崎的白亞燈塔。獲選為鳥羽十景之一，是絕佳的名勝觀景地。

MAP 附錄②2 F-3
☎0599-25-1157
（鳥羽市觀光課）
🕐休¥自由參觀
所鳥羽市国崎町254-2
🚃JR/近鐵鳥羽站車程40分，步行8分
P無

志摩半島最東邊碧藍的太平洋

Nice View
雖然無法進入燈塔內部，但這裡的海景令人心曠神怡。浪高時看起來相當有魄力

向著眼前遼闊的沉降海岸宣誓永恆的愛的名勝景點

Nice View
從春雨展望台可眺望海景和對岸的安乘埼燈塔，夕陽美景也很迷人

→在海上擱淺的驅逐艦春雨殉職者的慰靈塔

志摩市

架於平穩的矢灣的紅色拱形鐵橋
的矢灣大橋
●まとやわんおおはし ⇒P.90

這裡也很舒爽！
位於珍珠路途中的志摩，紅色橋身相當吸睛，附近有展望台，可在此小休片刻，眺望美麗的的矢灣和矢大橋。

10.2km 33分

繞道一遊！

⑤ 菅崎園地（春雨展望台）
●すげさきえんちはるさめてんぼうだい

面的矢灣和太平洋，可一覽遼闊的安乘崎，是著名的夕陽觀景點。展望台上有「常永久之鐘」，敲響此鐘的情侶據說可永結連理。

☎0599-25-1157（鳥羽市觀光課）　MAP 附錄②10 F-1
🕐休¥入園自由　所鳥羽市相差町
🚃JR/近鐵鳥羽站車程50分
P免費

冬季限定 **牡蠣天國！牡蠣之路**　位於珍珠路旁

一到牡蠣的季節，被稱為牡蠣之路的浦村地區就會有牡蠣小屋和牡蠣吃到飽的店家開張，吸引眾多人潮。

享用「海上烤牡蠣」
丸善水產
●まるぜんすいさん　P.67

雖然是吃到飽，但會供應嚴選的高品質「浦村牡蠣」，店家位於海上可看到絕景的地方，80分（平日為2個時段制、週六日、假日為3個時段制）可盡情享用烤牡蠣。每個團體分坐各席，不會併桌。

☎0599-32-5808　　MAP 附錄②9 B-1
🕐11:00～12:20、12:30～13:50，分2時段（週六日、假日10:50～12:10、12:30～13:50、14:10～15:30，分3時段）※需預約　休不定休　所鳥羽市浦村町1229-67　🚃JR/近鐵鳥羽站車程20分　P免費

預算
烤牡蠣吃到飽80分2600円～※需預約

↑→ 使用遠紅外線的瓦斯爐自助燒烤的形式。另附炸牡蠣丼、佃煮和物噌湯

可輕鬆享用烤牡蠣
英治丸
●えいじまる

位於珍珠路沿途上的直銷處，可只買1個的烤「浦村牡蠣」最受歡迎。點餐後現烤，因此可以吃到熱騰騰的牡蠣。伴手禮可自行「自由裝箱」也很有樂趣。

☎0599-32-5960　　MAP 附錄②9 B-2
🕐9:00～16:00　休週二
所鳥羽市浦村町1429-6
🚃JR/近鐵鳥羽站車程20分
P免費

→點餐後現烤

春～秋也吃得到的海鮮店
★浜焼市場
海太郎 ⇒P.66

預算
烤牡蠣（1個）100円

提升女性魅力 參拜 鳥羽三女神

全國知名的「神明神社」，加上「伊射波神社」、「彥瀧大明神」據說對女性相關的願望特別靈驗，因此來訪的人絡繹不絕。來參拜這3座神社提升運氣吧！

從鳥羽站車程17km、25分 締結良緣

女神 1 神明神社（石神）
●しんめいじんじゃいしがみさん

建於境內、當地人暱稱為「石神桑」的宮社最為有名。祭神玉依姬命可保佑締結良緣、求子、出海平安、女性守護等。

☎0599-33-7453（相差海女文化資料館）
MAP 附錄②9 B-3
費用…參拜免費　**時間**…自由參拜
參拜所需時間…40分　**拍照攝影**
休…自由參拜　所…鳥羽市相差町1385
P免費（使用相差海女文化資料館停車場等）

神社停車場旁…
參拜前後可來此學習
相差海女文化資料館
展示過去海女漁業使用的道具，及現在使用的漁具，介紹以海維生的相差文化。

☎0599-33-7453　**MAP** 附錄②9 B-4
9:00～17:00　休無休　免費　所鳥羽市相差町1238　JR/近鐵鳥羽站車程25分　P免費

會為女性實現一個願望！深思熟慮後再前往許願

名人也會來參拜的能量景點
有很多女藝人、運動選手會來參拜，據說還有運動選手帶著石神的護身符參加奧運，榮獲金牌。

獲得女性的夥伴 開運小物

五芒星格子符號代表的意義？
五芒星符號代表「平安歸來」，格子符號代表「有很多雙眼睛在守護，讓妖魔鬼怪沒有入侵的空間」之意，是自古流傳的伊勢志摩地方的符號。

○石神護身符 各1000円
印有海女用來驅魔避邪的五芒星格子符號

○石神營造紀念護身符 1000円
裡面放有一顆白色的「許願石」

也可用郵寄的方式來祈禱!?
將寫入願望的許願紙郵寄至此，神明神社就會幫你祈禱。

○石神吊飾護身符 800円
附珍珠，有除魔和提升戀愛運的效果

參拜石神
許下最重要的一個願望
終於能夠來參拜盼望已久的石神，但不能一到就立刻前往參拜，正式參拜之前先確認參拜方法吧。

1 先到手水舍再到本殿
許願紙放在手水舍旁邊，可自由領取。

2 寫下願望
寫下1個願望，別忘了在許願者欄中填入姓名。

3 投入許願箱
敲響完鐘聲後，將許願紙投入許願箱中，香油錢則投入旁邊的香油錢箱中。

4 以二拜二拍手一拜之禮參拜
許願的時機在二拍手之後，誠心誠意許下心願。

介紹不同保佑項目的境內重點

石神是著名的能量景點，以下介紹境內參拜重點，走在境內時不妨確認看看。

海女神籤 `開運`

使用海洋相關用語的海女神籤（100円）。

本殿 `開運`

主祭神為天照大御神的本殿。本殿旁有御神木楠樹的枯木，參拜訪客可直接碰觸此樹。

祀奉和伊勢神宮相同的神明

締結良緣 `戀愛籤`

授予所可抽以在『源氏物語』中登場的公主為主題的戀愛籤（100円）。

來自『源氏物語』當中多情的公主所留下的訊息

畫有五芒星符號的燈籠

燈籠上畫著五芒星符號，代表著祈求平安歸來的心願。

`除魔避邪`

三吉稻荷大明神 `生意興隆`

位於神明神社境內、石神旁邊。祀奉掌管農業、漁業、商工業的神明倉稻魂命。

鳥居茅之輪

祈禱去除罪惡和污穢，淨化身心的茅輪神事。設置日期為6月30日至7月15日。

表達感謝的許願牌

願望實現後，記得前來表達感謝之意。在以珍珠為概念的許願牌上，寫下感謝的心情。

`開運`

一整排朱色鳥居

從神明神社車程14km、24分

彥瀧大明神 `安產`

●ひこたきだいみょうじん

隔著河原設置注連繩，充滿神秘氛圍的宮社。御神體為白蛇，可治癒女性特有的疾病，也是著名的安產之神。

☎ 0599-25-1157（鳥羽市觀光課）
MAP 附錄② 2 E-2
[費用]…參拜免費　[時間]…自由參拜
[參拜所需時間]…10分　[拍照攝影]…可
休／¥自由參拜　所鳥羽市河內町
電JR／近鐵鳥羽站車程20分　P免費

從神明神社車程19km、30分

伊射波神社 `締結良緣`

●いさわじんじゃ

為志摩地區的「一之宮」，祭神為玉柱屋姬命、伊佐波登美命等4尊，可保佑締結良緣。參道的鳥居面海，保留此地曾為海的面貌。

☎ 0599-25-1157（鳥羽市觀光課）
MAP 附錄② 2 F-2
[費用]…參拜免費　[時間]…自由參拜
[參拜所需時間]…30分　[拍照攝影]…可
休／¥自由參拜　所鳥羽市安樂島町1020　電JR／鐵鳥羽站車程15分，自停車場步行30分　P免費（安樂島巴士站附近有停車場※鳥羽市安樂島町844-4）

架於清流之上的注連繩看起來相當神秘

另外也被稱為彥瀧桑

照片提供：鳥羽市觀光課

往參拜 在清流洗完手後再前

木造神明造本殿佇立在鬱鬱蒼蒼的樹林當中，看起來特別夢幻。這裡眺望的大自然景色也別樹一格

守護大海的女神宮社

照片提供：鳥羽市觀光課

眺望海洋的一之鳥居

「鳥羽三女神」集結於鳥羽站前!?

鳥羽站旁的鳥羽1番街（→P.58）有名為「鳥羽三女神」的代理受理所。

鳥羽美食

豐富多彩的海產和飲食文化

品牌食材&新鮮海產&獨特的飲食文化滿載！

奶味超濃郁！ 在牡蠣之路上享用 牡蠣

鳥羽市浦村町的漁獲量在牡蠣王國・三重縣仍是首屈一指。在這裡可以盡情享用優質的品牌牡蠣「浦村牡蠣」，人氣高居不下！

蒸牡蠣也是吃到飽！

牡蠣之路是什麼

浦村町一帶被稱為牡蠣之路，11～3月可在牡蠣小屋享用牡蠣吃到飽，各家精心講究的牡蠣料理店也會陸續開張。

牡蠣之路
浜英水産
◉はまひでずいさん

在眼前的生浦灣養殖的品牌牡蠣「浦村牡蠣」蒸烤吃到飽，另外還附炸牡蠣等5道副餐的人氣店。2～3名男性店員在門口豪邁烤牡蠣的樣子，也是牡蠣之路冬天特有的景象。

MAP 附錄②9 A-2
☎0599-32-5932（10:00～17:00）
🕐11月為11:00～13:30、12～3月為11:00～14:30　休週三　所鳥羽市浦村町1212-6　🚃JR/近鐵鳥羽站車程20分　P免費

盡情享用用木炭豪邁燒烤的牡蠣！！

⬆用餐空間有2處，從店內眺望的海景美不勝收！

絕佳地理位置！

還附這些小菜！
⬆附焗烤牡蠣、炸牡蠣、牡蠣味噌湯、牡蠣飯、醋牡蠣。照片為2人份

男性店員在煙霧當中豪邁燒烤的樣子也是必看的畫面！

⬅年輕老闆濱田衣仁子小姐

烤牡蠣&蒸牡蠣吃到飽
90分國中生以上2800円
附焗烤牡蠣、炸牡蠣、牡蠣味噌湯、牡蠣飯、醋牡蠣

11月～3月
11月為11:00～12:30、12:00～13:30的2個時段制，12～3月為11:00～12:30、12:00～13:30、13:00～14:30的3個時段制。1名以上需預約（每月第1週三起開放預約下個月的時段）

精緻的牡蠣料理 在和式空間悠閒享用

牡蠣套餐　3780円
附烤牡蠣或蒸牡蠣5個、炸牡蠣、焗烤牡蠣、牡蠣的秘傳味噌鍋、牡蠣小菜、牡蠣鍋飯、湯汁、甜點。照片為蒸牡蠣

11～3月 午間限定

⬆店長推出的牡蠣特產酒唰唰鍋2160円

⬆眺望平靜的海面和船隻，享用美味料理

⬆外觀看起來也很平靜穩重，女性也方便進入的氛圍

牡蠣之路
かき小屋 さとや
◉かきごやさとや

除了烤牡蠣、蒸牡蠣之外，還有味噌鍋、鍋飯、焗烤等精心費力的牡蠣料理，可在能眺望海景的和式空間享用，特別受女性歡迎。4～10月還可吃到當季魚類料理和BBQ。

☎0599-32-5770　MAP 附錄②9 A-2
🕐11:00～14:30（15:00閉店）
※4～10月期間需1日前預約，17:00～21:30也需於1日前預約
休不定休　所鳥羽市浦村町1212-8
🚃JR/近鐵鳥羽站車程20分
P免費

推薦給想要悠閒地盡情暢享豪華美味的旅客

⬅老闆娘中山智佳小姐

海女小屋體驗

認識海女文化，品嘗豪華海鮮
在 相差 進行海女小屋體驗

認識潛入海中捕撈漁獲的海女文化，吃起來的新鮮海產別有一番風味！

現役名海女在爐灶旁招待訪客

相差
はちまんかまど・あさり浜

●はちまんかまどあさりはま

也會有海外遊客來訪的人氣海女小屋。由現役海女用炭火燒烤海螺、海扇蛤、海瓜子等。有午餐和下午茶方案，可聽到捕海的故事和傳說，樂趣無窮。

◎用炭火燒烤新鮮海產。和海女們談笑風生

海女小屋料理體驗 3780円〜
4名以上的1人份費用。3名以下時1人5400円。1名起餐，需於2日前預約。需時75分，伊勢龍蝦為另外單點，算時價

MAP 附錄②9 A-4
☎0599-33-1023
（予約中心）
🕐午茶時段10:00〜、14:00〜、午餐時段12:00〜、13:30〜、15:00〜※需預約
💤不定休 🚃鳥羽市相差町819 🚉JR／近鐵鳥羽站車程30分（鳥羽站有免費接駁巴士）🅿免費

◎在海女小屋體驗名流氛圍方案
4名以上1名4480円
6名以上1名4080円

試穿海女服裝
可試穿昭和36（1961）年前穿的海女服裝拍紀念照片。300円

◎海女們默契十足，話題有趣

大快朵頤海鮮料理，體驗海女文化

相差
相差かまど
海女小屋体験

●おうさつかまどあまごやたいけん

海女在眼前烤新鮮的海螺、海扇蛤等貝類，以及乾物和年糕等。還可以聽到海女聊海上體驗及漁撈的故事，每一樣都令人回味無窮。

來吃海女捕撈的新鮮貝類吧！

◎下午茶時間會準備茶、年糕、烤貝類等點心

MAP 附錄②9 B-4
☎0599-33-6411（相差觀光協會）
🕐午餐時段12:00〜，午茶時段14:00〜
💤不定休 🚃鳥羽市相差町 相差漁港
🚉JR／近鐵鳥羽站車程30分
🅿免費

下午茶時間2000円
午餐時間3500円〜
盡量在2天前預約。
4名以上起餐（3名以下需商量）

因可愛海女引起話題的3代現役海女所開的民宿

相差
民宿 中川

●みんしゅくなかがわ

由祖母、母親、女兒3代經營的現役海女民宿。第3代的靜香小姐是著名的現役最年輕美人海女。除了海鮮之外，自家栽培的米、蔬菜也大獲好評。

☎0599-33-6868 **MAP** 附錄②9 B-4
🕐IN15:00／OUT10:00
💴1泊2食10800円〜
🚃鳥羽市相差町480
🚉JR／近鐵鳥羽站車程30分
🅿免費

1泊2食15000円方案
附伊勢龍蝦、鮑魚、海螺等
※照片為2人份（鹽烤鯛魚為4人份）

包租露天浴池也很受歡迎喔！

烤牡蠣＆蒸牡蠣吃到飽 `90分國中生以上2700円`
附牡蠣飯、炸牡蠣、時雨煮牡蠣、牡蠣味噌湯。照片的牡蠣飯和炸牡蠣是2人份
11〜3月
11:00〜12:30、12:00〜13:30、13:00〜14:30的3個時段制。2名以上需預約

牡蠣之路
オイスターファーム 山善水産
●オイスターファームやまぜんすいさん

運用原本是旅館的建築物，打造不受天候影響的舒適室內空間，享用牡蠣吃到飽，還有一望無際的美麗海景。烤牡蠣和蒸牡蠣，店員會視用餐情況來烹煮、送上牡蠣，因此第一次吃到飽的人也能安心。

☎0599-32-5216 **MAP** 附錄②9 B-1
🕐11:00〜14:30 💤不定休 🚃鳥羽市浦村町1560
🚉JR／近鐵鳥羽站車程20分 🅿免費

◎建於高丘上，從大片窗戶可眺望美麗海景

烤牡蠣＆蒸牡蠣吃到飽 `90分國中生以上2000円`
11〜3月
平日為11:00〜12:30、13:00〜14:30的2個時段制，週六、日、假日為10:30〜12:00、12:30〜14:00、14:30〜16:00的3個時段制。2名以上需於2天前預約
※2018年11月〜的內容、費用、時間需洽詢

牡蠣之路
マルナカ水産 マルマ本店
●マルナカすいさんマルマほんてん

前養殖工廠改建而成，店內視野良好，可享用牡蠣吃到飽。烤牡蠣除了使用木炭之外，還可在桌上使用遠紅外線瓦斯爐自行燒烤。香蒜牡蠣500円和海瓜子、海螺等貝類單點料理也很有人氣。

☎0599-32-5914 **MAP** 附錄②9 A-2
🕐平日為11:00〜12:30、13:00〜14:30，分2時段，週六日、假日10:30〜12:00、12:30〜14:00、14:30〜16:00，分3時段 💤週二
🚃鳥羽市浦村町310-17 🚉JR／近鐵鳥羽站車程20分 🅿免費

◎隔壁就是養殖加工工廠，新鮮打撈的牡蠣魅力無窮

◎店的外面就是海洋，開放感十足的空間

鳥羽美食

豐富多彩的海產和飲食文化

鮮度超群！鳥羽灣現捕海產大集合

海鮮蓋飯

擁有豐富海產的鳥羽也有很多可以吃到海鮮蓋飯的店。
每間店都有不同特色，可去尋找喜歡的一碗！

快從碗中滿出來的飽滿分量！充滿海鮮的漁師蓋飯

漁師蓋飯 1650円～
飯上滿滿的配料每天不一樣，圖片上的配料為海膽、魩仔魚、鮪魚等

珍珠路

浜焼市場 海太郎

●はまやきいちば かいたろう

烤牡蠣和烤蛤蠣也很好吃喔！

老闆 濱崎小姐

建於珍珠路沿途上的海鮮批發店「海太郎」直營的餐廳。招牌為新鮮海產及老闆在的矢灣養殖的牡蠣，種類豐富、分量滿點的海鮮蓋飯最有人氣。也很推薦可以加點牡蠣、蛤蠣等的濱燒料理。

0599-37-7575 MAP 附錄②9 A-1
10:00～日落 休 週四，不定休（視漁貨、天候而異，需洽詢） 所 鳥羽市安楽島町木場23
JR/近鐵鳥羽站車程10分 P 免費

裝飾著大漁旗的店內氣氛滿點

這道也很推薦

烤牡蠣 950円～
海女的大漁蓋飯附烤牡蠣 2800円

伊勢志摩的始祖，海鮮蓋飯熱潮的先驅

海鮮むつみ蓋飯 1750円
先用醬油沾醬，再將蛋打碎，最後再灑上海帶根享用！

珍珠路

お食事処 むつみ

●おしょくじどころ むつみ

建於縣道750號沿線

伊勢志摩的海鮮蓋飯還不常見時就開始有海鮮蓋飯的始祖店。以鳥羽的海產為主，使用約10種魚類的「海鮮むつみ蓋飯」可拌溫泉蛋吃，也可另外加海帶根，吃的時候可搭配多種吃法。

這道也很推薦

むつみ定食（午餐）
1750円～

0599-25-4700 MAP 附錄②2 F-2
11:00～13:30、17:00～20:30
休 週三 所 鳥羽市安楽島町386-4
JR/近鐵鳥羽站車程10分 P 免費

請品嘗運用素材本身的美味烹調出來的料理

老闆 岡本夫婦

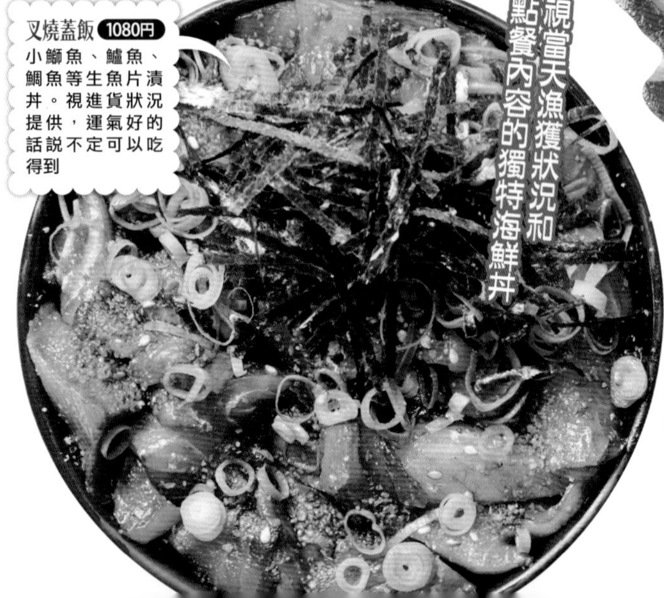

視當天漁獲狀況和點餐內容的獨特海鮮丼

叉燒蓋飯 1080円
小鰤魚、鱸魚、鯛魚等生魚片漬丼。視進貨狀況提供，運氣好的話說不定可以吃得到

鳥羽站

◯八食堂

●まるはちしょくどう

堅持使用當地和近海的海產，直通鳥羽站的觀光客人氣店。提供直接將整條生魚爽快切片的豪邁定食和蓋飯。

0599-25-8880 MAP 附錄②8 E-2
11:30～18:00（週六11:30～14:30、17:00～19:30，食材用盡即打烊）
休 不定休 所 鳥羽市鳥羽1-8-13 直通JR/近鐵鳥羽站 P 無

這道也很推薦

生魚片定食 1620円

直通鳥羽站JR側，用餐很方便

10～4月為旺季！享譽國際的品牌食材

伊勢龍蝦

伊勢龍蝦是黑潮和伊勢灣所孕、享譽國際的食材，可在此盡情享用當地特有的美味！

海女小屋 鳥羽 はまなみ
●あまごやとばはまなみ

對進貨相當有自信的老闆所經營的餐廳。在店前的水族箱中有伊勢龍蝦、海螺、鮑魚等活生生的海鮮，做成生魚片、燒烤、炸物等多項料理。推薦充滿海邊風味的海膽飯。

📞0599-26-5396
MAP附錄②8 E-3
🕐11:00～20:00 休不定休
所鳥羽市鳥羽1-6-18
🚃JR/近鐵鳥羽站步行5分 P免費

吃完後的蝦殼用來煮味噌湯！

這道也很推薦
烤伊勢龍蝦膳 2500円～

●店內有餐桌席和高座席

享用鮮度超群的生魚片，大快朵頤Q彈口感

伊勢龍蝦御膳
2500円～
使用整條龍蝦做成生魚片。蝦身Q彈的口感令人愛不釋手

伊勢海老 海鮮蒸し料理 華月
●いせえびかいせんむしりょうりかげつ

使用檜木蒸籠蒸煮新鮮海產的蒸海鮮名店。從價格平易近人的「伊勢志摩全餐」，到會出蒸魚、茶碗蒸、烤魚、天婦羅、湯品和4隻份伊勢龍蝦料理的「伊勢龍蝦終極全餐」，選項豐富。

📞0599-26-5252 MAP附錄②2 F-2
🕐11:00～14:30、16:30～19:30 休每月4次不定休 所鳥羽市大明東町16-3 🚃JR/近鐵鳥羽站車程5分（鳥羽站有接送服務，需預約）P免費

這道也很推薦
伊勢龍蝦彩全餐 7560円

伊勢龍蝦特產魚海鮮蓋飯 **午餐限定** 3780円
使用當地產伊勢龍蝦和魚類豪華裝盤的丼飯。僅9月中旬～5月上旬提供

大啖三重縣產的現撈活伊勢龍蝦

●在吧檯座前可以看到竹簍內裝有活生生的伊勢龍蝦

握壽司
1500円
鮪魚、比目魚、星鰻等握壽司

廚藝大綻光芒！鮮度超群的 壽司

透過熟練的廚藝將魚的鮮味發揮到最大的壽司。用最棒的方式來享用最棒的食材。

三重縣最古老的壽司店品嘗江戶前的壽司

すし梅
●すしうめ

明治時代初期創業。自古深受當地人喜愛，是三重縣最古老的壽司店。第4代老闆握製的壽司以當地特產魚為主，有清爽高雅的美味。和個性爽朗的老闆聊天也很愉快。

📞0599-26-2045 MAP附錄②8 E-3
🕐10:00～20:00 休週二 所鳥羽市鳥羽1-3-10 🚃JR/近鐵鳥羽站步行10分 P免費

這道也很推薦
特上壽司 2600円

●店內有精緻打造的吧檯座和高座席

太助
●たすけ

建於懷舊城鎮的一角，當地漁夫也經常光顧的壽司店。壽司會精心選用當天最好的食材。當中推薦「主廚推薦壽司套餐」。

📞0599-25-6228 MAP附錄②8 E-3
🕐17:00～21:30 休不定休 所鳥羽市鳥羽2-8-16 🚃JR/近鐵鳥羽站步行15分 P免費

這道也很推薦
奶油鮑魚（夏季限定）3000～5000円

主廚推薦壽司套餐 2700円
使用剝皮魚肝等當天最棒的素材，精心捏製的一盤壽司

當地漁夫也是常客！深獲喜愛30年以上的名店

●公休時間不定期，來店前最好先打電話確認

使用鳥羽食材製作的當地漢堡

鳥羽堡

因為希望讓大家吃到更多鳥羽當地食材而於2007年誕生的料理。獲得鳥羽市認定，全都是當地限定販售。

海月
●かいげつ

使用當季食材、四季更迭的料理大獲好評的老字號旅館。使用新鮮打瀨蝦的鳥羽堡1天限定販售24個。

📞0599-26-2056 MAP附錄②8 E-3
🕐10:00～18:00 休不定休 所鳥羽市鳥羽1-10-52 🚃JR/近鐵鳥羽站步行4分 P免費

漁夫的好朋友！鮮蝦美乃滋漢堡 600円
乾燒明蝦風味醬、打瀨蝦與漢堡麵包味道極搭

將當地漁夫炒吃的菜色做成漢堡

●很有格調的外觀。從鳥羽站的交通也很方便

丸善水產
●まるぜんすいさん

在浮在海面上的店內，享用自行養殖的品牌牡蠣「浦村牡蠣」吃到飽最有人氣。使用滿滿牡蠣的漢堡也成為熱門話題。

📞0599-32-5808
MAP附錄②9 B-1
🕐11:00～12:20、12:40～14:00，分2時段（週六日、假日10:50～12:10、12:30～13:50、14:10～15:30，分3時段）※需預約 休不定休 所鳥羽市浦村町1229-67 🚃JR/近鐵鳥羽站車程20分 P免費

輕鬆享用高級的浦村牡蠣

浦村牡蠣多汁漢堡 500円
自家製番茄醬和牡蠣搭配絕妙

漂浮在海面上的絕佳地理位置是受歡迎的原因

志摩
P.73
松阪
P.94
旅行伴手禮
P.100
嚴選住宿
P.104

鳥羽是有很多海女和漁夫的漁業城市，有很多可感受海女文化的景點和新鮮海產。此外，鳥羽灣上也有大大小小的島嶼，可搭遊覽船巡遊。遊訪悠閒的離島，輕鬆漫步也很有意思。這裡也是著名的珍珠養殖發源地。

特集介紹！
●鳥羽美食 ……………………… P.64～67

鳥羽市郊外　MAP附錄②2 E-3

青峯山正福寺
●あおのみねさん　しょうふくじ
☎0599-55-0061　景點

漁夫、海女等會來此參拜，熱鬧非凡

位於海拔336m的青峯山山頂，擁有漁業業者深厚信仰的寺院。本尊的十一面觀音菩薩傳說是從相差的海上乘鯨現身的。農曆1月18日舉行的「御船祭」也相當有名。

⏰8:00～15:30　休無休　¥免費　所鳥羽市松尾町519　🚃JR/近鐵鳥羽站車程30分30分　P免費

↻漁夫和海女的信仰聚集之地。

↻渡過朱色的橋，前往弁天堂。來去逛逛境內的各間寺堂吧。

鳥羽市街　MAP附錄②8 E-4

鳥羽大庄屋角屋
●とばおおじょうや　かどや
☎0599-25-8686　景點

傳遞江戶文化與傳統的設施

改修自江戶時代大庄屋的廣野家住宅，對外公開當時宅邸的樣貌和鳥羽的歷史資料。有很多展示作品和活動，也成為了觀光客和市民交流的場所。

⏰10:00～16:00　休週二（逢假日則開館）　¥免費　所鳥羽市鳥羽4-3-24　🚃近鐵中之鄉站步行7分　P免費（角屋後方專用停車場和往南240m處的舊法務局跡停車場）

保存明治時期製作的長尾風琴和貴重的民俗資料

珍珠路　MAP附錄②9 A-1

浦神社
●うらじんじゃ
☎0599-25-1157（鳥羽市觀光課）　景點

治療眼疾的湧泉最為有名

暱稱為「浦之權現」的神社。自古傳說只要喝下石階旁湧出的岩清水，就能治療眼疾。

⏰休¥自由參拜　所鳥羽市浦村町今浦148　🚃JR/近鐵鳥羽站車程20分　P免費

↻這裡也是祭拜「乳神」，保佑乳汁充足的神社。

鳥羽市街　MAP附錄②8 E-4

樋山
●ひのやま
☎0599-25-1157（鳥羽市觀光課）　景點

櫻花盛開、視野良好的名勝

鳥羽三山之一，山頂有讚岐金刀比羅宮鳥羽分社。眺望鳥羽灣的絕景美不勝收，春天則會變成賞櫻名勝。

所鳥羽市鳥羽2-12-20（讚岐金刀比羅宮鳥羽分社）　🚃JR/近鐵鳥羽站車程5分　P免費（使用讚岐金刀比羅宮鳥羽分社停車場）

鳥羽分社↻位於樋山山頂的讚岐金刀比羅宮

鳥羽站周邊　MAP附錄②8 E-3

鳥羽城跡 城山公園
●とばじょうあと　しろやまこうえん
☎0599-25-1157（鳥羽市觀光課）　景點

鳥羽新完成的拍照景點！

位於戰國武將九鬼嘉隆所蓋的鳥羽城遺跡北側，可一覽鳥羽海洋的高丘公園。也是賞櫻名勝，最適合來此悠閒散步。

⏰休¥入園自由　所鳥羽市鳥羽3-4　🚃JR/近鐵鳥羽站步行10分　P無

↻可以拍照打卡的地標裝置

鳥羽站周邊　MAP附錄②8 F-2

海鷗散步道
●カモメのさんぽみち
☎0599-25-1157（鳥羽市觀光課）　景點

充滿海邊小鎮氣氛的散步道路

從鳥羽站起於沿海路上設置的木製散步道。坐在路旁的長椅上眺望海洋，就宛如坐在木製甲板上般悠閒，可在此度過一段自在清閒的時光。

⏰休¥自由參觀　所鳥羽市鳥羽1　🚃JR/近鐵鳥羽站即到

↻對岸可看見御木本珍珠島和坂手島

鳥羽站周邊　MAP附錄②8 F-2

鳥羽海運碼頭
●とばマリンターミナル
☎0599-25-4800　景點

離島之旅由此出發

前往離島的市營定期船和環遊鳥羽灣和海豚島（➡P.57）的遊覽船的搭乘處都位於鳥羽海運碼頭，設有木製甲板和咖啡廳。晚間點燈的建築物也相當美麗。

⏰6:40～20:00　休無休　所鳥羽市鳥羽1-2383-51　🚃JR/近鐵鳥羽站步行10分　P2小時內500円（使用佐田濱地1、3停車場，全天1小時內停車免費）

↻以珍珠項鍊為概念的曲線建築物

鳥羽站周邊　MAP附錄②8 E-3

江戶川亂步館
●えどがわらんぽかん
☎0599-26-3745　景點

介紹亂步在鳥羽度過的日子

改名自「鳥羽港町文學館」。介紹推理小說始祖江戶川亂步和鳥羽的關係，重生為「可以遊玩的文學館」。

⏰10:00～15:00　休週二　¥300円　所鳥羽市鳥羽2-5-2　🚃JR/近鐵鳥羽站步行10分　P無

↻此建築改建自亂步的摯友—民俗研究家岩田準一的老家

漁師めし みなと食堂

安樂島町　MAP附錄②2 E-2

●りょうしめし みなとしょくどう　☎0599-25-7173　美食

燉煮伊勢龍蝦的咖哩

主打豪邁樸素的漁夫料理的店。食材由漁夫親自採購，並從鳥羽各港進當天現撈的海鮮。除了海鮮定食之外，單品料理也很豐富。

🕐11:00～15:00、17:00～22:00　休週三　所鳥羽市安樂島町1434-5　交JR／近鐵鳥羽站車程10分　P免費

哩。伊勢龍蝦咖哩1800漁夫指定的終極海鮮咖

漣 鳥羽店

鳥羽站周邊　MAP附錄②8 E-3

●さざなみとばてん　☎0599-25-2220　美食

酥脆&Q彈的炸蝦

有很多使用伊勢志摩海產料理的餐廳。開邊蝦是創業當時開始的名產。油的調配會隨季節有所不同，在烹調方法上也相當講究。

🕐11:00～15:00、16:30～19:00（週六日、假日10:30～19:00）※售完即打烊　休週二　所鳥羽市鳥羽3-5-28　交JR／近鐵鳥羽站步行7分　P免費

Q彈厚蝦的炸蝦定食248円。細緻的麵包粉也很酥脆可口。

伊良子清白之家

鳥羽站周邊　MAP附錄②8 E-3

●いらこせいはくのいえ景點

☎0599-25-1268（鳥羽市教育委員會生涯學習課）

感受流浪詩人的生活

改建自活躍於明治至昭和初期的詩人醫師伊良子清白的家屋，對外開放中。庭院有展示介紹清白的牌子。

🕐10:00～16:00　所鳥羽市鳥羽1-9-9　¥免費　休週二（逢假日則開館）　交JR／近鐵鳥羽站步行3分　P無

到依伊勢志摩地形設計的庭院從2樓窗戶向外看，可看

オイスターバー あじ蔵

浦村町　MAP附錄②9 A-2

●オイスターバー あじくら　☎0599-32-1515　美食

可搭配酒享用牡蠣的全餐

10月到4月有冬天的真牡蠣，5月到9月有夏天的岩牡蠣，一整年都能吃到牡蠣料理。旅館「AJI蔵CaroCaro」（➡P.113）所附設的餐廳，有很多外觀也很華麗的牡蠣創意料理。

🕐18:00～20:30（需預約）　休週二　所鳥羽市浦村町今浦222　交JR／近鐵鳥羽站車程15分　P免費

最受歡迎從浦村宴席料理5400円（照片為示意圖），可品嘗到菜色豐富的牡蠣料理

肉料理まつむら

鳥羽市街　MAP附錄②2 E-2

●にくりょうりまつむら　☎0599-25-2515　美食

提供精選的頂級肉

可在和式座位悠閒享用松阪牛、黑毛和牛的壽喜燒、網烤料理、牛排等。在松阪的老字號肉店修業的老闆精心挑選的肉質絕對是掛保證的。

🕐11:30～14:00、17:00～20:00　休週三（逢假日則擇日休）　所鳥羽市大明東町20-4　交JR／近鐵鳥羽站車程5分　P免費

店員幫忙烹調的壽喜燒6500円（未含稅）～。松阪牛壽喜燒10000円（未含稅）

海島遊民俱樂部

鳥羽站周邊　MAP附錄②8 E-3

●かいとうゆうみんくらぶ　☎0599-28-0001　玩樂

有很多鳥羽特有的樂趣

有各式各樣人與大自然接觸的活動。「無人島獨木舟之旅」是乘坐獨木舟前往鳥羽灣上的3座無人島。

🕐9:00～17:00　休8月13～15日、12月30日～1月3日　¥無人島獨木舟之旅5500円（2月～12月為9:30～11:00、13:30～15:00、15:30～17:00，需於前日的17:00前預約）　所鳥羽市鳥羽1-4-53（事務所）　交JR／近鐵鳥羽站步行5分（辦公處）　P免費（僅有2輛，需預約）

情舒爽向前划行感受海風，心

便於伊良湖～鳥羽的交通

★旅遊情報！

伊勢灣渡船

●いせわんフェリー

從愛知縣渥美半島前端的伊良湖搭乘55分船旅前往鳥羽。可縮短從東京開車前來的時間，悠閒觀光伊勢志摩。

MAP附錄②8 F-3

☎0599-25-2880（鳥羽乘り場）

☎0531-35-6217（伊良湖乘り場）

🕐鳥羽出發、伊良湖出發第1班8:10開，末班17:40開（1日8～13班，旺季期間，伊良湖出發的第1班7:50開，需確認）　休無休

¥車＋駕駛4630円～，駕駛以外的共乘者每位1550円（兒童780円）　所鳥羽市鳥羽3-1484-111（鳥羽乘り場）／愛知縣田原市伊良湖町宮下3000-65（伊良湖乘り場）　交JR／近鐵鳥羽站步行15分（鳥羽乘船處）／東名高速道路、豐川IC車程1小40分（伊良湖乘船處）　P鳥羽呈乘船處停車場1日800円，伊良湖乘船處停車場免費

海の駅 黑潮 パールロード店

珍珠路　MAP附錄②9 A-1

●うみのえきくろしお パールロードてん　☎0120-14-9640　美食

生吃明蝦的豪邁丼飯

位於珍珠路沿途的海鮮市場，附設餐廳。除了海鮮蓋飯和漁師湯之外，還可平價品嘗到新鮮的網烤牡蠣和海螺。

🕐8:00～17:00（週六日、假日會延長時間，需確認）　休無休　所鳥羽市浦村町7-1　交JR／近鐵鳥羽站車程25分　P免費

飽滿海鮮蓋飯1980円。有10種以上的海鮮

天びん屋本店

鳥羽站周邊　MAP附錄②8 E-3

●てんびんやほんてん　☎0599-25-2223　美食

海邊的香味令人食指大動的美味鍋飯

可品嘗到鳥羽特有的新鮮海產。有蝦有貝的「海女鍋飯」現點現煮，熱騰騰香噴噴。

🕐11:30～14:00（週六日、假日為～14:30）、17:00～22:15　休週一（逢假日則翌日休）　所鳥羽市鳥羽1-4-61　交JR／近鐵鳥羽站步行7分　P免費

高湯熬煮的飯上放入滿滿的蝦、海瓜子干貝、海女鍋飯1296円。在海鮮

てっぱり網焼き料理　長門館
●てっぱりあみやきりょうり ながとかん　☎0599-25-2006　美食

狂野網烤的專賣店

店名的「てっぱり」是鳥羽方言的「豪華、美味」或是「大、多」之意。會在網烤桌上燒烤伊勢龍蝦、明蝦、鮑魚等豪華海鮮。

🕐11:00～14:00、17:00～20:00　休不定休　所鳥羽市鳥羽1-10-45　🚃JR/近鐵鳥羽站步行3分　P免費

➡寬敞的店內。每張桌子都有網烤台

➡てっぱり網焼き料理 伊勢龍蝦全餐 5400円

Cuccagna 鳥羽
●クッカーニャ とば　☎0599-26-3143　美食

使用當地食材，輕鬆悠閒的義式餐廳

店名在義大利語中是桃花源的意思。可品嘗味道、分量充滿飽足感的午餐和海鮮義大利麵。

🕐11:00～14:30(LO)、17:00～22:00　休週二　所鳥羽市鳥羽1-6-17　🚃JR/近鐵鳥羽站步行5分　P免費

¥預算 午1500円～ 晚2700円～

➡相當適合海港城鎮鳥羽的地中海風外觀

水沼さざえ店
●みずぬまさざえてん　☎0599-25-2511　美食

燒烤熟度交給老闆決定！

竹簍中裝滿當季現撈貝類的燒烤貝店。由浦村出身的老闆來判定最能增添美味的燒烤熟度。

🕐9:30～17:00　休不定休　所鳥羽市鳥羽1-8-7　🚃JR/近鐵鳥羽站即到　P無

➡大海瓜子500円、海扇蛤500円等。海螺600円。剛烤出來的貝類鮮嫩飽滿！

¥預算 午2000円～

はまべや
☎0599-25-2259　美食

小濱港附近的漁夫經營的店

提供漁夫老闆親自到手的魚。伊勢龍蝦則是親自向漁夫購買當地產貨。生魚片、燒烤，可視個人喜好調理整隻活生生的伊勢龍蝦。新鮮的淡粉色生魚片吃起來有入口即化的口感。

🕐11:30～13:30、17:00～21:00　休週二　所鳥羽市小浜町272-58　🚃JR/近鐵鳥羽站車程3分　P免費

¥預算 午780円～ 晚1000円～

➡想吃光澤透明美麗伊勢龍蝦生魚片。1隻4000円左右，依量販售

Khana Pina
●カーナー・ピーナ　☎0599-25-5758　美食

使用100%松阪牛、黑毛和牛的漢堡排

除了肉汁飽滿的手工漢堡排之外，還有使用伊勢志摩產當地食材的義大利麵、披薩等菜色的人氣店。

🕐11:30～15:00、17:00～20:30　休週三(逢假日則擇日休)　所鳥羽市大明東町20-4　🚃JR/近鐵鳥羽站車程5分　P免費

➡人氣料理加入松阪牛的高級黑毛和牛漢堡排1100円～

¥預算 午1500円～ 晚2000円～

鳥羽風土
●とばふうど　☎0599-25-3080　美食

可以吃到鳥羽當季美味，每天都很熱鬧的名店

建於珍珠路入口。餐廳冬天會提供酥脆的「炸牡蠣蓋飯」等料理。蒸牡蠣(1kg950円)則使用「安樂島牡蠣」。旺季時甚至還會銷售一空。

🕐11:00～18:00(販售9:00～)※需洽詢　休週二(逢假日則翌日休)　所鳥羽市安樂島町194-10　🚃JR/近鐵鳥羽站車程10分　P免費

➡店內也有販售鳥羽伴手禮

➡口感Q彈的牡蠣鮮嫩多汁，炸牡蠣定食1200円

¥預算 午750円～ 晚1000円～

MINERVA
●ミネルヴァ　☎0599-26-2082　美食

口味豐富的人氣店

可吃到當地特有口味的人氣手工義式冰淇淋專賣店。有在牛奶冰裡面加入珍珠粉的珍珠拿鐵等只有這裡才有的獨家口味。

🕐9:00～17:30(視季節、星期而異)　休週四不定休(逢假日則營業，春夏冬季不營業，黃金週無休，請上官網確認)　所鳥羽市鳥羽1-2383-13　🚃JR/近鐵鳥羽站即到　P使用佐田濱第1停車場(1小時內免費)

➡濃郁的香味和溫和的甜味在嘴中擴散，伊勢茶口味380円

Ichibe神社
●いちべじんじゃ　☎0599-26-3711　景點

名人也會前來參拜的勝利之神

傳說有龍救了在海上遇難的漁夫。位於「天空之宿 海幸園海事酒店」內的罕見神社，有不少運動員和名人來這邊參拜，祈求勝利。

🕐10:00～15:00(需確認)　休不定休　¥免費　所鳥羽市安樂島町1075-113　🚃JR/近鐵鳥羽站車程10分

➡除了護身符之外，也有可寫上願望後溶於水中的許願紙

➡建立於文政13年(1830年)

味佐々
●みささ　☎0599-25-6376　美食

用豪邁的海產來招待旅客

由答志島出身的店員來推薦當季料理的店，配料有名產海帶根、小魚干和8種海產的海鮮丼最有人氣。另外還有烤貝類定食、荒煮鯛魚、紅甘魚等單點料理。

🕐10:00～17:30(視季節而異)　休週四不定休(逢假日則營業，春夏冬季不營業，黃金週無休，請上官網確認)　所鳥羽市鳥羽1-2383-13　🚃JR/近鐵鳥羽站即到　P使用佐田濱第1停車場(1小時內免費)

➡色彩鮮艷的綠色海帶根蓋飯880円

➡餐桌席和高座席共有50席左右

地區導覽

志摩 P.73

松阪 P.94

旅行伴手禮 P.100

嚴選住宿 P.104

鳥羽市街 浜幸パール 鳥羽店

MAP附錄②8 F-4

● はまこうパール とばてん   📞0599-26-2255   購物

尋找伊勢志摩逸品的珍珠店

創業約60年的珍珠專賣店。除了經典款商品之外，還有很多休閒款式的商品。可來挑選自用或送人的伴手禮。

🕘9:00～17:45   休週三（逢假日則營業）
所鳥羽市鳥羽3-33-7   近鐵中之鄉站即到   P免費

木質溫暖的外觀也很棒

⬅人氣珍珠項鍊一組約40000円出頭。有很多來自遠方的回流客

鳥羽站周邊 Blanca

MAP附錄②8 E-3

●ブランカ   📞0599-25-5999   購物

講究食材的人氣西點店

說到鳥羽的西點店就屬這間。大量使用奶油的珍珠貝狀瑪德蓮「Shell Leines」最適合當伴手禮。

🕘10:00～18:00   休無休   所鳥羽市鳥羽3-15-3
🚉JR/近鐵鳥羽站步行12分   P免費

⬆鳥羽伴手禮必買的商品「Shell Leines」（原味）162円
⬅位於鳥羽市公所的店舖

鳥羽市街 四季の海鮮 魚々味

MAP附錄②2 E-2

●しきのかいせんととみ   📞0599-21-1522   美食

漁協直營，對鮮度充滿信心！

鳥羽磯部漁協的直營店。以「美味的東西就是要趁著美味的時候享用！」為標語，提供從各漁港現撈的海產。有定食、丼飯、生魚片等各式菜色。

🕘11:00～14:45（15:00閉店）   休週二（逢假日則營業）   所鳥羽市堅神町833   🚉JR/近鐵鳥羽站車程5分   P免費

¥預算 午1650円～

⬅堅持使用天然食材的海鮮丼1300円。附湯品和漬物。

鳥羽站周邊 手づくり工房 きらり

MAP附錄②8 E-3

●てづくりこうぼう きらり   📞0599-25-1372   購物

手工鳥羽伴手禮就在這裡

有很多手工逸品和牡蠣醬油等特產品，可在此買到鳥羽伴手禮。也可體驗貝殼藝術品製作，挑戰旅遊紀念。

🕘10:00～16:30   休週三（逢假日則翌日休），臨時公休   所鳥羽市鳥羽1-4-59   🚉JR/近鐵鳥羽站步行5分   P免費

鳥羽站周邊 TOBA珍珠城

MAP附錄②8 F-3

●トバパールタウン   📞0599-26-4077   購物

鳥羽灣沿岸的珍珠專賣街

可在複數珍珠專賣店逛街購物。每間店各有特色，可仔細挑選珍珠寶石。也有可看見海的餐廳。

🕘9:00～17:30（冬季平日、週日為～17:00，視季節而異）   休不定休   所鳥羽市鳥羽3-3-6
🚉JR/近鐵鳥羽站步行7分
P無（使用鳥羽水族館停車場）

⬅有各市各樣的珍珠專賣店

相差 相差 海女の家 五左屋

MAP附錄②9 B-3

●おうさつ あまのいえござや   📞0599-33-6770   咖啡廳

一邊接觸海女文化，小休片刻

兼休息場的海女文化發信基地。販售當地產心太的人氣咖啡廳和販售海女周邊及海藻等鳥羽伴手禮商店。

🕘9:00～17:00   休無休   所鳥羽市相差町神明神社參道1406   🚉JR/近鐵鳥羽站車程25分   P無（相差海女文化資料館駐車場等を利用）

¥預算 午300円～

⬅80年的古民宅

建築物原本為海女的家，是屋齡

旅遊情報！

鳥羽站前有「海螺街」！

位於鳥羽站前（4號出口）的鳥羽商店街。有「水沼さざえ店」等海產店林立，是著名的「海螺街」。各店前方都有貝類和伊勢龍蝦的水族箱，點餐後會現場撈取燒烤。

其他店家介紹
●松本さざえ店📞0599-25-2444
●みさきサザ工店📞0599-25-2607
●海女小屋ちさと📞0599-26-7520
●鈴木水産📞0599-26-2929

可盡情享用濱燒料理的關注景點

魅力平易近人的價格也很有

♨溫泉 鳥羽的人氣不住宿溫泉

檜木香超療癒的露天浴池
太陽浦島 悠季之里 ▶P113
サンうらしまゆうきのさと

📞0599-32-6111   MAP附錄②9 B-2

有可眺望日本庭園的露天浴池、檜木大御池、包租浴池等各式各樣的溫泉。

🕘11:00～20:00（附餐泡湯11:00～14:00、17:00～21:00、包租浴池11:00～18:00）   休無休
¥2160円，兒童（4歲～小學）1080円，附餐泡湯（需預約，僅週六日、假日）6480円～，包租浴池（40分，需預約）2160円   所鳥羽市浦村町本浦溫泉   🚉JR/近鐵鳥羽站步行15分   P免費

促進健康的療養高溫泉
湯樂樂酒店 ▶P109
ホテルめゆらら

📞0599-25-2829   MAP附錄②8 D-1

除了充滿風情的露天浴池之外，還有寢湯、立湯等多種浴池。

🕘16:00～21:30（23:00閉館）   休無休
¥1300円，兒童（3歲～小學）600円
所鳥羽市小浜町272-46   🚉JR/近鐵鳥羽站步行15分
P免費

日本神社與寺院之旅

從日本為數眾多的神社與寺院中精挑細選，並分門別類呈現給讀者。編輯超推薦此生必訪！

精美的大張圖片，好美！還有詳細解說、參訪＆交通資訊、周遭的觀光景點。

介紹日本知名的大型祭典、神社與寺院的建築知識、宗派等，美感度＆知識性含金量都超高！！眾目亮睛！

一輩子一定要去一次！

修身 休憩

祈福 療癒

行程範例、交通方式，參拜重點、伴手禮、重要祭典、周邊景點…
依季節、依主題走訪超過130間的神社與寺院！
超經典的參拜探訪指南

系列姊妹作：
《日本觀光列車之旅》《日本絕景之旅》
定價450元

志摩
しま

遼闊的美麗海景，氣氛平穩安逸的度假勝地

可眺望的矢灣、英虞灣、五所灣等沉降海岸絕景的海濱地區。有地中海風度假村、人氣主題樂園志摩西班牙村等充滿異國風情的景點和運用大自然設計的活動，樂趣無窮。

志摩觀光洽詢處
☎0599-46-0570
（志摩市觀光協會）

CONTENTS

前往**志摩**的
交通資訊
請參閱
P.114！

志摩的名產手捏壽司、的矢牡蠣等海產料理也很令人期待

◆推薦景點
志摩西班牙村

可欣賞活潑華麗的表演秀、盡情暢玩各種遊樂設施的志摩西班牙村

◆推薦景點
志摩地中海村

Pueblo Amigo

充滿地中海氛圍的街景，蔚藍的天空和海洋近在眼前。前往能夠帶著優雅心情度過悠閒時光的人氣度假勝地。

◆推薦景點
英虞灣

大小島嶼點綴的英虞灣。夕陽西下，將海面染成一片紅的景色美不勝收。

◆前往**志摩地區主要景點**的**交通資訊**

往賢島
從近鐵・鵜方站搭普通列車5分，前往終點近鐵賢島站。各項設施都聚集在車站附近，有很多步行即可抵達的地方，有接駁車的飯店也不少。從鵜方站附近前往賢島約3km，車程10分。

往橫山展望台
從近鐵・鵜方站搭三重交通巴士往磯部バスセンター方向等3～7分，在橫山登山口巴士站下車，步行35分。從橫山登山口巴士站到展望台有段平緩的斜坡。從鵜方站附近約3km，車程10分。通往展望台前方停車場的道路很狹窄，車程時要特別留意。

往志摩地中海村
從近鐵・鵜方站到附近沒有路線巴士行駛，接駁車則是以住宿旅客優先搭乘，因此建議搭計程車。從鵜方站附近約8km，車程20分。

往志摩西班牙村
從近鐵・鵜方站搭三重交通巴士往志摩スペイン村方向13分。從鵜方站附近6.5km，車程15分。※也有連接伊勢神宮 內宮和志摩西班牙村的直達巴士PEARL SHUTTLE（500円，需事先預約。詳情參閱➡P.90）

◆有用資訊導覽

‖ **租借自行車，騎「志摩租借自行**
‖ **車」觀光**

在車站租借自行車，騎往賢島方向、安乘埼燈塔方向、磯笛岬展望台方向單程30分～2小時。最好在前一天預約。

◆一般社團法人志摩運動協會
☎0599-44-4450

◆租借自行車出租地點
▣9:00～17:00　休週三、不定休　¥電動自行車3小時1000円、1日2000円　近鐵鵜方站即到（鵜方站1F）　MAP附錄②11 C-4

志摩西班牙村

志摩最大規模的複合式度假村

獻上25周年的Gracias（感謝）！

暢遊由主題樂園「志摩西班牙村」、「志摩西班牙村酒店」、「志摩⋯域構成的複合式度假村吧！

參與型的歡樂遊行！大家一起唱歌跳舞吧

志摩西班牙村的 魅力介紹！

表演秀＆遊行
有很多遊客可共遊的娛樂活動！遊行、街道音樂劇、吉祥物音樂劇，一起隨著節奏翩翩起舞吧！ ↓P.75

西班牙的街景
可在白色粉刷建築、石鋪坡道、紅磚城堡等充滿西班牙風情的街道上漫遊！ ↓P.75

遊樂設施
從令人驚聲尖叫的刺激型設施到兒童遊樂設施琳瑯滿目！ ↓P.76

西班牙料理
從正宗西班牙料理到休閒餐廳種類豐富。期間限定菜單也值得關注！ ↓P.77

溫泉＆飯店
可俯瞰海景的溫泉和鄰接遊樂園的飯店舒適又方便！ ↓P.77

園內MAP

規劃行程的訣竅
園內的西班牙風擺設最適合拍紀念照片，遊行時間快到時，就到西貝勒斯廣場和菲斯塔廣場附近集合。

園內MAP圖例：
★遊樂設施／展示設施　🛍商店　🍴美食　☕咖啡廳　♨溫泉　🛏飯店

基本資訊

志摩西班牙村

可體驗尖叫系遊樂設施和參與型娛樂活動。在仿造西班牙廣場和街景的建築物和花景環繞的園內盡情暢遊。

☎0599-57-3333　　MAP附錄②10 E-1

🕐9:30～17:00（視星期、季節而異），黃金週、暑假有夜間營業
休2019年6月24～28日、2020年1月14日～2月7日
所志摩市磯部町坂崎
🚌近鐵鵜方站搭三重交通巴士往志摩西班牙村（直達）13分，終點站下車即到
🅿1次1200円

有用資訊

◆便利服務
有哺乳室、嬰兒車出租（500円）、輪椅出租（300円）、投幣置物櫃等多項服務。

◆好康票券
事先在便利商店或透過旅行社購票可享95折優惠。一年會來訪多次的人推薦全年護照（費用例：大人12000円）。

票券資訊

票券種類	護照	Moonlight護照	Afternoon護照
大人 18～59歲	5300円	3200円	2300円
青少年 國、高中生	4300円	2600円	1700円
兒童 幼兒（3歲～）、國小生	3500円	2100円	1700円
銀髮族 60歲～	3500円	2100円	1700円

※Moonlight護照適用於夜間營業日的16時以後
※Afternoon護照適用於夜間營業日以外的14時以後

伊勢神宮·二見 P.14
鳥羽 P.51
志摩
志摩西班牙村
松阪 P.94
旅行伴手禮 P.100
嚴選住宿 P.104

樂趣1 大人小孩都滿足

表演秀&遊行好好玩

參與型遊行和人氣角色的吉祥物音樂劇令人興奮不已!

B 表演秀 街道音樂劇「Baile del Capitán」

1天2次

舞台是為了準備慶典而熱鬧非凡的某個西班牙廣場。連遊客也會被拉進表演中的活潑街道音樂劇。

上演時間 25分
地點 西貝勒斯廣場

被隊長(Capitán)選上的話,就可以和舞者穿一樣的衣服喔!

遊客也能一起參與!宛如慶典般的音樂劇

C 表演秀 佛朗明哥演出

當地舞者所展現的熱情佛朗明哥舞

上演時間 25分
費用 500円(附1杯飲料,預約制)
地點 CARMEN HALL

宛如西班牙的玩具箱

A 遊行 遊行「ESPANA CARNIVAL "ADELANTE"」

1天1次

園內最大型的娛樂活動。和吉祥物及表演者們一塊兒跳舞同歡吧!

上演時間 30分
地點 遊行路線

➡隨著活潑熱鬧的音樂開始跳舞

Check!
遊客也可加入遊行!記住簡單的舞蹈動作一起跳舞,玩得更開新。

黃金週和暑假的夜間營業

光雕投影的全新影像登場!
夜晚的表演有華麗的夜間遊行、壯觀的光雕投影和點綴夜空的煙火。全新改版符合25週年紀念更加熱鬧非凡。

上演日 2019年4月27日～5月5日、7月13～14日及20～21日、7月27日～8月31日

D 表演秀 吉祥物音樂劇「唐吉軻德的ＡＢＣＤ ESPAÑA」

1天2次

吉祥物們配合西班牙語的ABC,介紹西班牙的飲食與文化的音樂劇。

上演時間 25分
地點 Colosseum

Check!
園內的2間周邊商店有販售收錄表演秀音樂的原創CD,1張2000円

樂趣2 散步也很有趣

感受西班牙的街景

充滿異國風情的園內有很多拍照景點!

➡可以穿租借的佛朗明哥服裝出門

⬇重現建築師高第特色的奎爾廣場

⬇聖克魯斯街

⬆以聖方濟·沙勿略的老家為主題的Xavier城博物館

➡重現安達盧西亞最浪漫的聖克魯斯街

志摩西班牙村

急速上升＆下降，令人驚聲尖叫不已

F GRAN MONTSERRAT
菲斯塔廣場　刺激顫慄

奔馳於蒙塞拉特山之間、全長815m的超人氣山間飛車。

哥倫布廣場　興奮好玩
E FELIZ CRUISE

乘船周遊型的遊樂設施。天氣好時說不定還能看見噴水池上的彩虹。

H KIDDY MONTSERRAT
菲斯塔廣場　刺激顫慄

身高90cm以上的孩童也能乘坐的雲霄飛車，可全家人共同遊玩。

水花濺於岩山上，急速下降

G SPLASH MONTSERRAT
菲斯塔廣場　刺激顫慄

搭乘圓木型船隻從蒙塞拉特山頂一口氣從急流上滑落。

I PIERROT THE CIRCUS
勒斯廣場　夢幻＆興奮好玩

有很多以歐洲的移動遊樂園為主題的室內型遊樂設施。

在CIRCUS城內挑戰各項遊樂設施

J 蒸汽雲霄飛車「IRON BULL」
西貝勒斯廣場　刺激顫慄

在蒸汽龐克的世界疾駛的室內雲霄飛車刺激滿點的室內雲霄飛車。

刺激滿點的室內雲霄飛車

樂趣 **3**

好奇心MAX！不由自主地超興奮

遊樂設施全制霸

從驚聲尖叫的速度型遊樂設施到屋內型的冒險設施琳瑯滿目！

坐在番茄上轉啊轉

K LA TOMATINA
菲斯塔廣場　興奮好玩

以8字型移動旋轉的番茄咖啡杯，要撞不撞的感覺超驚險刺激。

長1234m、高45m、最高時速100km

M PYRENEES
菲斯塔廣場　刺激顫慄

長度、高度、速度都是全世界規模最大的倒轉型雲霄飛車。

孩童也能玩樂的設施！

P FIESTA TRAIN
菲斯塔廣場

徐徐前進的繽紛列車，穿梭在森林和草原地區，環遊廣場一圈。

Q Chap Chap Lagoon
哥倫布廣場

可在噴水池邊嬉戲的自由空間。

R GAUDÍ CARROUSEL
菲斯塔廣場

以建築師高第的幻想世界為主題的旋轉木馬。

S AMIGO BALLOON
菲斯塔廣場

搭乘氣球在空中漫步。不疾不徐的上升＆下降，絕妙的速度感令人心曠神怡。

L DULCINEA'S FANTASY WORLD 360
菲斯塔廣場　興奮好玩

上映3種影像作品

體驗360度環繞的立體影像世界，感受充滿魄力的3D影像。

最適合夏天的冰點下異世界

O ICE CASTLE
卡門街　夢幻

在全年被冰點下的冷空氣包圍的空間，冰和吉祥物的擺飾出來迎接。

N BATALLA DEL ALCAZAR "ADELANTE"
菲斯塔廣場　興奮刺激

使用光雕投影和燈光照明演出的興奮刺激射擊遊戲。

擊中標的物，競爭得分

樂趣 **4**

食物好好吃 購物好好玩

尋找美食& 伴手禮

園區內可以吃到西班牙的經典料理，
西班牙伴手禮也不容錯過。

香蒜蝦仁赤魷 1350円

海鮮燉飯 1900円

吉祥物爆米花桶 1300円

主廚經手的道地美味 **西班牙料理**

生火腿&伊比利豬香腸 1250円

輕鬆享用！ **速食**

伊比利豬漢堡套餐 1080円

吉祥物玩偶 各1900円

手捏壽司定食 1650円

也有當地美食！ **和食**

兒童漢堡套餐 730円

西班牙小餅 700円

克萊門氏小柑橘果汁 1ℓ600円

Dul冰淇淋 600円

Choquy冰淇淋 600円

文字磁磚&掛框 1字450円，掛框2060円～

送禮自用兩相宜！ 西班牙風格&可愛的 **伴手禮**

吉祥物好可愛！ **冰淇淋**

GIANT TOMATO PRETZ 1200円

番茄圓盤 1900円～

平府海鮮燉飯鍋 2060円～

OPEN

樂趣 **6**

彷彿來到西班牙旅行♪

住在優雅的 度假村飯店

志摩西班牙村酒店
ホテル志摩スペイン村

鄰接志摩西班牙村的飯店，大廳充滿南西班牙的氛圍，有寬敞舒適的雙床房和吉祥物房間，餐廳可享用西班牙料理和自助百匯。另有官方飯店專屬特典。

☎0599-57-3511　**MAP** 附錄②10 E-1
🕐IN15:00／OUT11:00
¥1泊2食 19440円～

樂趣 **5**

玩完之後來

悠閒泡溫泉

伊勢志摩溫泉 志摩西班牙村 向日葵之湯
伊勢志摩溫泉 志摩スペイン村ひまわりの湯

可在露天浴池和整面玻璃的大浴場享受能夠促進健康的鹼性單純泉。西班牙入園者有優惠特典。

MAP 附錄②10 E-1
☎0599-57-3700
🕐9:00～22:00（23:00閉館）
¥大人1200円，西班牙村入園者900円

在志摩地中海村可以做的事

讓人忍不住想點讚的度假勝地 👍

↖在純白色的牆面上到處都有可愛的小花♪

在可一覽英虞灣的空間感受爽朗的海風♪

📷 拍攝地點在這裡

スペイン料理 RIAS by Kokotxa →P.89
● スペインりょうりリアスバイココチャ

面臨英虞海，充滿地中海街景風情的度假空間。從建築到整體氛圍都彷彿置身於地中海，能享受不同於日常的時刻。

可以做的事 1
在地中海街景中散步

度假村內重現米科諾斯島、卡斯蒂利亞地方等地中海各地街景。光是走在這裡，就會忘記自己身在日本♪

↑噴水廣場傍晚會點燈，讓整體氛圍一轉
→充滿童話氣息的米科諾梅諾區

↗充滿度假感的「Cafe Amigo」的露台座

2018年春天重新開幕

↑有充滿特色的空間和保溫效果高的天然溫泉

↑清新藍令人印象深刻，約45㎡的高級雙床房
↑寢室和客廳獨立的豪華套房

可以做的事 2
感受南法風情

如果想要更有度假氣氛，建議可住在以南法家庭為概念的別墅型客房等優雅的旅宿。可搭2018年8月登場的海上計程車到地中海村。

↗也有可從露台座看到充滿異國風情景觀的客房

📷 拍照重點 海到面遼闊的地中海街景令人感動

↖海上計程車從近鐵賢島站旁的乘船處搭船約10分（需預約）

Entrada(海上計程車)
📞 0599-52-0888
💰 單程大人1000円、12歲以下500円

志摩地中海村 ●しまちちゅうかいむら
📞 0599-52-1226　**MAP** 附錄②10D-2
🕙 當日往返10:00～17:00（最終入店～16:30）
🈺 不定休
💰 住宿者免費入園，當日往返者國中以上500円，小學以下免費，寵物1隻500円
🏠 志摩市浜島町迫子2619-1
🚃 近鐵鵜方站車程15分
🅿 免費

志摩地中海村MAP

伊勢神宮・二見 P.14

鳥羽 P.51

◆志摩 在志摩地中海村可以做的事

松阪 P.94

旅行伴手禮 P.100

嚴選住宿 P.104

這些地方也想去！

在志摩的度假飯店享受療癒時光

前往充滿志摩魅力的頂級悠閒空間。

《志摩代表性的格調飯店》

志摩觀光飯店 經典館
しまかんこうホテルザクラシック

傳統有格調的老字號飯店，是日本著名的美食飯店，餐廳「La Mer THE CLASSIC」可享用使用伊勢志摩食材的法式料理。

☎0599-43-1211　MAP附錄②11 A-4
🕐IN14:00／OUT11:00　¥1泊2食32600円～
📍志摩市阿兒町神明731（賢島站有免費接駁巴士）🚃近鐵賢島站車程2分

度假重點
住宿旅客使用的貴賓室可眺望英虞灣美景

↑度過悠閒時光

↑享用飯店傳統的法式料理

《享受度假氛圍的休憩空間》

志摩觀光飯店 俱樂部
しまかんこうホテルザクラブ

可享用山珍海味的鐵板燒餐廳「山吹」、咖啡廳＆葡萄酒酒吧「Lien」、茶室「愚庵」等店構成的志摩觀光酒店休憩空間。附設展示伊勢志摩高峰會當天行程的伊勢志摩高峰會藝廊。

☎0599-43-1211　MAP附錄②11 A-4
🕐Lien10:30～22:30(LO)
※可能會變更，山吹17:30～20:30(LO)
※需預約(視店家而異)　休無休

度假重點
「山吹」會在眼前烹調精選食材

↑可眺望庭院，悠閒度過的「Lien」

在豪華空間享受奢侈的自助百匯♪

可以做的事 3

在餐廳＆咖啡廳大飽口福

在可大啖伊勢志摩豐富美食的餐廳，以及可感受海風、幽靜清閒的咖啡廳度過幸福時光。

2018年3月OPEN

◆Taberna AZUL　タベルナ アスール

2018年3月新開的自助百匯餐廳，位於米科諾梅諾斯區內。有許多擅長法式料理的主廚掌廚的創意料理。

🕐7:30～10:00(LO9:30)、17:30～21:00(最終入店20:00)
休每月1次不定休
¥日間大人2160円，夜間大人5400円(兒童費用需洽詢)※日間和夜間皆需預約

↑從前菜到甜點，菜色豐富

↑以藍色為基調的店內，也有附設木頭甲板

拍照重點📷
滿滿的卡士達醬令人不禁怦然心動♪

鬆餅1080円

口感鬆軟的鬆餅1080円

◆Cafe Amigo　カフェ アミーゴ

在桌椅都是地中海藍的空間享用輕食和飲品，在中庭或露台座位過下午茶時光也很美好。

🕐9:00～18:00(LO17:30)
休無休
📍地中海日落(右)和地中海日出(左)各702円

逛逛街頭享用甜點

Takeoutcafe Pescador
テイクアウトカフェ ベスカドール

位於安達盧西亞區，販售色彩繽紛的飲品。

🕐11:00～16:00
※可能變更，僅旺季期間營業

可以做的事 4

透過體驗留下回憶

村內有許多戶外活動和室內活動，可依喜好選擇！

拍照重點📷
搭乘觀光遊船，拍下英虞灣和夕陽的最美照片！

◆工藝品體驗

使用馬賽克磁磚，製作獨創設計的小物。

🕐9:00～17:00(最終報名)　¥磁磚拼貼製作1036円～，相框製作1684円～(住宿者1404円～)

↑初學者也只要60～90分左右就能完成

拍照重點📷
悠閒巡遊英虞灣，在船上欣賞各種美景。

當日來回
白天巡航30分，日落巡航50分

↑風平浪靜的英虞灣巡航

◆英虞灣巡航

完成屬於自己的原創小物後，可立刻拍下來上傳當作旅遊回憶！※各種活動皆在前台報名

🕐10:00～16:00(除12:00外，每隔1小時出航，夏季為～17:00)※日落巡航則視日落時刻而異
¥1296円(住宿者1080円)，日落巡航2592円(住宿者2160円)

只拿來裝飾也很可愛!!

可以做的事 5

選購南歐雜貨伴手禮

商店裡有很多地中海沿岸各國的雜貨和食品。新店舖「Moda」、「Regalo」也別忘了確認！

魚形小盤子 1350円
為餐桌添加色彩的繽紛彩繪相當可愛

地中海調味料 1080円
推薦可用在肉類和魚類料理的調味料

「TÉCON MIEL」
蜂蜜紅茶 864円
最有人氣的商品。帶有淡淡的甜味和香氣

◆Casa Amapola　カーサ アマポーラ

販售西班牙和希臘的雜貨以及地中海村的原創週邊。有很多光看就令人愉悅的繽紛商品。

🕐9:00～21:00
※可能會變更
休無休

絢爛奪目
英虞灣的
海邊絕景

英虞灣擁有錯綜複雜的沉降海岸地形，加上雄偉的大平洋、熊野灘。日光照耀的白天和橘色夕陽西下的傍晚，都有不同的美感。遊訪各地獨特的絕佳觀景點，欣賞海洋多種不同的面貌吧。

鵜方 橫山展望台
●よこやまてんぼうだい

2018年重新開放的展望台煥然一新，還新設咖啡廳（→P.10）。從建蓋木製斜坡的展望台上可眺望眼前的英虞灣，一覽美麗的海岸線。

MAP 附錄②10 D-2
☎0599-44-0567
（橫山ビジターセンター）
⏰自由參觀，遊客中心9:00～16:30
休無休 ¥免費
所志摩市阿兒町鵜方
🚃近鐵鵜方站車程10分

這個時間也想看！
朝陽從海平面升起，橘色的天空與深藍的大海相互輝映

志摩町 麥崎燈塔
●むぎさきとうだい

位於志摩半島最南端的燈塔。此處岩礁多，海流速度快，是海上險處。麥崎燈塔一直以來守護著往來於此的船隻安全。海女漁撈時期可聽到磯笛聲，因此獲選為「日本音風景100選」。

MAP 附錄②10 E-4
☎0599-46-0570（志摩市観光協会）
⏰休¥自由參觀（不可進入）
所志摩市志摩町片田
🚃近鐵鵜方站車程23分
P無

志摩最南端守護壯闊的海洋

絕景 point
燈塔前的廣場可眺望一望無際的整片海洋。蔚藍的海加上白色燈塔呈現出來的風景美不勝收。

大王町 大王埼燈塔
●だいおうさきとうだい

位於有很多石板地的港鎮‧波切的燈塔。爬上燈塔內部的階梯走到外面，可一覽熊野灘和遠州灘。附近還有伴手禮店林立。

☎0599-72-1899
（公社‧燈光会大王埼支所）
MAP 附錄②10 F-4
⏰9:00～16:00 休無休（天候不佳則關閉）
¥清潔費200円（國中以上）
所志摩市大王町波切54
🚃近鐵鵜方站車程20分
P無（利用周邊收費停車場）

聳立於海岬上的白亞燈塔

絕景 point
走出燈塔的樓梯間可看到360度的海景。西南方可看到米子濱和麥崎燈塔，北方可看到安乘崎燈塔。

這個時間也想看！
朝日照在白色燈塔和一整片海闊海面上的光景令人感動

英虞灣周邊觀景點MAP

志摩半島
五知駅
安乘埼燈塔
志摩市
上之郷駅
的矢灣
志摩磯部町
穴川駅
伊雜之浦
志摩西班牙村
橫山展望台
近鉄志摩線
志摩横山駅
南海展望公園
鵜方駅
志摩神明駅
志摩海洋公園
賢島駅
大王埼燈塔
五ヶ所灣
葛島
止ル島
英虞灣
登茂山公園
磯笛岬展望台
御座岬
N
0 2 4km
熊野灘
阿津里濱
麥崎燈塔
周邊圖 附錄②P.2

★
志
摩
絢
爛
奪
目
英
虞
灣
的
海
邊
絕
景

英
虞
灣
的
景
色
令
人
驚
嘆

絕景 point
可就近看到沉降海岸特有的景色。海景與大自然的綠呈現絕妙之美

這個時間也想看！
將車停在縣道盡頭，在位於旁邊的桐垣展望台看到的夕陽也很美麗

千
變
萬
化
的
海
岸
線

大王町 登茂山公園
●ともやまこうえん

建於登茂山的廣大公園，位於縣道盡頭的「桐垣展望台」是絕佳觀景點。白天的景色很美麗，冬天可看到夕陽從正面沉入珍珠筏點綴的英虞灣上。

MAP附錄②**10 E-4**

☎0599-46-0570 (志摩市觀光協会)
⊞休¥自由入園
所志摩市大王町波切2199
⊞近鐵鵜方站車程25分 P免費

白
亞
燈
塔
聳
立
於
斷
崖
峭
壁

絕景 point
風平浪靜的的矢灣和波濤洶湧的太平洋成對比。天氣好時也可以看到富士山

浜島 磯笛岬展望台
●いそぶえみさきてんぼうだい

可一望雄偉的熊野灘、大台原山系、志摩半島群山，也有呼喚幸福的「鰤魚之鐘」。獲選為「日本夕陽百選」，黃昏時的美景簡直無可言喻。

MAP附錄②**11 C-2**

☎0599-46-0570 (志摩市觀光協会)
⊞休自由參觀 所志摩市浜島町南張
⊞近鐵鵜方站搭三重交通巴士往宿浦25分，磯笛峠下車，步行5分 P免費

充
滿
南
國
風
情
的
展
望
台

絕景 point
由錯綜複雜的海岸線構成的沉降海岸地形之海上，可看到珍珠筏和多達60個的小島，這是志摩特有的風景

安乘 安乘埼燈塔
●あのりさきとうだい

志摩海景不可或缺的燈塔當中，安乘埼燈塔也是相當特殊的四角形參觀燈塔。爬上階梯到外面可一覽太平洋海景。

☎0599-47-5622
(公社·燈光会安乘支所)
MAP附錄②**10 F-1**

⊞9:00～16:00 休無休 (天候不佳則關閉) ¥清潔費200円 (國中以上)
所志摩市阿児町安乘
⊞近鐵鵜方站車程15分 P無

這個時間也想看！
朝日照在四角形燈塔上，在表面上照出濃淡影，呈現出如畫般的風景

這個時間也想看！
除了夕陽之美之外，透過「鰤魚之鐘」所看到的蔚藍海岸也很心曠神怡

絕景 point
外海的動感和紀伊半島的海岬重疊交錯的景色相當迷人

內
行
人
才
知
道
的
夕
陽
名
勝

絕景 point
照耀於雀島上的夕陽沉入海中的光景令人感動

志摩町 阿津里濱
●あづりはま

位於志摩半島南岸東西細長、環繞英虞灣的海濱。遠淺、白砂海濱的景色和浮在海面上的「雀島」呈現出絕妙美景。

☎0599-46-0570 (志摩市觀光協会)
MAP附錄②**10 D-3**

⊞休¥自由參觀 所志摩市志摩町越賀
⊞近鐵鵜方站車程15分 P免費

南伊勢町 南海展望公園
●なんかいてんぼうこうえん

建於海拔148.9m高丘上的公園。走在遊步道上時可聽到野鳥鳴囀，路上有季節花卉盛開，四處設有長椅。可一邊悠閒漫步，一邊眺望蔚藍海平面。

☎0599-66-1717
(南伊勢町觀光協会)
MAP附錄②**11 B-2**

⊞休自由入園 所南伊勢町礫浦、相賀浦
⊞伊勢自動車道、玉城IC車程1小時
P免費

的
一
覽
五
所
灣
的
景
觀

→令人印象深刻的紀念碑

這個時間也想看！
沉穩的朝霞將五所灣染成一片橘。有很多人會來這裡看元旦的日出

絕景 point
180度海景敞開的展望台。前方可看到海岸湖沼海跡湖

暢遊大自然活動!!

海上活動等各種大自然體驗也是志摩的魅力所在。盡情享受志摩的戶外活動,舒活身心吧!

志摩 備受矚目 戶外體驗

可感受南國風情的悠閒空間
GRANP GLAMPING RESORT
● グランパ グランピング リゾート

可在甲板或涼亭烤肉,客房內的傢俱為峇里島直送的露營飯店。設施內的甲板咖啡廳和碳烤餐廳住宿旅客以外的人也可使用。

☎0599-52-0005　MAP 附錄②10 E-2
⊾IN15:00／OUT11:00,甲板咖啡廳11:00～14:00(LO13:00),炭烤餐廳17:00～
⊘不定休　¥1泊2食1人14900円～
㊟志摩市阿兒町神明480-13
🚃近鐵賢島站車程10分
🅿免費

最高級方案
住宿費用+8640円

➡松阪牛、鮑魚、伊勢龍蝦等,有約14道豪華料理的套餐

美食
➡可在亞洲風情的涼亭烤肉

時髦的用餐區

↑客房「大套房D」也有附按摩池的甲板空間

➡除了洋房之外,也有附設和室的客房「大套房B」

奢華的空間

引以為豪的開放式甲板空間是伊勢志摩最大規模

充滿度假風情的甲板咖啡廳「GRANP」

\暢遊優雅的露營/
豪華露營
在時髦和設備完善的設施中享受高級豪華露營的寶貴時光♪

➡可獨占明月和滿天星斗的水上小屋

活動

↑獨木舟體驗1艘2000円

在湖上體驗名流活動♪
伊勢志摩everglades
● いせしまエバーグレイズ

共有13種類型的小屋,還有道地BBQ烤肉的美式戶外度假村。也備有很多活動可以參與。

☎0120-592-364　MAP 附錄②10 D-1
⊾9:00～17:00(電話受理)、IN14:00(帳篷13:00)～16:00／OUT11:00(帳篷12:00)　⊘不定休
¥1泊附早餐10000円～,美式BBQ另計,2人份5980円～
㊟志摩市磯部町穴川1365-10
🚃近鐵穴川站10分　🅿免費

奢華的空間

➡有附天蓋的床舖的寢室類型也很有人氣

↑建於湖上的房間專用,優雅的日光甲板

美食

➡附厚實牛排的歐美風烤肉

二見神宮・P.14
鳥羽 P.51
志摩
志摩備受矚目的戶外體驗
松阪 P.94
旅行伴手禮 P.100
嚴選住宿 P.104

悠閒眺望景色
海洋獨木舟
在平穩的英虞灣坐海洋獨木舟出遊。可悠閒觀賞遼闊的海洋和美麗的山景。

時間流動緩慢 療癒的海上漫步

海洋獨木舟日落之旅
1.5小時行程 大人4000円等
也有3小時（大人6000円等）行程。需於前天17時前預約，2名以上。

人氣上升中！
SUP（立式划槳）
搭乘大隻專用船，在水上划槳前進的活動，目前在全世界都很受歡迎。

SUP（立式划槳）之旅
大人4000円等
6歲以上即可體驗。所需時間1小時，需於前天17時前預約，2名以上。

NWWA® 水球 自然體驗
大人3800円等
所需時間約15分，需於前天17時前預約，2名以上。

360度一覽英虞灣
水球
進入直徑約2.5m的透明圓球，被船拉到海上漂浮的活動

浮在海上的感覺 好不可思議

在海上快速前進的爽快活動

在英虞灣進行各種有趣的體驗
志摩自然學校
●しましぜんがっこう
有運用大自然設計的各種遊樂項目。海洋獨木舟、水球等，有很多初學者也能挑戰的體驗項目。

☎0599-72-1733　**MAP**附錄②10 E-4
🕘9:00～17:00　🈲不定休　📍志摩市大王町波切2199（ともやま公園内）　�近鐵鵜方站車程25分　🅿免費

和海女一起潛入海中
海女體驗
潛入海中進行海女漁撈體驗！附海女小屋的餐點，樂趣多多♪

在伊勢志摩和海女一起潛水！
海女小屋・海鮮BBQ **21780円～**
5～10月的週二、週六舉行。9月中旬以後有時也會在其他天舉行

⬆在海女小屋品嚐到的網烤海鮮料理特別美味

潛水、享用美食，體驗海女文化
伊勢志摩TOURISM
●いせしまツーリズム
和海女一起潛入海中，觀察海女捕撈鮑魚、貝類的模樣。海女漁撈體驗完後，還可到海女小屋品嘗網烤海鮮料理。

☎0596-20-2290　**MAP**附錄②10 D-3
🕘9:00（集合）～14:00　📍志摩市志摩町内（集合場所、需洽詢）　🚈近鐵鵜方站車程30分　🅿免費

孩童也能參與的活動！
回歸童心的海邊體驗

わんぱく磯
700円
舉辦時間為4～10月。可捕捉觀察潛於海邊岩場的海中生物。無需預約。

專注於用手捕撈獵物的體驗
海ほおずき
●うみほおずき
可學習體驗志摩漁村生活、文化、漁業的設施。以接近自然的形式重現退潮後的海邊岩場，體驗海邊活動。

☎0599-53-1002　**MAP**附錄②10 D-4
🕘9:30～16:00（視季節、設施、體驗內容而異）　🈲週二　📍志摩市浜島町浜島465-14　🚈近鐵鵜方站搭三重交通巴士往宿浦20分，步行15分　🅿免費

海中的異世界令人感動
Aristo Divers
●アリストダイバーズ
有浮潛課程和取得證照課程的潛水店。在潛水之前會有完善的學習課程，令人安心。

體驗潛水
14904円(1次)
搭配DVD學習和搭配器材等所需時間約2小時30分。附租借用器材。

與魚相見歡
潛水
和潛水教練一同進入水中世界！運氣好的話說不定還可以遇見大隻的皺唇鯊呢！

☎0599-43-2868　**MAP**附錄②10 D-2
🕘8:00～22:45　🈲無休　📍志摩市可兒町神明1001-17　🚈近鐵神明站步行3分（近鐵鵜方站、賢島站有接送服務）　🅿免費

盛產期為秋～冬(10～3月)　被稱為「夢幻河豚」的天然虎河豚

安乘河豚

天然品牌虎河豚「安乘河豚」的特色是Q彈有嚼勁和唇齒留香的風味。是只有秋冬才能吃到的當地高級食材。

安乘河豚是什麼

在伊勢灣沿岸海域捕獲且體重達700g以上的天然虎河豚，一隻隻細心捕捉，品質之高可想而知。

高級&頂級食材
琳瑯滿目

志摩美食

品嘗安乘河豚、的矢牡蠣、鮑魚等令人嚮往的品牌海產!!

享用Q彈有嚼勁的口感和豐富美味的奢華御膳!!

安乘河豚御膳
3240円
附河豚生魚片、炸河豚、河豚飯、河豚皮、土瓶蒸河豚、漬物
10～3月 限定

安乘
あのりふぐ料理 まるせい
●あのりふぐりょうりまるせい

安乘河豚專賣店，只在安乘河豚漁獲期的10～3月營業。因為是安乘河豚批發商的直營店，鮮度和品質絕對掛保證，平易近人的價格也蔚為話題。除了御膳和全餐之外，客人自行燒烤的烤河豚等單點料理也不錯喔。

店內有餐桌席和和式座位

位於步行即到安乘漁港的地理位置

📞0599-47-0128
MAP 附錄②**10 F-1**
🕐11:00～14:00 (15:00閉店)、17:00～20:00需在當日15:00前預約
休週二 (逢假日則翌日休)
📍志摩市阿兒町安乘178-3
🚃近鐵鵜方站車程20分　P免費

安乘河豚協議會認定的第1號店。安乘河豚也有助於養顏美容喔!

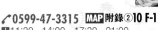
⬆老闆娘片山むつみ小姐

這道也很推薦

安乘河豚全餐
1人份5400円
附河豚生魚片、河豚皮、炸河豚、河豚鍋、雜炊套餐、漬物、甜點。2人份以上起餐

烤安乘河豚
3240円
由客人自行燒烤的人氣單點料理。河豚肉身Q彈柔軟，充滿鮮甜美味

安乘
料理旅館 丸寅
●りょうりりょかんまるとら

由仲介商老闆親自進貨，可大快朵頤安乘河豚的生魚片、炸物等全餐。還有使用河豚皮的小菜、魚凍、香煎河豚等各式創意料理。

享用全餐、品嘗奢侈&豐富的美味

📞0599-47-3315　**MAP** 附錄②**10 F-1**
🕐11:30～14:00、17:30～21:00
休不定休　📍志摩市阿兒町安乘1408-1
🚃近鐵鵜方站搭三重交通巴士往安乘20分，安乘中學前下車即到　P免費

安乘河豚全餐
14040円～
切成塊的炸河豚特別有人氣。僅11～3月提供，需於4天前預約

安乘
料理旅館ひさだ
●りょうりりょかんひさだ

擁有河豚仲介證照、位於半島前端的料理旅館。使用最高級的天然安乘河豚，製作河豚生魚片、炸河豚等豐富料理備受歡迎。

可從內部暖和身體的河豚鍋是極品

📞0599-47-3317　**MAP** 附錄②**10 F-1**
🕐11:30～14:30、17:30～21:00
休不定休　📍志摩市阿兒町安乘798
🚃近鐵鵜方站車程20分 (鵜方站有接送服務，需預約)　P免費

安乘天然虎河豚全餐A
11880円
在充滿河豚高湯的鍋中，等會兒還可以煮雜炊。加入魚凍能夠提升鮮味

想要稍微奢侈一下!!
想在奢侈的空間慢慢享用高級食材「安乘河豚」的話，建議可點旅館的全餐料理。

84

盛產期為秋～冬(11～3月)
※岩牡蠣為夏季

使用多種吃法品嘗「海中牛奶」

肉厚！濃郁!! 牡蠣

屬於志摩和鳥羽的的矢灣是品牌牡蠣「的矢牡蠣」的養殖地。推薦在當地的料理旅館享用。

的矢牡蠣是什麼
在志摩的的矢灣捕獲的品牌牡蠣。特色為相當鮮甜，奶味濃郁，厚實飽滿

牡蠣壽司（1貫）
650円
柑橘系果凍搭配生牡蠣和醋飯，誕生最棒的美味

優質的的矢牡蠣

使用多種吃法享用

這道也很推薦

的矢牡蠣料理
7000円
除了牡蠣壽司之外，還有生牡蠣、烤牡蠣、土手鍋等共11道牡蠣料理的豪華全餐。

生牡蠣

牡蠣蕎麥

蒸牡蠣

炸牡蠣

烤牡蠣

前菜三拼盤

牡蠣味噌湯

炸牡蠣

牡蠣飯

牡蠣土手鍋

的矢
いかだ荘山上
●いかだそうさんじょう

預算
午 6000円～
晚 6000円～

●建於可眺望的矢灣的高丘上

可盡情享用的矢牡蠣的料理旅館。除了全餐料理之外，佐果凍的「牡蠣壽司」，和鮮度絕佳的「生牡蠣」等單品料理也很有人氣。另外備有珍貴的斯洛維尼亞葡萄酒，配合料理變換葡萄酒也很有樂趣。

☎0599-57-2035 **MAP** 附錄②10 E-1
⌚11:00～13:00、17:30～19:00（午晚皆需預約）休不定休 所志摩市磯部町的矢883-12 交近鐵志摩磯部站車程15分（餐點5800円以上提供自志摩磯部站接送的服務，需預約）P免費

大快朵頤麵衣酥脆，內部多汁的的矢牡蠣

炸牡蠣套餐
1836円
炸牡蠣搭配的是自家製的塔塔醬。附石蓴天婦羅和沙拉

↑用餐時可眺望的矢灣的美景

的矢
まごころの宿 丸定
●まごころのやどまるさだ

夫婦經營的家庭旅宿。不用住宿也能吃到使用老字號佐藤養殖場的牡蠣料理。中午推薦炸牡蠣套餐，另外單點生牡蠣或貝類料理也不錯。晚上以牡蠣全餐最有人氣，夏天的岩牡蠣也大受好評。

☎0599-57-2248 **MAP** 附錄②10 E-1
⌚12:00～13:30（14:00閉店）、18:00～20:00（需預約）休不定休（來店前需洽詢）所志摩市磯部町的矢934-5 交近鐵鵜方站車程10分 P免費

請輕鬆品嘗新鮮的牡蠣料理

↑老闆西村夫婦

預算
午 1836円～ 晚 4320円～

的矢
旅館 橘
●りょかんたちばな

的矢牡蠣的豪華全餐大受好評的料理旅館。館內有價格平易近人的餐廳，含生牡蠣、炸牡蠣、牡蠣飯的「的矢御膳」人氣最高。

☎0599-57-2731 **MAP** 附錄②10 E-1
⌚11:30～14:30、17:00～20:00（午晚皆需預約）休無休 所志摩市磯部町的矢310 交近鐵·志摩磯部站車程15分（用餐5800円享志摩磯部站接送服務，需預約）P免費

預算
午 2160円～
晚 5800円～

這道也很推薦
的矢牡蠣味覺全餐 5800円

眺望的矢灣，享用濃郁的的矢牡蠣，令人非常滿足

可眺望的矢灣的美景

建於高丘上，

的矢牡蠣御膳
2160円
午餐限定
在視野良好的餐廳享用生牡蠣2顆，炸牡蠣、牡蠣飯等料理

接觸海女文化，
享用地爐燒烤的新鮮海產

海女小屋體驗

海女據傳擁有3000年歷史。一邊接觸海女的歷史、文化和生活，享用極品烤海鮮。

和具
海女小屋体験 火場・広の浜
●あまごやたいけんひばひろのはま

海女在眼前為您燒烤，大快朵頤熱騰騰的海鮮吧！

※海女不在時，則由身著海女服裝的店員前來服務

為了讓大家知道志摩流傳至今的海女文化，在2017年開張的店。以海女小屋為概念的空間內，有身著海女服裝的店員，或是現役、前海女在眼前的地爐旁碳烤新鮮海產。

☎0599-77-7327　MAP 附錄②10 D-4
⏰10:00～15:00（營業時間外需洽詢）
休不定休　所志摩市志摩町和具1641-1
🚉近鐵賢島站車程30分
🅿免費

眼前是遼闊的太平洋，附近還可看到小的島嶼

店內展示海女實際使用的道具和多項資料

濱口フミエ小姐

←海女

←新鮮到可以生吃的軟絲碳烤烹調後堪稱絕品。有家庭味道的手捏壽司也大受歡迎

這道也很推薦

箱押壽司
1人份500円

←照片為3人份。其他還有伊勢龍蝦、鮑魚（各2500円～）

廣之濱御膳　90分1人份3500円
碳烤海螺（2個）、海扇蛤（2個）、乾物（2種）、軟絲。附手捏壽司、煮物、石蓴湯、小菜、漬物（碳烤的圖片為3人份）
3名以上起餐，需於2天前預約

可體驗變身成海女
1個團體最多有2名女性可免費體驗。拍下紀念照片，為旅途留下回憶吧！

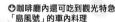

越賀
海女小屋体験施設 さとうみ庵
●あまごやたいけんしせつさとうみあん

跟海女聊天也好開心

海女會在地爐旁烤新鮮海產，還能聽到平常聽不到的漁撈故事。3名以上起餐，需於2天前預約。2名預約需洽詢。

☎0599-85-1212　MAP 附錄②10 D-3
⏰11:00～19:00
休不定休　所志摩市志摩町越賀2279
🚉近鐵鵜方站搭三重交通巴士往御座港55分，あづり浜下車即到　🅿免費

←建築物維持海女小屋的氛圍

烤海鮮
海女在眼前

基本全餐（3名以上）
3780円
附海扇蛤（2個）、海螺（2個）、北魷（1條）、乾物（2種）、石蓴味噌湯、羊棲菜鍋飯

←加點菜單伊勢龍蝦（10～4月，3240円）。3～9月的加點菜單為鮑魚（3240円）

在伊勢志摩高峰會紀念館
盡情享用當地美食

賢島站
カフェ サミエール

為了紀念2016年於賢島舉辦的伊勢志摩高峰會所建的伊勢志摩高峰會紀念館位於賢島站2樓。咖啡廳除了特製料理之外，還能品嘗到用來招待各國首相的三重縣產日本酒和特產啤酒。

←咖啡廳內還可吃到觀光特急「島風號」的車內料理

MAP 附錄②11 A-4
☎0599-52-0761
⏰9:00～17:00（準同伊勢志摩高峰會紀念館）　休無休（準同伊勢志摩高峰會紀念館）
所志摩市阿兒町神明747-17 近鐵賢島駅2F 伊勢志摩サミット記念館サミエール內
🚉直通近鐵賢島站　🅿無（賢島站前有市營免費停車場）

高峰會多利亞焗飯套餐　1000円
使用和G7相關食材的多利亞焗飯套餐

伊勢神宮・二見 P.14
鳥羽 P.51
◆志摩（志摩美食）
松阪 P.94
旅行伴手禮 P.100
嚴選住宿 P.104

極品美食

簡樸的鮑魚排可以吃到鮑魚原本的味道

鮑魚排 2500円
用鹽和胡椒、醬油烤酒蒸鮑魚的簡樸料理。鮑魚的肉身出乎想像地柔軟

波切燈塔前
東洋一
●とうよういち

鮑魚等當季海鮮料理都是極品

↑店主 林先生

烤海螺、烤海膽等海產料理拼盤大受好評的餐廳。鮑魚為這附近最早登場的店家，老闆表示3～6月的鮑魚吃起來最鮮美。

☎0599-72-0531
MAP 附錄②10 F-4
🕘9:00～15:30（16:00閉店）
休無休　所志摩市大王町波切灯台前　近鐵鵜方站搭三重交通巴士往御座港20分，波切下車，步行5分　P無

↑海女招牌為標記

預算
午1000円～

這道也很推薦
貝類拼盤 2500円

濱島
網元の店 八代
●あみもとのみせやしろ

老闆為定置漁網的經營者，因此有很多當天打撈的新鮮漁產菜單。「伊勢龍蝦大漁丼」上面擺放豪邁的伊勢龍蝦，剩下的蝦頭用來煮味噌湯，味道濃郁有深度

☎0599-53-0606
MAP 附錄②10 D-4
🕘11:00～14:00、17:00～20:00　休週三　所志摩市浜島町浜島1776-4　近鐵鵜方站搭三重交通巴士往宿浦20分，朝日山下車，步行10分　P無（有停車空間）

位於從大馬路旁的小巷裡

這是漁夫的店，敬請期待新鮮的海產！

↑老闆 山本先生

預算
午1080円～
晚1620円～

這道也很推薦
特上大漁蓋飯 午2160円 晚2700円

伊勢龍蝦大漁丼 3240円
配料為濱島產的伊勢龍蝦和定置網捕獲的海產。是季節限定，來店前請確認

使用整條伊勢龍蝦，鮮度超群的豪邁丼飯

其他!!

在可以捕獲到豐富海產的志摩，有很多鮑魚、伊勢龍蝦、鰹魚手捏壽司、海鮮蓋飯的名店

對鮮度有信心！精選約15種配料

海鮮丼 2700円
紅金眼鯛、竹莢魚、褐石斑魚、鯛魚、鰹魚、鮪魚、蝦等，放上當日進的約15種配料

鵜方
おとや

歡迎來吃當地海產

預算
午1500円～
晚2000円～

↑店長 北村先生

明治41（1908）年創業的老字號壽司店。可以平易近人的價格享用採用新鮮當地配料的握壽司。除了「海鮮丼」之外，壽司飯裡混入生薑、蘘荷、紫蘇葉，並加上沾有特製醬汁的鰹魚生魚片的「手捏壽司」也大受好評。鮑魚生魚片也很有人氣。

深受當地人喜愛的老字號

有吧檯座和和式座位

☎0599-43-0074　**MAP** 附錄②11 B-4
🕘12:00～13:30、17:00～20:30　休週三
所志摩市阿児町鵜方1692　近鐵鵜方站即到
P免費

這道也很推薦
手捏壽司	1620円
鮑魚料理	3000円～
特上壽司	2700円

標榜元祖的手捏壽司專賣店

海女手捏（正常分量）800円
鰹魚入口即化的口感鮮甜美味

濱島
プリンス

這間店早在40年前就推出漁夫所吃的醃漬鰹魚和醋飯結合的手捏壽司。不將鰹魚混入飯中，而是鋪在飯上是老闆的想法。

☎0599-53-0157　**MAP** 附錄②10 D-4
🕘11:30～17:30（18:00閉店，售完即打烊）
休週三（逢假日則翌日休）　所志摩市浜島町浜島1787-17　近鐵鵜方站搭三重交通巴士往宿浦20分，朝日山下車即到　P免費

↑可輕鬆入店的氛圍也很受好評

預算
午1000円～

這道也很推薦
醬油烏龍麵、手捏壽司套餐 700円

的矢
海の幸料理 みやま亭
●うみのさちりょうりみやまてい

備有伊勢灣和鳥羽鮮魚的料理店。可從牡蠣、炸特產魚、柳川鰻魚等選擇主食的「みやま御膳」、地爐碳烤、魚類的單點料理最有人氣。有和式座位和高席座，人數眾多也可接待。

☎0599-43-1311
MAP 附錄②10 D-2
🕘11:00～13:30、17:00～20:30　休週三　所志摩市阿児町鵜方4990　近鐵鵜方站步行15分　P免費

↑店內有吧檯席、餐桌席、和式座位，相當寬敞

預算
午1150円～
晚1550円～

這道也很推薦
季節漬丼 1550円

鋪滿鰹魚的當地名產蓋飯

鰹魚手捏壽司 1550円
鋪著滿滿的鰹魚。附小菜、味噌湯、茶碗蒸、甜點

↑質感傢俱、雜貨令人怦然心動的寬敞店內

國府白濱
SHEVRON CAFE
● シェブロンカフェ

建於可眺望國府之濱的山上，深受衝浪客喜愛的咖啡廳。二手古董傢俱和雜貨搭配的室內裝潢時髦有質感。

☎0599-47-4747　**MAP** 附錄②10 F-1

⌚11:00～21:00　休不定休　所志摩市阿兒町国府3517-16　交近鐵鵜方站搭三重交通巴士往安乘14分，国府白浜下車，步行8分　P免費

預算	
午 1000円～	晚 1500円～

其他菜單	
漢堡	740円
酸奶牛肉（夜間限定）	790円

懷舊氛圍相當迷人的彷彿海邊小屋般的

←午餐的米飯漢堡套餐，附飲料1100円

↓栗子地瓜鬆餅860円

衝浪客也常來，可感受海風的咖啡廳

感受海風，享受幸福的午間時光

時間流動緩慢的臨海之城。眺望海景，享用美食，一邊感受浪潮的味道一邊談天說笑，能夠度過這樣的時光也很美好。

海邊餐廳&咖啡廳

大片窗戶外是一整片遼闊的海洋

市後濱
Ristorante HIRO
● リストランテヒロ

可俯瞰擁有美麗沙灘的市後濱的義式料理店。平日午餐為2500円的主廚精選全餐，附自製甜點。

☎0599-45-3915　**MAP** 附錄②10 F-2

⌚11:30～13:15 18:00～20:30（需預約）　休週二（淡季為隔週週一休）　所志摩市阿兒町志島いちご867-1　交近鐵鵜方站車程20分　P免費

預算	
午 2500円～	晚 5000円～

其他菜單	
伊勢龍蝦義大利麵（單點2名起餐）1盤2人份6000円	

→市後午間套餐2500円（僅在平日午餐時間提供）可選擇喜歡的義大利麵

從大片窗戶可一覽海景，享受奢侈的午餐時光
海邊POINT

安乘崎
dining cafe Faro
● ダイニングカフェファロ

建於安乘崎燈塔前方的咖啡廳。每天更換的Faro午間套餐限定10客。主食為使用早上在安乘捕獲的魚調理成的炸魚或照燒魚。

☎090-7034-0816　**MAP** 附錄②10 F-1

⌚9:00～16:30（視季節而異）　休週二、第1、3週三　所志摩市阿兒町安乘794-1　交近鐵鵜方站搭三重交通巴士往安乘20分，安乘口下車，步行20分　P免費

預算	
午 850円～	

其他菜單	
薑燒豬肉午間套餐（附4種小菜）1080円	
海帶根烏龍麵 680円	

↑紅色屋頂為標誌

歡迎來品嘗新鮮的魚類料理
谷先生　片山先生

使用當地魚類和手工塔塔醬搭配而成的Faro漢堡400円

在英虞灣前享用當地食材製作的午餐

海邊POINT
從吧檯座和外面的露台座可看到英虞灣

↑Faro午間套餐1080円。主食為大塊的炸竹莢魚。到3月底僅週六、日、假日提供

二見 神宮‧
P.14
鳥羽
P.51
志摩
海邊餐廳&咖啡廳
松阪
P.94
旅行伴手禮
P.100
嚴選住宿
P.104

磯部
CAFE JACK
● カフェジャック

建於靜謐海灣旁的咖啡廳。店裡播放寧靜的爵士樂，帶有成熟風味的空間。可盡情感受早晚呈現不同表情的海面之美。

☎090-8964-3174　ＭＡＰ附錄②10 D-1
⏰10:00～19:00　休週二　所志摩市磯部町穴川1365-10
伊勢サンクチュアリRVリゾート 1F　近鐵鵜方站車程10分　Ｐ免費　※未滿18歲不可入店

預算	
午 1000円～	晚 1500円～

其他菜單
蛋包飯 800円

➔撒滿起司粉的熱呼呼拿坡里義大利麵800円

外面的甲板席彷彿浮在水面上

從這裡看夕陽美不勝收
老闆　Jack Amano先生

➔優雅的紳士出來迎接
➔以白色和藍色為基調的開放式店內可一覽海景

在水邊的甲板上手拿酒杯享受寧靜時光
海邊POINT

濱島町
\2019年2月重新開幕/
スペイン料理 RIAS by Kokotxa
● スペインりょうりリアスバイココチャ

志摩地中海村的餐廳，可以品嘗到與巴斯克地區的知名店「Kokotxa」聯合推出的料理。

ＭＡＰ附錄②10 D-2
☎0599-52-1226（志摩地中海村）
⏰11:30～14:00 (LO13:30)、17:30～21:00 (LO20:00)　休不定休　所志摩市浜島町迫子2619-1　近鐵鵜方站車程15分　Ｐ免費

➔從店內野可看到海景。陶瓦牆壁令人印象深刻

預算	
午 5000円～（未含稅）	晚 10000円～（未含稅）

其他菜單
午間全餐 7000円（未含稅）
晚間全餐 10000円（未含稅）

➔有許多在傳統巴斯克料理加入獨創性的新穎菜色

從豪爽的露台座可一覽英虞灣

海邊POINT
從露台座和店內餐桌席都可眺望英虞灣

海邊POINT
在開放的木頭甲板上感受海風，享受悠閒一刻♪

閃耀於眼前的海面和藍天！

國府白濱
PaAni
● パアニ

由喜歡衝浪的老闆經營，充滿夏威夷風情的咖啡廳。「米飯漢堡」等分量滿點的料理和手工蛋糕都很美味。

ＭＡＰ附錄②10 E-2
☎0599-47-5233
⏰11:00～17:00
休週一、第4週二
所志摩市阿兒町國府1716-1
近鐵鵜方站車程15分　Ｐ免費

建於國府白濱海岸附近的夏威夷風咖啡廳

雖然看不到海，但店內擺設衝浪用具，令人感受到海的氣氛
海邊POINT

➔椰子聖代 810円

1058円 陳皮雞套餐

預算	
午 1000円～	

其他菜單
巴西莓果碗 1058円
米飯漢堡 918円

➔位於著名衝浪景點國府白濱海岸附近，洋溢著南國風情的店

大王町
HOTEL & RESTAURANT 槙之木
● ホテルアンドレストランまきのき

位於登茂山的小飯店，也可只到餐廳用餐。可伴隨美麗海景享用當地產的海鮮料理。

☎0599-72-4155　ＭＡＰ附錄②10 E-3
⏰11:30～14:00、17:30～20:00（需預約）
休不定休　所志摩市大王町波切ともやま2235-13　近鐵鵜方站車程20分　Ｐ免費

➔全餐菜色之一，使用新鮮海產的料理全部都是極品。

預算	
午 1626円～	晚 5400円～

其他菜單	
海鮮咖哩套餐	1620円
槙之木晚間全餐	5400円

➔在店內的餐桌席也可看到眼前的海景

TOSCANA
鵜方　MAP附錄②10 D-2
●トスカーナ　☎0599-46-0088　美食

使用志摩食材，享用道地義式料理

可品嘗到使用當地志摩和義大利食材的多種義式料理。有可挑選各種醬的義大利麵及披薩，伊勢龍蝦的番茄奶油義大利麵最有人氣。

🕐11:30～14:30（週六日、假日11:00～）、17:00～21:00　🈺週一（逢假日則翌日休）　所志摩市阿兒町鵜方1224-3　🚉近鐵志摩橫山站步行5分　Ｐ免費

¥預算 午1000円～ 晚1700円～

→梭子蟹義大利麵 番茄奶油醬1390円。使用整隻梭子蟹鮮甜美味，充滿醬料和梭子蟹的

伊勢現代美術館
南伊勢　MAP附錄②11 B-2
●いせげんだいびじゅつかん　☎0599-66-1138　景點

藝術與自然融合的美術館

建於伊勢志摩國立公園內沿海地帶，可在美麗的大自然中欣賞現代藝術。想遠離日常塵囂，度過靜謐的時光。

🕐10:00～16:30　🈺週二、三（逢假日則翌日休）　¥700円　所南伊勢町五ヶ所浦湾場102-8　🚉JR/近鐵伊勢市站搭三重交通巴士往五所50分，南勢野添下車，步行15分　Ｐ免費

→可以只去美術館商店和咖啡廳

志摩是沉降海岸美景相當迷人的地區，也是著名的海邊度假勝地。可從燈塔和展望台眺望海景，還有可感受大自然的體驗活動。到因舉辦伊勢志摩高峰會而備受矚目的英虞灣島嶼賢島散步也是不錯的選擇。

特集介紹！
●名產美食‥‥‥‥‥‥‥‥P.84～87

御座白濱海水浴場
御座　MAP附錄②11 C-3
●ございしらはまかいすいよくじょう　☎0599-88-3326　景點
（御座白濱觀光組合）

有廣闊美麗白濱的遠淺之海

位於先志摩半島前端，遠淺、透明度高的海，有廣闊美麗白濱的海灘上有許多海水浴遊客，熱鬧非凡。

🕐游泳期間7～8月　所志摩市志摩町御座　🚉近鐵鵜方站搭三重交通巴士往御座港60分，御座白浜下車即到　Ｐ1日1000円

→遠淺且風平浪靜的海邊最適合做海水浴

坂のうえ
濱島町　MAP附錄②11 C-2
●さかのうえ　☎090-5113-8877　咖啡廳

使用當地食材的午間套餐

深受當地女性喜愛的隱藏午餐名店。推薦附9種熟食主菜的坂のうえA套餐（1296円）。熟菜每天更換，可從當中挑選。

🕐11:00～15:00（15:30閉店）　🈺週一（有臨時休業）　所志摩市浜島町桧山路31-26　🚉第二伊勢道路、鳥羽南·白木IC車程約30分　Ｐ免費

→屋外也有露台座

天岩戶
磯部　MAP附錄②2 E-3
●あまのいわと　☎0599-46-0570　景點
（志摩市觀光協會）

清水湧出的傳說洞窟

位於從伊勢道路稍微往裡面，神路川上游山中的洞窟，傳說中天照大御神就是隱身於此。

🕐🈺自由參觀　所志摩市磯部町恵利原　🚉近鐵志摩磯部站車程15分　Ｐ免費

→有個風吹不斷的風穴

→此處有清水湧出。是和天照大御神有所淵源的景點

前往志摩海上的名橋
景點

志摩大橋
奧志摩象徵性的橋
しまおおはし
☎0599-46-0570
（志摩市觀光協會）
MAP附錄②10 D-3

架於珍珠之海英虞灣的國道260號之橋。因為橋是珍珠色，因此通稱為「志摩珍珠橋」。

→筏漂浮的英虞灣

所志摩市志摩町和具　🚉近鐵鵜方站車程30分　Ｐ無

志摩丸山橋
可一覽英虞灣的橋
しままるやまばし
☎0599-46-0570
（志摩市觀光協會）
MAP附錄②10 E-3

長318m，寬10.5m。位於國道260號途中，連結沉降海岸的岸與岸。是可眺望英虞灣的舒適景點。

→現代化的形狀令人印象深刻

所志摩市志摩町片田～布施田　🚉近鐵鵜方站車程25分　Ｐ免費

的矢灣大橋
襯托海洋和綠色自然的紅橋
まとやわんおおはし
☎0599-46-0570
（志摩市觀光協會）
MAP附錄②10 E-1

架於的矢灣上的紅橋，有連接鳥羽和志摩的珍珠路通過。牆旁有展望台，可欣賞海灣與橋打造出來的絕景。

→形狀與周圍的對比美不勝收

所志摩市磯部町的矢　🚉近鐵志摩磯部站車程15分　Ｐ免費

旅遊情報！

PEARL SHUTTLE
伊勢神宮 內宮⇔伊勢志摩
直達近鐵度假村飯店 高速巴士

善用連結內宮和志摩飯店的便利巴士

連結伊勢神宮 內宮和志摩地區飯店的直達巴士「PEARL SHUTTLE」每日運行（正月除外）。直達內宮和「志摩西班牙村酒店」、「賢島寶生苑」、賢島站、「志摩觀光飯店」、「海邊飯店Prime Resort賢島」的各飯店、車站。上午有內宮方向2班，下午有飯店方向2班。採在網路（www.kanko-pro.co.jp/pearlshuttle）或電話事先預約制。

☎052-253-6324
（觀光販売システムズ）

¥單程大人1000円

照片為示意圖

→讓內宮和志摩的交通更加便利

※運行型態：
高速共乘巴士

伊勢神宮・二見 P.14

鳥羽 P.51

志摩 地區導覽

松阪 P.94

旅行伴手禮 P.100

嚴選住宿 P.104

日本 10大絕景寺社

1 嚴島神社
いつくしましんしゃ

人人出版
日本神社與寺院之旅
作者：K&B PUBLISHERS
規格：224頁 / 14.6 x 21 cm
定價：450 元

一輩子一定要去一次的朝聖之旅

花與紅葉的絕景寺社
日本10大絕景寺社
超美主題別的絕景寺社

櫻花

紅葉

神社與寺院不僅是日本人的信仰象徵，也與日本人的生活有著密切的聯繫。本書帶您依主題走訪超過130間的神社與寺院！朝聖＋賞景，一輩子絕對要去一次！精美的大圖、詳細的解說、參訪＆交通資訊、周邊的觀光景點地圖。更有大型經典、神社與寺院的建築、宗派等知識，參訪四季的美景與祭典格外教人感動！

水邊的神社

山頂的神社 || 斷崖絕壁上的寺院

擁有美麗五重塔的寺院 || 庭園景觀優美的寺院

大王町 | MAP附錄②10 F-4

かつおの天ぱく
鰹いぶし小屋

●かつおのてんぱく
かつおいぶしごや

📞0599-72-4633
（かつおの天ぱく事務所）

景點

參觀柴魚片的製作過程

前往大王埼燈塔散步途中可繞道一遊的景點。在歷史悠久的建築物中參觀柴魚的傳統燻製過程，也有販售伴手禮。

🕐11:00～12:00、15:00～16:00(需預約) 休週三、六、日、假日 ¥2000円(含試吃、試飲) 🚉志摩市大王町波切393 🚃近鐵鵜方站車程20分 P免費

⬆解說製作方法，可試喝高湯，是愉快的參觀活動

賢島大橋
かしこじまおおはし

MAP附錄②11 A-4

📞0599-46-0570
（志摩市觀光協會）

景點

著名的夕陽名勝

相當於賢島入口的橋。從這裡可看到照耀在珍珠筏上的美麗夕陽，獲選為「日本夕陽百選」。

🚉志摩市阿兒町神明 🚃近鐵賢島站步行5分 P無

➡美麗自然的名勝景點

志摩海洋公園
しまマリンランド

MAP附錄②11 B-4

📞0599-43-1225

景點

人氣的翻車魚和企鵝

巨大翻車魚雕像相當引人注目的水族館。悠遊自在的翻車魚最有人氣。依季節，週六、日、假日14時起有觸摸企鵝活動，可和企鵝接觸、拍紀念照片。（前30名，需預約，收費）

🕐9:00～16:30(視季節而異) 休無休 ¥1400円 🚉志摩市阿兒町神明723-4 🚃近鐵賢島站即到 P免費

⬆表情看起來很逗趣的翻車魚

松井珍珠店
まついしんじゅてん

MAP附錄②11 A-4

📞0599-43-1015

購物

復古店面的老字號珍珠店

從平價的珍珠製品到高級品、古董珍珠應有盡有。

🕐9:00～17:00 休無休 🚉志摩市阿兒町神明733-4 🚃近鐵賢島站即到 P無(使用市營停車場)

➡店內有很多舊傢俱

賢島 | MAP附錄②11 A-4

伊勢志摩高峰會紀念館 Sum Miel
●いせしまサミット
きねんかんサミエール

📞0599-44-0205
（志摩市綜合政策課）

景點

介紹高峰會的情況和三重文化

紀念2016年舉辦的伊勢志摩高峰會，展示當時實際使用的圓桌和各國元首留下的芳名帳。也會透過展示板和影像介紹G7時也宣揚過的三重自然及飲食文化。

🕐9:00～17:00 休無休 ¥免費入館 🚉志摩市阿兒町神明747-17 近鐵賢島站2F 🚃近鐵賢島站站內 P無

元首會議室用的圓桌和椅子。只能試坐日本的位子

「珍珠養殖」的發源地

賢島
かしこじま

MAP附錄②11 A-3,A-4,B-3,B-4

英虞灣上占地最廣的島嶼，開發為志摩觀光的據點。以珍珠養殖和美麗的景觀聞名，也是遊艇和觀光船的出入口。

⬆一覽珍珠筏漂浮的美麗英虞灣

賢島Espana Cruise
かしこじまエスパーニャクルーズ

MAP附錄②11 A-4

📞0599-43-1023
（志摩MarineLeisure賢島營業所）

玩樂

搭帆船型遊覽船巡航

約50分周遊英虞灣的遊覽船。眺望美麗的沉降海岸和珍珠筏，途中還可繞到珍珠工場參觀。

🕐9:30～16:30(11月～3月20日為～15:30) 休無休 ¥1600円 🚉志摩市阿兒町神明752-11(賢島) 🚃近鐵賢島站旁的賢島港出航 P免費

➡近鐵賢島站旁的賢島港出航

➡在珍珠工場參觀養殖珍珠植入珠核的實際作業過程

⬆搭三桅帆船ESPERANZA優雅巡航於島嶼之間

前往 心形峽灣

只有從位於南伊勢町鵜倉園地的見江島展望台才能看到峽灣「KASARAGI池」呈現愛心形狀的樣子！雖然有點遠，但值得前來一遊！

完美的愛心形狀令人雀躍

鵜倉園地
●うぐらえんち　MAP附錄②3 C-4

☎0599-66-1717（南伊勢町観光協会）
⏰休¥自由參觀　所南伊勢町奈屋浦漁港附近
🚌伊勢自動車道、玉城IC車程1小時　P免費

磯部　MAP附錄②10 D-1

川うめ
●かわうめ　☎0599-55-0007　美食

主打鰻魚料理的老字號

天保元（1830）年創業至今的老字號名店。名產「川うめ丼」是將香烤細切鰻魚擺在飯上的料理。

⏰11:00～19:15（LO）
休不定休
所志摩市磯部町迫間3-3
🚄近鐵
志摩磯部站即步行10分
¥免費

¥預算
午1800円～
晚2200円～

B A
1 2
8 4
0 0
0 0
円 円

紫蘇風味的清爽「川うめ丼」

志島　MAP附錄②10 F-2

市後濱
●いちごはま　☎0599-46-0570
（志摩市観光協會）　景點

眺望海浪間的衝浪客

白沙和透明海水描繪出連綿的弧形海岸，是關西圈有很多衝浪客會聚集於此的衝浪聖地。7～8月可以看到文珠蘭盛開於海邊的美麗景色。

⏰休¥自由參觀　所志摩市阿児町志島
🚌近鐵鵜方站搭三重交通巴士的志島循環20分，志島農協前下車，步行10分
P使用市後濱停車場（1日1000円）

白色海濱和遠淺的蔚藍海洋呈現美麗對比色

鵜方　MAP附錄②10 D-2

つぼ亭
●つぼてい　☎0599-46-0922　美食

可以吃到樣式豐富的手工西餐

老闆娘坪井祐子小姐徹底發揮廚藝，菜單每天替換，可從數種主食料理中挑選自己喜歡的菜色。

⏰11:00～14:30、18:00～20:30
休週四、週五午間　所志摩市阿児町鵜方小向5183　🚄近鐵鵜方站步行15分　P免費

¥預算
午800円～
晚1200円～

可從豐富的菜單中選擇喜歡的料理

鵜方　MAP附錄②11 C-4

松阪牛肉亭 長太屋
●まつさかぎゅうにくていちょうだや　☎0599-44-5555　美食

有烤肉、宴席料理等豐富的菜色

位於鵜方站附近的肉類料理店。在松阪市自家牧場飼養的松阪牛可吃到別處沒有的軟嫩肉質。

⏰11:00～14:00、16:30～21:00　休週四（逢假日則營業，另擇日休）　所志摩市阿児町鵜方2417-8
🚄近鐵鵜方站步行12分　P免費

¥預算
午1000円～
晚2500円～

松阪牛肉全餐長右衛門4100円

國府白濱　MAP附錄②10 E-2

志摩公園高爾夫球場
●しまパークゴルフじょう　☎0599-47-0880　玩樂

國府白濱海邊的遼闊場地

只要有專用球和1根高爾夫球桿就能玩的公園高爾夫大人小孩都能遊玩。也有200円的租借球桿。

⏰8:30～16:00（受理）　休無休（視天候閉園）
¥1次（4場36洞）800円，國中以下300円
所志摩市阿児町国府3025-36
🚄近鐵鵜方站車程15分　P免費

一邊眺望海景一邊打高爾夫的奢華享受

和具　MAP附錄②10 D-3

HA·菜·REあじろ
●ハナレあじろ　☎0599-85-7333　美食

伊勢龍蝦點綴美麗的醃菜

海女小屋風格的外觀，是相當新穎的居酒屋。由於位於和具漁港附近，海產鮮度當然不在話下。料理都是使用當天打撈的食材。

⏰18:00～24:00　休週二　所志摩市志摩町和具781-3　🚄近鐵鵜方站搭三重交通巴士往御座港50分，和具東下車即到　P免費

¥預算
晚3000円～

將新鮮海產妝點成時髦拼盤登場

越賀　MAP附錄②10 D-3

珍珠工坊「珍珠之里」
●しんじゅこうぼうしんじゅのさと

☎0599-85-0515　玩樂

體驗製作珍珠首飾

位於珍珠的主場·英虞灣的珍珠養殖場。體驗活動從珍珠筏打撈貝類開始，然後將取出的珍珠穿孔，按照個人喜好製作戒指、耳環、墜飾、手機吊飾等個人特製的寶石飾品。其他還有海上BBQ活動。

所需時間1小時

打開貝殼，取出珍珠

將珍珠穿孔接在喜歡的飾品上

完成全世界獨一無二的珍珠飾品

完成！

體驗從珍珠筏打撈貝類開始

取出珍珠&製作飾品體驗

1500円+零件費用

使用自行取出的珍珠，製作世界獨一無二的首飾。需時約1小時，國小生以上可參加。※零件費用墜飾1000円～、戒指1500円～、耳環1500円～、吊飾500円～等。

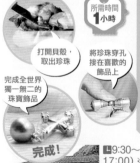

⏰9:30～16:00（結束營業17:00）※需預約，可當日預約　休週二　所志摩市志摩町越賀1125-88　🚄近鐵鵜方站車程35分　P免費

位於英虞灣入口的珍珠養殖場

二見·伊勢神宮 P.14
鳥羽 P.51
志摩
地區導覽／近鐵觀光特急「島風號」
松阪 P.94
旅行伴手禮 P.100
嚴選住宿 P.104

從名古屋·京都·大阪前往伊勢志摩
美景不間斷的頂級列車之旅

近鐵 觀光特急「島風號」

鳥羽站附近的路段幾乎是沿海奔馳！

寬敞的座位從大片車窗可眺望美景。 伴隨著止不住的興奮前往伊勢志摩。

搭乘設備完善的觀景列車

連結大阪難波、京都、近鐵名古屋2站與志摩賢島站的近鐵觀光特急。於2013年伊勢神宮式年遷宮時開始運行，2019年將迎接6週年。有適合家庭的和風包廂和有L字型沙發的洋式包廂等多種座位類型。

洽詢處
近鐵電車客服中心
☎050-3536-3957
(8:00～21:00年中無休)

購買方式
①從網站購買
可從乘車日前1個月的10:30起在「近鐵電車 網路預約、購票服務」購買
②在近鐵車站或透過旅行社購買
可從乘車日前1個月的10:30起在近鐵主要車站的特急售票處和主要旅行社窗口購買

樂趣多多！ 多元的魅力

咖啡廳的人氣餐點是這個！
搭配海鮮配料的瓦倫西亞風「海鮮抓飯」1400円（附礦泉水）

咖啡座車廂
↑設於2樓，可欣賞窗外景色悠閒。提供和沿線名產相關的餐點

高級座椅
↑座位前後間隔是私鐵最大的125cm，相當寬敞舒適，使用真皮的座位彷彿沙發般柔軟，附電動斜躺功能 推薦

洋式包廂
↑面對窗戶的寬敞L型沙發，宛如在自家客廳般自在的空間。3～4名用
※包廂費用另計(1間1030円)

和式包廂
↑挖洞暖爐桌式的座位，沉著穩重的裝潢，可脫掉鞋子輕鬆度過的包廂。3～4名用
※包廂費用另計(1間1030円)

展望車廂
↑最前頭的車廂前方和兩側配置著大大的玻璃窗，可盡情享受窗外流動的景色。

沙龍座席
↑附隔板的對座桌型座位，最適合團體旅遊，4～6名用

運行DATA

大阪難波站～賢島站間

費用 大阪難波～伊勢市、宇治山田 3940円
大阪難波～鳥羽 4680円
大阪難波～鵜方、賢島 4950円

運行日 週二以外每天

時刻表 ※記載週六、日、假日的班次

大阪難波→賢島		賢島→大阪難波	
大阪難波**出發**	10:40	賢島**出發**	16:00
大阪上本町**出發**	10:43	鵜方**出發**	16:05
鶴橋**出發**	10:46	鳥羽**出發**	16:31
大和八木**出發**	11:11	宇治山田**出發**	16:42
抵達伊勢市	12:16	伊勢市**出發**	16:44
抵達宇治山田	12:19	**抵達**大和八木	17:49
抵達鳥羽	12:31	**抵達**鶴橋	18:15
抵達鵜方	12:56	**抵達**大阪上本町	18:18
抵達賢島	13:02	**抵達**大阪難波	18:21

京都站～賢島站間

費用 京都～伊勢市、宇治山田 4650円
京都～鳥羽 4920円
京都～鵜方、賢島 5560円

運行日 週三以外每天

時刻表 ※記載週六、日、假日的班次

京都→賢島		賢島→京都	
京都**出發**	10:00	賢島**出發**	14:50
近鐵丹波橋**出發**	10:07	鵜方**出發**	14:55
大和西大寺**出發**	10:33	鳥羽**出發**	15:20
大和八木**出發**	10:55	宇治山田**出發**	15:32
抵達伊勢市	12:02	伊勢市**出發**	15:35
抵達宇治山田	12:04	**抵達**大和八木	16:39
抵達鳥羽	12:15	**抵達**大和西大寺	17:05
抵達鵜方	12:41	**抵達**近鐵丹波橋	17:30
抵達賢島	12:47	**抵達**京都	17:38

近鐵名古屋站～賢島站間

費用 近鐵名古屋～伊勢市、宇治山田 3590円
近鐵名古屋～鳥羽 3850円
近鐵名古屋～鵜方、賢島 4610円

運行日 週四以外每天

時刻表 ※記載週六、日、假日的班次

近鐵名古屋→賢島		賢島→近鐵名古屋	
近鐵名古屋**出發**	10:25	賢島**出發**	15:40
近鐵四日市**出發**	10:54	鵜方**出發**	15:45
抵達伊勢市	11:40	鳥羽**出發**	16:11
抵達宇治山田	11:42	宇治山田**出發**	16:23
抵達鳥羽	11:54	伊勢市**出發**	16:25
抵達鵜方	12:21	**抵達**近鐵四日市	17:14
抵達賢島	12:26	**抵達**近鐵名古屋	17:44

肉在旋轉的「迴轉燒肉」
輕鬆享用松阪牛

必吃
菜色
松阪五花肉
650円
軟嫩的肉質和入口即化
的油脂令人一吃就上癮

這道也很推薦
松阪燒肉涮涮鍋 1200円
松阪牛內臟(拼盤) 350円

※價格全都未含稅　※菜單價格有變更的可能

●いっしょうびんみやまちてん

預算 午 3000円～
　　 晚 3500円～

可品嘗到最高級A5松阪牛
的燒肉。自行從輸送帶上拿
取裝肉的盤子,再自行燒烤
的「迴轉燒肉」形式相當新
潮。可以各個部位都吃到一
些。

●餐桌旁邊有輸送帶

☎0598-50-1200　MAP附錄②12 C-3
⏰迴轉燒肉17:30～21:00(週六日、假日12:00
～14:30、16:30～21:00)、普通座席11:00～
14:30、16:30～22:00(週六日、假日11:00～
22:00)　休不定休　所松阪市宮町堂ノ後144-5
🚃JR/近鐵松阪站車程5分　P免費

●可大啖厚切口感的松阪
牛上等牛舌950円

●可從輸送帶上挑選喜歡
的肉的「迴轉燒肉」

本店也要CHECK!
一升びん 本店　MAP附錄②12 B-4
●いっしょうびんほんてん　☎0598-26-4457
⏰11:00～21:30　休無休　所松阪市南町
232-3　🚃JR/近鐵松
阪站步行15分
P免費
以驚人的平價價格就能
吃到最高級松阪牛肉的
當地人氣燒肉店。

這裡是這樣的地方!
松阪是戰國武將蒲
生氏鄉築城之地。江
戶時代發展以松阪
木棉為主的商業,現
在仍保留當時豪商
的宅邸等舊建築物。
這裡有著名的松阪
牛主產地。

交通資訊
前往松阪的交通資訊
請參閱P.114!

🚗自駕
御城番屋敷周邊 ←──→ 松阪
IC　59　約5km
10分

🚶前往
御城番屋敷周邊 ←──→ 松阪
站　15分

詳細MAP
附錄②12

洽詢處
●松阪市觀光資訊中心
☎0598-23-7771
●松阪市觀光交流課
☎0598-53-4406

想以平易近人的價格享用最高級和牛!

必吃
松阪牛美食

日本三大和牛之一的著名松阪牛有美麗的
霜降和細緻的肉質。雖然給人很高級的印象,
但也有店家以平價價位提供。

壽喜燒　燒肉　涮涮鍋
肉道楽 西むら
●にくどうらくにしむら

午餐時間所提供的外橫膈膜、瘦
肉部位的滿盛拼盤「燒肉午間套
餐」大受好評。牛肉蓋飯(850
円)也很有人氣。店內有和式座
位、吧檯座、餐桌席。
MAP附錄②12 C-4
☎0598-23-4129
⏰11:00～13:30、17:00～21:30
休週一(逢假日則營業)
所松阪市宮町261　🚃JR/近鐵松阪
站步行5分　P免費

這道也很推薦
燉牛舌午間套餐 1620円

燒肉午間套餐A
1840円
也有附內臟的午間套餐
B2160円

平價的
「燒肉午間套餐」

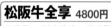
●可視情境選
擇空間

牛排　燒肉
千力 あたご店
●せんりきあたごてん

預算 午 1980円～
　　 晚 2500円～

只提供松阪牛特產A5、A4等級的松阪牛
專賣店。因為會直接購買一整頭牛,因此
可平價提供高級松阪牛。

☎0598-26-0111　MAP附錄②12 C-4
⏰11:00～22:00　休無休　所松阪市宮町中
島338-13　🚃JR/近鐵松阪站步行5分
P免費

預算 午 850円～
　　 晚 3500円～

●松阪市內有3間門市
的人氣店家
●可在BOX席靜靜心來
用餐

松阪牛全享 4800円
只使用A4以上的肉,可吃到
各個部位,也會配上內臟

這道也很推薦
※未含稅
燒肉定食 1980円
※只到15:00的午間菜單
松阪牛 內臟拼盤 580円

必吃
菜色
可輕鬆前往的
人氣實力派燒肉店

松阪牛Q&A

松阪牛是什麼?
指在以松阪市為中心的
指定地區飼養的未經產
(未生育過)的黑毛和
種母牛。為了維持品
牌,從生產者到消費者
的過程會以一套「松阪
牛個體識別系統」
進行統一管理。

盛產期是?
全年都可吃到肉,但據
說比起容易中暑的夏
天,因食慾大增,可囤
積脂肪的冬天比較好
吃。此外,要判斷肉的
熟成程度是非常困難
的,因此各家店都會有
專業的廚師來判斷食用
的時機。

要怎麼吃?
松阪市內有很多松阪牛
的店家。雖然不同部位
有不同吃法,但最經典
的吃法是壽喜燒。煮的
時候不要煮過頭,稍微
熱一下比較能吃到軟嫩
的肉質。另外推薦可吃
到肉本身味道的燒肉和
牛排。

享用老字號的壽喜燒

關注

令美食家讚嘆不已的名店口味

想在傳統的2大名店享用頂級松阪牛，體驗頂級的享受。

自古流傳的牛鍋屋風情的

↑細緻的霜降帶出頂級的風味 壽喜燒8672円

牛銀本店
ぎゅうぎんほんてん

創業於明治35（1902）年，將牛肉的美味推廣給平民百姓的老字號。不使用佐料，而是直接用砂糖和醬油調味的松阪流「壽喜燒」為名產。

☎0598-21-0404　MAP附錄②12 B-3
🕐11:00～19:00（2名～）
休週一（逢假日則改週四休，有臨時休業，需洽詢）所松阪市魚町1618
近JR/近鐵松阪站步行15分　P免費

預算
午・晚 8672円～

這道也很推薦
白醬油壽喜燒 8672円～
水炊鍋（涮涮鍋）8672円～

↑碳烤嚴選松阪牛菲力肉的限定菜色

↑充滿老店格調的外觀

在全國區內大啖壽喜燒的名店

和田金
わだきん

擁有自社牧場，從肥育到販售都自行經手。由店員親自在客席間精心燒烤的「壽喜燒」為名產。使用鐵鍋烤肉，並用砂糖、濃醬油、昆布高湯調整味道。

☎0598-21-1188　MAP附錄②12 B-3
🕐11:30～20:00（週六日、假日11:00～）
休第4週二（視月份會更動）
所松阪市中町1878
近JR/近鐵松阪站步行8分
P免費

預算
午・晚 10000円～

這道也很推薦
網燒全餐 13420円～
牛排套餐 17600円～

↑在自社牧場飼育的牛肉堪稱絕品。壽喜燒9570円
↑鮮美肉片搭配嚴選蔬菜享用

↑5樓建築物蔚為壯觀

還有這些樂趣

松阪牛的故鄉擁有豐富的料理菜色，在這裡可以遇見未知的美味。

吃壽司！

寿し萬
すしまん

↑松阪牛握壽司1貫864円

使用特上霜降肉的松阪牛握壽司是其他地方吃不到的美味。

☎0598-21-1891　MAP附錄②12 B-4
🕐11:00～13:30、17:00～21:30（22:00閉店）休週二（逢假日則營業，另擇日休）所松阪市平生町ゆめの樹通り14　近JR/近鐵松阪站步行10分
P免費

吃西餐！

↑義大利麵佐松阪牛2050円。鋪滿薄切松阪牛肉

西洋肉料理 岡
せいようにくりょうりおか

可嘗到牛排、燉牛肉、漢堡排等使用松阪牛的西餐。

☎0598-21-2792　MAP附錄②12 A-4
🕐11:00～14:20、17:00～20:20
休週二、第2週三
所松阪市內五曲町115-20
近JR/近鐵松阪站車程5分
P免費

精肉店直營的牛排屋

必吃菜色

牛排
ノエル
預算
午 4500円～
晚 8000円～

由精通牛肉的老闆經營。大腿、菲力、里肌肉等部位全由老闆決定的「松阪肉老闆特選牛排午間套餐」最有人氣。燒烤熟度恰到好處，鎖住肉的鮮美。

松阪肉老闆特選牛排午間套餐 4500円
由老闆親自挑選當天的部位。焦脆的顏色令人食指大動的人氣菜單。

這道也很推薦
松阪牛便當 4500円
ノエル牛排150g 5000円

☎0598-26-6410　MAP附錄②12 B-4
🕐11:30～13:30（週六、日、假日為～14:00）、17:00～20:00（20:45閉店）休週四、第3週三　所松阪市京町25　近JR/近鐵松阪站步行5分　P免費

←沉著穩重的和式店內

壽喜燒 **石板烤肉**
預算
午 2000円～
晚 2000円～

日本料理 快樂亭
←にほんりょうりかいらくてい

松阪歷史最悠久的老字號料理店。在加熱的石頭上快速烤肉的「松阪牛石燒定食」是平價的一道料理。以醬油為基底的特製沾醬和濃郁的肉汁風味搭配絕妙。

MAP附錄②12 B-3
☎0598-21-0222
🕐11:30～14:00、17:00～20:00　休週三
所松阪市中町1849-2
近JR/近鐵松阪站步行7分　P免費

在歷史悠久的老字號享用超值的定食

必吃菜色
松阪牛石燒定食 2484円～
石頭上滋滋作響的燒烤聲令人食指大動

這道也很推薦 松阪牛壽喜燒定食（梅）2970円

壽喜燒 **牛排** **燒肉** **漢堡排**

味工房原宿
←あじこうぼうはらじゅく

預算
午 3240円～
晚 3240円～

可以吃到各種松阪牛料理的店。將牛排、壽喜燒用剩的肉打碎做成的漢堡排是奢侈的極品。使用的牛肉當然只限松阪牛。也有單人壽喜燒，可輕鬆品嘗令人嚮往的松阪牛。

↑有和式座位也有餐桌席

這道也很推薦
松阪牛沙朗牛排 9180円～

☎0598-23-6153　MAP附錄②12 A-3
🕐11:00～19:30（需預約）
休無休（有臨時休業）
所松阪市外五曲町86-2
近JR/近鐵松阪站
車程5分　P免費

以多元料理享用頂級松阪牛

必吃菜色
松阪牛 漢堡排定食 3650円
放在熱騰騰的鐵板上登場。充滿松阪肉的鮮甜肉汁

松阪城下町散步

穿和服走在保留江戶面貌之地

江戶時代，松阪的城下町因松阪木棉的買賣發展為商人之町。不妨在這個保留過往面貌的鎮上散步遨遊吧。

散步路線

散步時間 約40分
散步距離 約3km

START | JR/近鐵・松阪站
↓ 1km／15分
1 御城番屋敷
↓ 0.2km／3分
2 本居宣長紀念館・鈴屋
↓ 0.2km／3分
3 松阪城跡
↓ 步行即到
4 松阪市立歷史民俗資料館
↓ 0.4km／3分
5 松阪木棉手織中心
↓ 0.2km／3分
6 舊小津清左衛門家
↓ 1km／13分
GOAL | JR/近鐵・松阪站

（地圖）第三小・津駅・松阪大橋・Cafe Tomiyama 牛銀本店・⑥舊小津清左衛門家・本町東・三井家發祥之地・本居宣長旧宅・岡寺前・岡寺山継松寺（岡寺観音）・本町・和田町・柳屋奉善・旧長谷川邸・松阪市役所・松阪市観光情報中心・松阪木棉手織中心・松阪市立歷史民俗資料館・③松坂城跡・日本料理 快楽亭・②本居宣長紀念館・鈴屋・①御城番屋敷・願証寺・第一小・本居宣長ノ宮・松阪神社・日野町・ハディオひの街・和創館 八幡屋・原田二郎旧宅・百五・ベルタウン・原町・駅前局・三重信金・市營駐車場・N 0 200m

---

租借和服，在城下町散步

租借穿戴和服的地方
松阪木棉 和服租借中心
まつさかもめん きものレンタルセンター
☎0598-21-0551（和創館 八幡屋）
MAP 附錄②12 B-4

⏰10:00～18:00（和服租借10:00～17:00）¥租借3小時，男女共3000円 ※著裝、襪子免費，可寄放行李，可延長租借時間 🚃JR/近鐵松阪站步行5分 🅿免費（店舖左側）

由此可申請報名
松阪市觀光資訊中心
まつさかしかんこうじょうほうセンター
☎0598-23-7771 → P.99

「和創館 八幡屋」提供和服租借服務。穿上事先搭配好的褲裙和和服，繫上綁帶和結繩，再戴上簡易腰帶，就能在3分鐘完成著裝。

西棟北端的房子對外開放

城下町漫談
御城番武士的祖先為侍奉德川家康、守護橫須賀城的「橫須賀黨」武士。家康派遣一黨至第一代紀州藩主德川賴宣麾下。

紀州藩士索居住的組屋敷

1 御城番屋敷
ごじょうばんやしき

江戶末期為了守護松阪城所派駐的紀州藩士與其家人所住的組屋敷，現存的武家組屋敷在日本也相當罕見。

☎0598-26-5174 MAP 附錄②12 B-4

⏰10:00～16:00
休週一（逢假日則翌日休）
¥免費 📍松阪市殿町1385
🚃JR/近鐵松阪站步行15分
🅿免費（使用松阪市停車場）

松阪有過這樣的歷史

松阪是蒲生氏鄉於戰國時代建為居城的城下町，江戶時代因三井家、長谷川家、小津家等商人的活躍，逐漸發展為商業城鎮。而打下此基礎的就是在江戶蔚為流行的「松阪木棉」。這時有很多商人住在松阪，但店開在江戶。循著這些富豪的足跡，一起愉快漫步於這座城鎮吧。

松阪 | MAP 附錄②12 C-4

小津安二郎青春館
●おづやすじろうせいしゅんかん ☎0598-22-2660 景點

小津電影的原點在松阪
電影導演小津安二郎的紀念館。松阪是小津在青春時期住過10年的地方，以年表和影像來介紹小津的業績。

⏰11:00～17:00（11～3月為10:00～16:00）
休週二～四（逢假日則開館）¥免費
📍松阪市愛宕町2-44 🚃JR/近鐵松阪站步行15分
🅿無（使用附近付費停車場）

外觀重現大正到昭和初期的電影院

松阪近郊 | MAP 附錄②3 C-1

齋宮歷史博物館
●さいくうれきしはくぶつかん ☎0596-52-3800 景點

接觸齋王與齋宮的世界
博物館建於代替天皇祀奉伊勢神宮的「齋王」所住的「齋宮」遺跡。展示花了40年以上挖掘調查的出土品。

⏰9:30～16:30 休週一（逢假日則翌日日休）、假日的隔日 ¥340円 📍明和町竹川503
🚃近鐵齋宮站步行15分 🅿免費

透過視覺來理解齋王制度的流程

奧伊勢 | MAP 附錄②3 A-4

頭之宮四方神社
●こうべのみやよもうじんじゃ ☎0598-72-2316 景點

日本唯一命名為頭之宮的神社
位於美麗的唐子川河畔，風光明媚之地。關於頭部相關的祈願都很靈驗，是頭部的守護神。

⏰8:30～17:00 休無休 ¥免費
📍大紀町大內山3314-2
🚃紀勢自動車道・紀勢大內山IC車程5分
🅿免費

神水「頭之水」又被稱為智慧之水，宛如智慧湧出一般。有很多參拜訪客前來求取此水

「頭之宮」有很多跟頭部相關的信仰

人人出版
日本絕景之旅
作者：K&B PUBLISHERS
規格：224 頁 / 14.6 x 21 cm
定價：450 元

安排2天1夜
深入奇觀美景！

精選全日本美景 67 個絕景行程

行程範例．交通方式．最佳造訪季節．在地人貼心叮嚀

源自江戶
合掌造民宅

日本絕景之旅　人人出版

伊勢神宮・
二見 P.14
鳥羽 P.51
志摩 P.73

◆ 松阪
城下町散步／地區導覽

旅行伴手禮 P.100
嚴選住宿 P.104

蒲生氏鄉建造的名城
③ 松坂城跡
まつさかじょうあと
這一帶已整備為松阪公園，現在仍保留的豪壯石牆是一大看點。從城跡上方可一覽松阪城鎮。

← 堅固的石牆外觀美麗，是日本指定史蹟

📞0598-23-7771
（松阪市觀光資訊中心）
⏰休¥自由入園 所松阪市殿町 🚃JR/近鐵松阪站步行15分 🅿免費（使用松阪市停車場）

城下町漫談
戰國武將蒲生氏鄉建築此城，推動樂市樂座、街道整備、招募商人等劃時代的政策，將松阪發展成近世都市。

← 春天是賞櫻名勝，秋天是賞楓名勝

明治時期的木造建築為一大看點
④ 松阪市立歷史民俗資料館
まつさかしりつれきしみんぞくしりょうかん
明治44（1911）年建造。現在為資料館，展示松阪木棉的「布料樣本」等令人深感興趣的展品。

📞0598-23-2381　MAP附錄②12 A-3
⏰9:00～16:30（10～3月為～16:00） 休週一（逢假日則翌日休）、假日的隔日、換展期間 ¥100円 所松阪市殿町1539 🚃JR/近鐵松阪站步行15分 🅿無（使用松阪市停車場）

↑ 日本的登錄有形文化財

對外公開豪商小津家的住宅　**休息到這裡**
⑥ 舊小津清左衛門家　Cafe Tomiyama →P.98
まつさかしょうにんのやかた
對外開放江戶最大的紙批發商小津清左衛門的舊宅。「萬兩箱」和寬敞的宅邸都很有「擁有江戶店的伊勢商人」的格調。

城下町漫談
小津清左衛門家搭上了被稱為「紙的時代」的元祿文化潮流而繁榮。

📞0598-21-4331　MAP附錄②12 B-3
⏰9:00～17:00
休週一（逢假日則翌日休）、假日的隔日 ¥160円 所松阪市本町2195 🚃JR/近鐵松阪站步行13分 🅿無（使用松阪市停車場）

↑ 館內約有15間房間

松阪引以為豪的國學者紀念館
② 本居宣長紀念館・鈴屋
もとおりのりながきねんかんすずのや
展示因《古事記傳》而廣為人知的江戶時期國學者本居宣長的資料。隔壁的「鈴屋」是宣長住了60年的魚町舊宅，只有1樓可參觀。

📞0598-21-0312　MAP附錄②12 A-3
⏰9:00～16:30 休週一（逢假日則翌日休） ¥400円（紀念館、鈴屋共通） 所松阪市殿町1536-7 🚃JR/近鐵松阪站步行20分 🅿免費

城下町漫談
「鈴屋」是宣長53歲時改造倉庫而成的書齋。地板旁掛有36個鈴鐺串連的「柱掛鈴」，據說是學習累了的時候就會撥響鈴鐺來轉換心情。

這裡也要CHECK！
原田二郎舊宅 →底下

挑戰松阪木棉手織體驗
⑤ 松阪木棉手織中心
まつさかもめんておりセンター
介紹松阪木棉傳統技術的設施。有6台紡織機，可輕鬆體驗手織活動，也有販售伴手禮。

→ 事先預約
手織體驗最好

📞0598-26-6355　MAP附錄②12 B-3
⏰9:00～17:00 休週二（逢假日則開館） ¥免費入館、小織女體驗（手織體驗）1300円 所松阪市本町2176 松阪市產業振興中心1F 🚃JR/近鐵松阪站步行12分 🅿免費

松阪木棉是什麼？ 日本最初的條紋花樣
江戶時代百姓禁止穿絲絹製品，因此17世紀從越南傳進來的木棉條紋在時尚的江戶人之間大為流行。美麗的藍色搭配當時日本尚未出現的條紋花樣立刻廣受歡迎，也因此產生了松阪商人。

松阪　MAP附錄②3 C-1
寶塚古墳公園　 景點
●たからづかこふんこうえん　📞0598-26-7330
（松阪市文化財中心）

出土日本最大的船型陶土
以挖出船型陶土的寶塚1號墳為中心的史跡公園。可遙望伊勢灣和松阪市街，感受此地的歷史與文化。
⏰休¥自由入園 所松阪市寶塚町、光町 🚃JR/近鐵松阪站搭鈴之音巴士（右迴）20分，寶塚古墳公園前下車，步行3分 🅿免費

→ 重現曾是祭祀場的「造出平台」

松阪　MAP附錄②12 B-4
原田二郎舊宅　 景點
●はらだじろうきゅうたく　📞0598-23-1656

對公共福祉有所貢獻的慈善家老家
保存在殿町同心町的江戶時代末期的武士宅。對外公開活躍於明治到大正的慈善家原田二郎的老家。
⏰09:00～17:00 休週一（逢假日則翌日休） ¥免費 所松阪市殿町1290 🚃JR/近鐵松阪站步行15分 🅿免費

→ 此建築原本是平屋的武家住宅。原田氏增建了2樓家住宅部分。

奥伊勢 FORESTPIA 宮川山莊 レストラン アンジュ

MAP附錄②3 A-3　美食

●おくいせフォレストピア みやがわさんそう レストランアンジュ

☎0598-76-1200（奥伊勢フォレストピア 宮川山莊）

大自然環繞的美味餐廳

宮川分流蘭川旁的度假村飯店裡的餐廳。可品嘗到香魚、石川鮭魚、鹿、山豬等使用奧伊勢食材的法式料理。

🕐11:30～13:30、（2、6、10月有百匯）18:00～20:00（僅晚餐需預約）　休無休　所大台町蘭993　🚌JR三瀬谷站搭町營巴士行經FORESTPIA往大杉谷20分，フォレストピア下車即到　P免費

午 1080円～
晚 6200円～ 預算

↪附奧伊勢幸福溫泉的晚餐方案的一例

まごの店

MAP附錄②3 C-2　美食

●まごのみせ

☎0598-39-3803（僅營業日，無法預約）
☎0598-39-3860（五桂池故鄉村）

成為連續劇舞台的店家

相可高中食物調理科的學生掌廚的「まごの店」是僅週六、日、假日才營業的餐廳，學生們活力十足烹調的模樣蔚為話題。含天婦羅、甘露煮秋刀魚等菜色的花御膳最人氣。並堅持盡量使用當地產的食材。

↪廚房設在店內，籠罩著香噴噴的美味

午 1300円 預算

旅遊 PICK UP

↪招牌菜色 花御膳1300円

🕐週六日、假日10:30～售完即打烊（可能因學校活動有更動，請上官網確認）　所多氣町五桂956 五桂池ふるさと村內　🚌紀勢自動車道、勢和多氣IC車程10分　P免費

↪學生們朝氣蓬勃的招呼也是樂趣所在

Cafe Tomiyama

MAP附錄②12 B-3　咖啡廳

●カフェトミヤマ

☎0598-21-1389

在古道具環繞下小休片刻

融入松阪復古街道，充滿手工感的咖啡廳。店內播放舒適的音樂，還裝飾著品味非凡的古道具。

🕐11:00～17:00　休週日、週一　¥咖啡500円、蛋糕捲480円等　所松阪市本町2188　🚌JR/近鐵松阪站步行12分　P免費

午 980円～ 預算

↪充滿木製傢俱溫暖的店內。店內播放的爵士樂也很讓人放鬆

開花屋 樂麵莊

MAP附錄②12 C-3　美食

●かいかやらくめんそう

☎0598-51-8113

徹底追求當地食材

拉麵排名連續3年獲得三重縣第1名的人氣拉麵店。有20種大量使用當地食材的健康菜色。

🕐11:00～14:30、17:00～翌日3:00（週六日、假日11:00～15:00、17:00～翌日3:00）　休週四　所松阪市宮町68-3　🚌JR/近鐵松阪站步行12分　P免費

↪人氣No.1！豚菜拉麵930円

午 690円～ 預算
晚 750円～

齋宮歷史體驗館

MAP附錄②2 D-1　玩樂

●いつきのみやれきしたいけんかん

☎0596-52-3890

體驗齋王的生活和當時的文化

可試穿十二單、直衣、兒童用裝束細長、水干等服裝（收費，需預約），以及體驗盤雙六、藏貝殼等遊戲。

🕐9:30～17:00　休週一（逢假日則翌日休）　¥免費入館，十二單、直衣試穿體驗5500円等（需1日前預約）　所明和町齋宮3046-25　🚌近鐵齋宮站即到　P免費

↪試穿平安時期的服裝所需時間約30～45分

松阪農業公園 Bell Farm

MAP附錄②3 B-1　玩樂

●まつさかのうぎょうこうえん ベルファーム

☎0598-63-0050

可就近感受大自然的農業公園

除了英式庭園之後，還有販售當地特產品的「松阪商會」、「農家市場」、蔬菜專家監修的午餐大受好評的「ガーデンカフェ ルーベル」，以及可試吃體驗松阪牛手工香腸等當地特產品的「學習工坊」。

🕐9:00～17:00（視設施而異）　休週三（除5月、8月，逢假日則翌日休），有臨時休園　¥免費　所松阪市伊勢寺町551-3　🚌伊勢自動車道、松阪IC即到　P免費

↪展現四季更迭風情的英式庭園

↪「ガーデンカフェ ルーベル」的午餐（圖片僅為示意圖）

燒肉HARAJUKU本店

MAP附錄②12 A-3　美食

●やきにくハラジュクほんてん

☎0598-25-1248

購買整頭松阪牛的燒肉店

可品嘗優質的內臟料理、五花肉、里肌肉。使用無煙燒烤爐，不會染上味道。本店是「味工房原宿（→P.95）」的系列店，白色牆壁有清潔感的店內大受好評。

🕐11:30～21:00　休週二（逢假日則翌日休）※需預約　所松阪市外五曲町86-6　🚌JR/近鐵松阪站車程5分　P免費

午 1280円～ 預算
晚 3000円～

優質的松阪牛｜可在主產地品嘗優質的松阪牛

大內山動物園

MAP附錄②3 A-4　玩樂

●おおうちやまどうぶつえん

☎0598-72-2447

位在寧靜山間的動物園

大內山自然環繞的動物園。可體驗動物餵食，也有舉辦和小馬、山羊交流的體驗活動。

🕐9:00～16:00　休無休　¥1500円　所大紀町大內山530-4　🚌紀勢自動車道、紀勢大內山IC車程10分　P免費（週六、日、假日、旺季500円）

↪園內也有孟加拉虎、獅子、西藏棕熊等大型動物

↪位於寧靜蓊鬱的山間

二見·伊勢神宮 P.14
鳥羽 P.51
志摩 P.73
★松阪 地區導覽
旅行伴手禮 P.100
嚴選住宿 P.104

最愛拍火車的作者
鐵道攝影父子
廣田尚敬．廣田泉

日本電車大集合 1922 款

作者：廣田尚敬，廣田泉，坂正博
規格：296 頁 / 21 x 25.8 cm
人人出版　定價：650 元

日本的火車琳瑯滿目，
不禁令人好奇，
日本到底有多少款火車？

本書是目前集結數量最多、
也最齊全的日本鐵道車輛圖鑑，
從小孩到大人皆可一飽眼福。

本書特色　　　　　　　　　人人出版

1. 介紹多達 1922 款日本電車
2. 以區域別、路線別，看遍行駛全日本的各式列車
3. 大而精采的圖片讓愛火車的你一飽眼福

旅遊情報！

松阪市觀光資訊中心
●まつさかしかんこうじょうほうセンター

在 JR 松阪站前的資訊中心可獲得散步 MAP 和觀光資料。另外也提供手提行李寄放（1 件 200 円）和租借自行車（4 小時 400 円～，9：00～17：30）服務。

📞0598-23-7771
MAP附錄②12 B-3
⏰9：00～18：00
休無休
所松阪市京町507-2
🚃JR／近鐵松阪站出站後右側
🅿無

➡走出松阪站的 JR 側出口後的圓環右手邊

聰明獲得松阪的觀光資訊!!

松阪　MAP附錄②3 B-2

深綠茶房
●しんりょくさぼう　📞0598-32-5588　購物

附設日本茶咖啡廳的茶屋

產地特有的美味茶品，以及工坊一個一個精心製作、充滿對茶之愛的深煎茶甜品也大受好評。
➡P.101
⏰9：00～17：30，咖啡廳10：00～16：00　休週三
所松阪市飯南町粥見4209-2
🚃伊勢自動車道、松阪 IC 車程30分　🅿免費

可在咖啡廳享用的伊勢茶千壽汗和菓子套餐710円～

松阪　MAP附錄②12 B-3

まつさか交流物產館
●まつさかこうりゅうぶっさんかん　📞0598-22-3770　購物

松阪伴手禮齊聚一堂

JR 松阪站建築物內的伴手禮店。有松阪木棉、時雨煮松阪牛等許多當地特產。松阪市的吉祥物「茶茶啤」週邊商品也很有人氣。
⏰9：00～18：00　休無休　所松阪市京町301
🚃JR／近鐵松阪站即到　🅿無

禮。松阪木棉商品最適合當松阪伴手禮。位於車站大樓內，相當方便

松阪　MAP附錄②12 B-3

柳屋奉善
●やなぎやほうぜん　📞0598-21-0138　購物

附設茶房的老字號和菓子店

有 440 年以上歷史的老店。最中餅皮搭配羊羹內館的「老伴」是創業以來的招牌菓子。高雅又獨特的口感和風味是三重大受好評的代表性和菓子。
⏰8：00～18：30　休週二　所松阪市中町1877
🚃JR／近鐵松阪站步行8分
🅿無

老伴（小）160円～（大）380円～

温泉　前往奧伊勢的不住宿溫泉

可輕鬆浸泡的車站溫泉
香肌峽溫泉 飯高之湯
かはだきょうおんせんいいたかのゆ

📞0598-46-1114（溫泉館）
MAP附錄②3 A-3

公路休息站 飯高駅（→附錄②P.15）的溫泉設施。附設提供當地農產品的販售所，也能體驗蕎麥麵製作。
⏰10：00～20：00（20:50結束營業）
休週三（逢假日則翌日休）
¥640円　所松阪市飯高町宮前177
🚃JR／近鐵松阪站搭三重交通巴士往公路休息站飯高駅，道の駅飯高駅下車即到

具美肌效果的濁湯
松阪愛犬樂園 森之酒店 Smeall
まつさかわんわんパラダイスもりのホテルスメール

📞0598-45-0003
MAP附錄②1

室內溫泉的主浴池內的溫泉是茶褐色的，含有大量鐵分和碳酸，具有高評價的美肌效果。
⏰11：00～19：00（20:00結束營業），週一14：00～　休無休　¥700円
所松阪市飯高町森2296-1　🚃JR／近鐵松阪站搭三重交通巴士往酒店 Smeall，終點站下車即到　🅿免費

大自然環繞的度假勝地
奧伊勢 FORESTPIA 奧伊勢宮川溫泉
おくいせフォレストピアおくいせみやがわおんせん

📞0598-76-1200
MAP附錄②3 A-3

充滿奧伊勢大自然的度假村飯店中湧出的天然溫泉。湧出量每分75公升，湯量充沛。
⏰11：00～21：00（22:00結束營業）
休1月中旬～下旬間的10日　¥600円
所大台町薗993　🚃JR三瀬谷站搭町營巴士行經 FORESTPIA 往大杉谷20分，フォレストピア下車即到　🅿免費

焦烤懷舊風味

從老字號銘菓到當地人喜愛的產品，在此介紹伊勢志摩各種美味的伴手禮！

※單個包裝標示是否切成小塊包裝
※保存期限標示從購買當天起的保存期限

厄除町、托福橫町
CHECK附錄①P.12！
大受好評的赤福
CHECK附錄①P.6！

Q彈口感和甜而不膩的口味

B 外郎糕
340円〜(1條)
保存期限 2日　單個包裝 無
主原料為麵粉，口味清爽不膩。有抹茶和艾草等多種口味。

●抹茶外郎糕
抹茶濃郁的香氣相當美味

●小倉紅豆外郎糕
使用國產紅豆顆粒餡的外郎糕

●伊勢茶栗外郎糕
伊勢茶的風味和栗子的甜味搭配絕佳

●艾草外郎糕
微苦的艾草夾心小倉紅豆

●櫻花外郎糕
櫻餅風味。含鹿子餅

●虎外郎糕
有5層柚子和黑糖口味的外郎糕！

●栗子外郎糕
可以吃到栗子顆粒口感

※切面圖例圖片為示意圖

C 腰果蛋糕圈
702円(整條1個) 盒裝777円
保存期限 20日　單個包裝 有(小)
「呼喚幸福的大蛋糕圈」有愉快的口感。腰果的搭配也很GOOD！

貝殼形狀相當可愛

C 貝殼瑪德蓮
原味162円(1個)
保存期限 30日　單個包裝 有
特產珍珠形狀的可愛瑪德蓮。大量使用奶油濃郁奢侈美味。

米麴之力誕生出來的頂級濃郁布丁

E 糀布丁
原味302円(1個)
保存期限 14日　單個包裝 有
濃醬油和甘米麴誕生出來的濃郁口味，口感滑順的美味布丁。

簡樸的形狀宛如海岸灣線

有胡桃香味的酥脆伊勢菓子

D 神宮 白石餅乾
600円(10個裝)
保存期限
冬季 3個月以內，夏季1個月以內(開封前)
單個包裝 無
口感酥脆的餅乾是以伊勢神宮神域內的白石為概念。

A 里亞斯年輪蛋糕
1836円(整條1個)
保存期限 3週　單個包裝 無
以伊勢志摩的沉降(里亞斯)海岸為意象。100%使用伊勢志摩產米粉的年輪蛋糕。

F 澤餅
75円(1個)
保存期限 當天　單個包裝 無
志摩在有喜事時不可或缺的菓子。有淡淡的鹹味，不會太甜。

簡樸卻後勁無窮的美味

志摩 F	伊勢 E	伊勢 D	伊勢 C	伊勢 B	志摩 A
竹内餅店	**糀屋**	**mother fruit**	**Blanca sweet garden**	**虎屋ういろ本店**	**お菓子職人 おとべ**
たけうちもちてん	こうじや	マザーフルーツ	ブランカ スイーツ・ガーデン	とらやういろほんてん	おかししょくにんおとべ
「澤餅」最有人氣。以伊雜宮的御田植(插秧)儀式竹取儀式命名，是志摩辦活動時不可或缺的品項。	江戶時期創業的醬油、味噌釀造商。味道奢華的糀布丁最有人氣。	店家位於伊勢市公所前，製造、販售「神宮白石餅乾」，其他販售店請查閱店家官網！	販售「工坊」超有人氣的瑪德蓮等燒菓子。	傳承伊勢家庭味道的手工「外郎糕」專賣店。	有很多活用伊勢志摩特產的原創甜點。附設咖啡廳。
MAP附錄②10 D-1	MAP附錄②7 C-3	MAP附錄②6 D-4	MAP附錄②4 E-2	MAP附錄②6 D-2	MAP附錄②10 D-2
☎0599-55-0613	☎0596-65-7050	☎0596-22-6623	☎0596-65-7120	☎0596-23-5005	☎0599-43-5148
🕘9:00〜17:00(售完即打烊) 休不定休 所志摩市磯部町穴川1182-11 🚃近鐵穴川站步行15分 P免費	🕘9:00〜17:00 休週日、假日 所伊勢市宮後1-10-39 🚃JR/近鐵伊勢市站步行5分 P免費	🕘9:30〜17:00 休週六日、假日 所伊勢市岡本1-2-3 🚃近鐵宇治山田站步行7分 P免費	🕘10:00〜18:00 休無休 所伊勢市朝熊町4228-1 🚗伊勢二見鳥羽drive、朝熊IC車程5分 P免費	🕘9:00〜18:00 休無休 所伊勢市宮後2-2-8 🚃JR/近鐵伊勢市站步行3分 P免費	🕘10:00〜19:00，咖啡廳休業中。※視季節會再開張(12:00〜15:00)，需洽詢 休週二、第3週一 所志摩市阿兒町鵜方3373-16 🚃近鐵鵜方站車程5分 P免費

二見神宮 P.14
鳥羽 P.51
志摩 P.73
松阪 P.94

★旅行伴手禮

嚴選住宿 P.104

名字取自
松阪城主的銘菓

椰子的香味和
楓糖的淡淡甜味

I 鶴之玉
1230円(1盒10個裝)
保存期限 10日 單個包裝 有
含芝麻粉的外皮包覆白豆沙餡的酥餅。表面灑上加入生薑的蜜糖。

獲選為世界品質評鑑大賞
金獎的最高榮耀

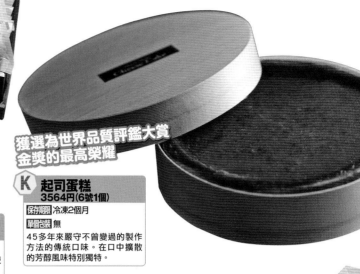

J 楓糖夾心餅
2000円(1盒10個裝)
保存期限 2週(冷藏) 單個包裝 有
餅乾原料內含澳洲胡桃,和使用楓糖漿的奶油搭配絕佳。

K 起司蛋糕
3564円(6號1個)
保存期限 冷凍2個月 單個包裝 無
45多年來嚴守不曾變過的製作方法的傳統口味。在口中擴散的芳醇風味特別獨特。

使用伊勢當地
食材的西點

L 伊勢志摩法式醬糜
1901円(6個裝)
保存期限 80日(常溫) 單個包裝 有
此法式醬糜是2016年5月的伊勢志摩高峰會用來搭配咖啡的茶點。

用深蒸煎茶品味
香氣豐富的伊勢茶

慶祝時會使用的
吉祥名產餅

G 空也觀助餅3色
660円(1盒6個裝)
保存期限 7日 單個包裝 無
用蒸煮糯米包紅豆泥的銘菓,未搗過的麻糬口感十足,紅豆泥的甜味也很高雅。

松阪肉的時雨煮和
甜點的驚人融合

I 啤啤饅頭
1000円(1盒6個裝)
保存期限 20日 單個包裝 有
內餡使用伊勢芋頭的外皮和松阪肉的時雨煮加紅豆製成的炸饅頭。

H 千壽 2160円(90g)
深綠 1620円(90g)
保存期限 9個月 單個包裝 無
千壽帶有圓潤的甜味,最適合想放鬆時享用。深綠則是清爽中帶點回甘,想轉換心情時不妨就選這個。

海藻風味
爽口的派餅

A 志摩石蓴派!
486円(5片裝)
保存期限 3週 單個包裝 有
派皮裡揉入石蓴,烤製貝殼形狀。淡淡的甜味也很可口。

伊勢 **L**	鳥羽 **K**	鳥羽 **J**	松阪 **I**	松阪 **H**	伊勢 **G**
Douce de France	**鳥羽國際飯店**	**Ciao**	**鶴の玉本舖 たつみ堂**	**深緑茶房**	**鈴木翠松軒**
ドゥース・ド・フランス	とばこくさいホテル	チャオ	つるのたまほんぽたつみどう	しんりょくさぼう	すずきすいしょうけん
店內充滿木頭的溫馨感,依季節提供種類豐富的蛋糕。伊勢茶的西點是最有人氣的伴手禮。	飯店的原創商品最適合當伴手禮。當中以創業當時就從未變過的起司蛋糕最有人氣。	三明治和特製蛋糕最有人氣的咖啡廳,也有販售伴手禮用的燒菓子。	大正元(1912)年創業。有很多使用當地素材、精心製作的和菓子。	製造、販售獲認定為「三重品牌」的伊勢茶。附設咖啡廳,提供聖代、綠茶紅豆湯等甜品。	當地的人氣和菓子店。空也觀助餅是長年來慶祝喜事時一定會端出來的菓子。
MAP 附錄②5 B-1	MAP 附錄②8 E-1	MAP 附錄②9 A-1	MAP 附錄②12 B-3	MAP 附錄②3 B-2	MAP 附錄②4 E-1
☎0596-27-6698	☎0599-25-3121	☎0599-26-7007	☎0598-21-1337	詳細➡P.99	☎0596-43-2067
⏰9:30~19:30(週日、假日為19:00) 休週三 所伊勢市御薗町長屋691 圖JR/近鐵伊勢市站車程7分 P免費	⏰8:00~20:00 休無休 所鳥羽市鳥羽1-23-1 圖JR/近鐵鳥羽站車程5分(近鐵鳥羽站有接送服務) P免費	⏰9:30~18:00 休週二不定休 所鳥羽市安樂島194-10 圖JR/近鐵鳥羽站車程10分 P免費	⏰8:00~19:00 休週三 所松阪市本町2172 圖JR/近鐵松阪站步行10分 P免費		⏰9:00~17:00 休週三 所伊勢市二見町茶屋537-18 圖JR二見浦站步行10分 P免費

可以找到
很多好物！ **伊勢志摩**
旅行伴手禮
限定
篇

豪華的
伊勢龍蝦風味

※包裝等的
設計可能會
變更

三重限定

Baby Star伊勢龍蝦鹽味
Ⓐ 為650円、Ⓑ 為648円(1盒8袋裝)
為伊勢龍蝦捕獲地的三重縣的特有商
品。能吃到炙燒伊勢龍蝦的風味和淡淡
的鮮甜。ⒶⒷ

輕鬆享用
品牌牛的味道

三重限定

Baby Star松阪牛排口味
648円(1盒8袋裝)
松阪牛口味的Baby Star點心麵。
帶有香料口味的松阪牛美味在口中
擴散。Ⓑ

為便當和餐桌添加
一色的限定組合

東海限定

大人的香鬆
東海限定
Ⓐ 為650円、Ⓑ 為648円
(1包16袋裝)
名古屋土雞、台灣拉麵、伊
勢龍蝦、香魚和東海美味全
都聚集在這一包。ⒶⒷ

以當地形象
設計的外包裝

三重限定

TIROL CHOCO Hello Kitty三重限定
Ⓐ 為865円、Ⓑ 為864円(1盒28個裝)
Kitty變身為海女、巫女、珍珠、夫婦岩、伊勢烏龍麵
等的可愛巧克力。ⒶⒷ

Kitty版本的
圓盒好可愛

伊勢志摩限定

sakuma &
Hello Kitty草莓牛奶
Ⓐ 為380円、Ⓑ 為378円(1盒15顆裝)
淡淡的甜味最有人氣的長銷的粉奶色草
莓糖果。盒子的Kitty是伊勢志摩的變身
版。ⒶⒷ

品嘗不會膩的
地區名產組合包

東海限定

柿種 東海限定
1080円(1盒16個裝)
鰻魚飯風味柿種、櫻花蝦口味柿種、
田丸屋本店芥末口味柿種、龜田的柿
種，可吃到4種口味。ⒶⒷ

甜辣的胡椒口味
袋裝販售好收納

東海限定

加樂比薯條雞翅口味(東海限定)
865円
包裝很有名古屋風格，施以閃閃發光的金箔非常華
麗。微辣的薯條讓人一吃就上癮。Ⓐ

伊勢龍蝦的香味
令人愛不釋手

伊勢志摩限定

哆啦A夢煎餅伊勢龍蝦口味
540円(1盒10片裝)
身穿伊勢龍蝦裝的哆啦A夢好可愛。可
以吃到香氣四溢的伊勢龍蝦風味的煎餅
也很受大人歡迎。ⒶⒷ

在這些店家找到的

Ⓑ

鳥羽
鳥羽1番街
とばいちばんがい

有很多販售鳥羽伴手禮
的店家，也有餐廳和珍
珠店。地點位於車站附
近，相當方便。

MAP 附錄②8 E-2
詳細➡P.58

Ⓐ

伊勢
伊勢みやげ
伊勢百貨店
いせみやげいせひゃっかてん

在有很多伊勢商品的外
宮參道上最大的伴手禮
店，也有配送服務。

MAP 附錄②7 A-3
📞0596-22-7515
🕘9:00～17:00 (土週六日
為～18:00) 🈚無休
🏠伊勢市本町18-30
🚉JR/近鐵伊勢市站即到
🅿無

二見神宮・P.14
鳥羽 P.51
志摩 P.73
松阪 P.94
旅行伴手禮
嚴選住宿 P.104

以伊勢志摩為中心展店的超市
ぎゅーとら 伴手禮

可以吃到伊勢烏龍麵、手捏壽司等地方美食的當地超市是伴手禮的寶庫。以下介紹推薦的商品！

和伊勢烏龍麵的沾醬搭配絕佳的極粗麵。可依喜好加入雞蛋、蔥、七味辣椒粉。

名產伊勢烏龍麵 85円(1袋)
保存期限 4日
印有橫綱圖案的當地人氣伊勢烏龍麵，生麵有飽滿Q彈的口感。

MARUKI的伊勢烏龍麵沾醬 130円(1瓶)
保存期限 14日
三重縣民最經典的烏龍麵沾醬。適度的甜味和伊勢烏龍麵搭配絕佳。

山口製麵 伊勢烏龍麵 伴手禮用 821円(1盒)
保存期限 60日 單個包裝 有
真空包裝的伊勢烏龍麵最適合當伴手禮。製造廠商的山口製麵是料理店掛保證的品牌。

角屋煎餅 蝦、花枝 各247円(1袋)
保存期限 90日 單個包裝 無
馬鈴薯澱粉中加入周氏新對蝦粉和花枝肉後再去烤的簡樸點心。

三國屋 田舍米果 258円(1袋)
保存期限 150日 單個包裝 無
味道簡樸的米果，做成茶泡飯是伊勢地方獨特的吃法。

松屋製菓 彩色球型糖 182円(1袋)
保存期限 360日 單個包裝 有
水果中加入爽口的汽水口味的粗糖糖果。

鮮度超群的醃漬鰹魚和醋飯包組合。香料有紫蘇葉和生薑。

像這樣盛在碗裡

伊勢志摩手捏壽司組合包 冷凍 754円(1袋)
保存期限 30日 單個包裝 無
以醬油沾醬醃漬鰹魚生魚片，搭配醋飯的鄉土壽司。

橋六 白半平 339円(1包)
保存期限 5日 單個包裝 無
山芋加入魚漿內的鬆軟口感，是師傅一個一個親手製作而成的。

伊勢魚板 各339円(1條)
保存期限 5日
飽滿的一條蒸煮過後，帶有淡淡甜味的簡單味道最有人氣。

香醇的咖啡和濃郁的牛奶搭配絕佳。水果有令人想起澡堂的懷舊口味。

咖啡牛奶 128円(1瓶)
水果牛奶 128円(1瓶)
保存期限 7日
瓶裝的復古老店山村乳業。加入低溫殺菌牛奶的乳製品深受各個世代的喜愛。

伊勢神宮海苔卷 411円(1包)
保存期限 當天限定
堅持使用二見浦海苔和南伊勢雞蛋的海苔卷壽司。

伊勢志摩限定

ぐでたま プリント クッキー

伊見浦限定 手拿珍珠的蛋黃哥好可愛！

伊勢志摩限定蛋黃哥布丁餅乾
400円(6片裝)
伊勢志摩特有的可愛插圖包裝，最適合當小孩子的伴手禮。B

三重限定的壺燒香味

サザエのポテトチップス

三重限定

海螺洋芋片
A 為380円、
B 為378円(1袋)
簡單的醬油口味，搭配海螺風味在嘴裡擴散。喜歡海螺之人必買的伴手禮。A B

輕鬆嚐到名古屋、岐阜、三重的經典口味
東海限定

東海限定茶泡飯
A 為680円、B 為648円
(1包6袋裝)
「名古屋土雞」、「香魚」、「松阪牛」，有3種口味的茶泡飯。A B

使用熟悉的甜辣口味

ハッピーターン

Happy Turn米果(三種口味)
1080円(1盒)
一般口味加上「甜辣雞翅口味」、「甜辣八丁味噌口味」，共22片裝。A

東海限定

主要商店名單

鳥羽
ぎゅーとら 鳥羽西店
ぎゅーとらとばにしてん
MAP 附錄②8 D-2
☎ 0599-25-3288
🕘 9:00~22:00
休 無休
所 鳥羽市鳥羽1-20-8
🚃 JR/近鐵鳥羽站15分
P 免費

志摩
ぎゅーとら ラブリー鵜方店
ぎゅーとらラブリーうがたてん
MAP 附錄②10 E-2
☎ 0599-46-0161
🕘 9:00~22:00
休 無休
所 志摩市阿兒町鵜方3016-10
🚃 近鐵鵜方車程6分
P 免費

在這裡買到的

伊勢
ぎゅーとら エディース八間通店
ぎゅーとらエディースはちけんどおりてん
以伊勢市為中心，共有29間門市的超市。有很多特製商品和伊勢志摩食品公司的商品。
☎ 0596-25-6970
🕘 9:00~22:00
休 無休
所 伊勢市吹上2-5-3
🚃 JR/近鐵伊勢市站步行10分
P 免費
MAP 附錄②6 E-3

伊勢 鳥羽 志摩 松阪
按地區尋找嚴選住宿

景觀良好、天然溫泉、美味料理等魅力無窮。在充滿服務精神的伊勢志摩旅宿度過舒適的一天吧。

五十鈴川站
麻吉旅館
● あさきちりょかん
☎0596-22-4101

建於日本三大遊郭之一的古市，保留當時面貌，創業200年的老字號旅館。石舖階梯旁的建築物都很值得一看。在沉穩的客房內舒適休憩，懷想過去繁華的歷史。

MAP 附錄②5 B-3
🏠 伊勢市中之町109　🚃 近鐵五十鈴川站步行15分

↪ 展示過去還是餐廳時使用的爐灶
↪ 在純和風客房度過閒逸時光

推薦Point
晚上店門口的燈籠會點燈，有種往日情懷之感

爬上石舖階梯，懷想熱鬧的古市

住宿 DATE
住宿費	1泊2食 12960円～		
IN	16:00	OUT	10:00
停車場	免費	信用卡	不可
露天浴池		包租浴池	

參拜伊勢神宮
伊勢地區

當作觀光據點超方便，可挑選位於伊勢神宮周邊歷史悠久的旅館。

推薦Point
也有對高齡人士和坐輪椅的人相當方便的通用設計客房

在充滿溫馨氣息的旅宿中度過平靜一刻

伊勢市站
日之出旅館
● ひのでりょかん
☎0596-28-2954

創業約100年的旅館，雖然鄰近伊勢市站，卻讓人有平靜溫暖的感覺。和創業當時幾乎沒變的客房能夠療癒旅人的心。

MAP 附錄②7 A-3
🏠 伊勢市吹上1-8-35　🚃 JR/近鐵伊勢市站即到

住宿 DATE
住宿費	1泊附早餐 7000円～		
IN	15:00	OUT	10:00
停車場	免費	信用卡	可
露天浴池		包租浴池	

↪ 附早餐的方案準備的是老闆娘親手做的早餐

河崎
星出館
● ほしでかん
☎0596-28-2377

創業於昭和元（1926）年的老字號旅館。建築物的主要部分是建於大正時期，充滿歷史之感。館內有10間和室，彷彿在自家般的接待方式大受歡迎。四處洋溢著懷舊氣息。

MAP 附錄②6 E-2
🏠 伊勢市河崎2-15-2　🚃 JR/伊勢近鐵市站，近鐵一側（北口）步行7分

↪ 懷舊的日本住宅入口讓人心情平靜

住宿 DATE
住宿費	1泊附早餐 6250円～		
IN	16:00	OUT	10:00
停車場	免費	信用卡	可
露天浴池		包租浴池	

↪ 客房環繞著充滿情懷的中庭

推薦Point
預約時，可將早餐換成穀物素食料理或飲食限制用的菜單

在河崎小旅宿中度過平靜的時光

※關於信用卡「可」的資訊：部分信用卡可能會無法使用

伊勢神宮・二見 P.14
鳥羽 P.51
志摩 P.73
松阪 P.94
旅行伴手禮 P.100
嚴選住宿 伊勢地區

位於伊勢市站旁 可當作伊勢神宮參拜的據點

伊勢市站

三交旅館伊勢市站前

●さんこうインいせしえきまえ

0596-20-3539

CHECK IN前、CHECK OUT後都可寄放行李，便於觀光。另外還有完善的日用品，還可選擇適合自己的枕頭等服務，舒適便利。

MAP 附錄②7 B-3

所 伊勢市宮後1-1-1　交 JR/近鐵伊勢市站即到

推薦Point：標準雙床房等客房乾淨清潔、設備完善

住宿DATE

住宿費 1泊不附餐 Ⓣ 6800円～
IN 15:00　OUT 10:00
停車場 付費　信用卡 可
露天浴池　包租浴池

↑大浴場的人工光明石溫泉「四季乃湯」可紓緩1天疲累，度過悠閒時光

在舒適的空間 享受溫馨接待

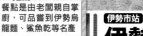

推薦Point：餐點是由老闆親自掌廚，可品嘗到伊勢烏龍麵、鯊魚乾等名產

↑自古就以溫馨舒適的接待迎接許多參拜訪客

伊勢市站

伊勢之宿 紅葉軒

●いせのやどこうようけん

0596-28-2456

明治30（1897）年創業的老字號旅館。保留純和風客房的古色古香，令人放鬆的舒適空間。使用當地食材的餐點也大受好評，是間溫暖療癒的旅宿。

MAP 附錄②5 A-2

所 伊勢市宮町1-14-17　交 JR/近鐵伊勢市站步行15分

→將鮮味鎖在裡頭的兜煮鯛魚是極品。分量適中，能品嘗到最後，是相當適合女性的餐點。

住宿DATE

住宿費 1泊2食 9180円～
IN 15:00　OUT 10:00
停車場 免費　信用卡 不可
露天浴池　包租浴池

※包租浴池只能在預約未滿的情況下使用

伊勢市站

伊勢外宮參道 伊勢神泉

●いせげくうさんどう いせしんせん

0596-26-0100

伊勢神宮御前唯一湧出天然溫泉的旅宿

以日本優良傳統為基調的洗練舒適空間，所有客房都有露天浴池，可紓緩旅途疲憊，度過悠閒時光。也可品嘗到伊勢志摩當季的美味

MAP 附錄②7 A-3

所 伊勢市本町1-1　交 JR/近鐵伊勢市站即到

↑大浴場「天然溫泉 清渚」。將身心託付給寬敞舒適的空間

推薦Point：提供使用伊勢龍蝦等當地食材的傳統日本料理

住宿DATE

住宿費 1泊2食 24840円～
IN 15:00　OUT 11:00
停車場 付費　信用卡 可
露天浴池　包租浴池

二見

大石屋

●おおいしや

0596-43-2074

鄰近二見名勝夫婦岩的老字號旅宿。有單獨出遊的女性專用方案，以及「女性品牌方案」，對女性相當貼心的旅宿。並且全館都能使用Wi-Fi。

MAP 附錄②4 F-1

所 伊勢市二見町茶屋569-75

交 JR二見浦站步行15分

↑能在木頭香氣的環繞下悠閒泡湯的大浴場

住宿DATE

住宿費 1泊2食 17000円～
IN 15:00　OUT 10:00
停車場 免費　信用卡 可
露天浴池　包租浴池

享用當地捕獲的碳烤魚

推薦Point：1日8組限定的「當季鮮炙燒宴席料理」的料理例。秋～冬鮑魚會更換成伊勢龍蝦

距離夫婦岩很近，便於日出參拜

二見

海洋樓

●かいようろう

0596-43-2221

以海鮮為主的割烹料理大受好評的人氣旅宿。堅持盡可能使用地產地消的當地食材。距離可參拜莊嚴日出的夫婦岩步行只要3分。

MAP 附錄②4 F-1

所 伊勢市二見町茶屋566-4

交 JR二見浦站步行13分（二見浦站有接送服務，需預約）

住宿DATE

住宿費 1泊2食 10500円～
IN 15:00　OUT 10:00
停車場 免費　信用卡 不可
露天浴池　包租浴池

推薦Point：有可以看到二見浦在眼前的海景房間，可盡情享受二見景觀

←真心款待的舒適旅宿

佇立於
海邊的
鳥羽地區

可眺望極美海景的旅宿，很多旅宿中都能品嘗到新鮮的海產。推薦可在離島的旅宿度過悠閒時光。

珍珠路

石鏡溫泉源泉之宿 HOTEL 石鏡莊

●いじかおんせんげんせんのやどホテルいじかそう

📞0599-32-5326

客房、餐廳、大浴場通通能眺望大片海洋的全房禁煙旅宿。大浴池溫泉的湯量充沛，泡湯時可眺望腹地內的小燈塔和海上來來回回的船隻。

MAP 附錄②9 C-1

🏠鳥羽市石鏡町368-2　🚉JR/近鐵鳥羽站車程20分 (鳥羽站有接送服務，需預約)

住宿 DATE

住宿費	1泊2食 13110円～	
IN	15:00	OUT 11:00
停車場	免費	信用卡 可
露天浴池		包租浴池

推薦Point
大浴場設置大片玻璃窗，眼前遼闊的海景令人讚嘆

可一覽鳥羽海洋的天然溫泉旅宿

⬆鮑魚＆伊勢龍蝦方案

所有房間都面海

推薦Point
設置大片玻璃窗的展望大浴場和露天浴池可一覽遼闊的海洋

鳥羽市街

鳥羽GRAND HOTEL

●とばグランドホテル

📞0599-25-4141

建於可俯瞰壯觀的海洋和鳥羽名勝・三島的高地上。除了大廳之外，露天浴池、展望大浴場和所有客房都可眺望海洋，地理位置絕佳。也有可帶寵物狗一同入住的房間，可因應各種需求。

MAP 附錄②8 D-1

🏠鳥羽市小浜町239-9　🚉JR/近鐵鳥羽站車程5分 (鳥羽站有接送服務，無需預約)

住宿 DATE

住宿費	1泊2食 13500円～	
IN	15:00	OUT 11:00
停車場	免費	信用卡 可
露天浴池		包租浴池

⬆眼前就是海洋，可從房間欣賞這片絕景
⬇從露天浴池觀賞到的朝日格外美麗

鳥羽站

海上料亭 海樂園

●かいじょうりょうていかいらくえん

📞0599-25-3202

可眺望小濱灣上的「三島」，並可在房內釣魚的旅宿。也有附生魚片拼盤和「海鮮寶寶燒」等豐富海鮮可品嘗。

MAP 附錄②8 D-2

🏠鳥羽市小浜町299-40　🚉JR/近鐵鳥羽站步行10分 (鳥羽站有接送服務，需預約)

⬆提供伊勢龍蝦生魚片、烤活鮑魚等料理

住宿 DATE

住宿費	1泊2食 13110円～	
IN	15:00	OUT 10:00
停車場	免費	信用卡 可
露天浴池		包租浴池

可在房間釣魚的獨特旅宿

推薦Point
溫泉中加入海水的「海水溫泉露天浴池」，可包租

◆ 嚴選住宿 鳥羽地區

幸洋莊

● こうようそう

☎ 0599-33-6217

位於相差的家庭式旅宿，充滿品味的海產料理最有人氣。包租露天浴池「故鄉之湯」的浴槽充滿木質溫暖。另外也推薦附露天浴池的客房「鶴龜之間」。

MAP 附錄②9 B-4

所 鳥羽市相差町1110-1
JR/近鐵鳥羽站車程30分（鳥羽站有接送服務，需預約）

↑宴會料理有附伊勢龍蝦、鮑魚、鯛魚的舟盛料理

住宿DATE
住宿費	1泊2食 13980円～
IN 15:00	OUT 10:00
停車場 免費	信用卡 可
露天浴池	包租浴池

推薦Point：
不妨在充滿野趣的露天浴池仰望美麗的夜空

能享受相差的溫泉和季節料理的旅宿

寶屋旅館

● たからやりょかん

☎ 0599-37-2309

有悠閒氣氛和美麗風景的答志島旅館。以可大快朵頤海產的荒磯料理著稱，平日可免費包租露天浴池。旅宿位於近海的寧靜地區，可療癒平日累積的疲勞。

MAP 附錄②2 F-2

所 鳥羽市答志町2196-1
JR/近鐵鳥羽站步行10分，在鳥羽運大廈搭市營定期船往答志島20分，和具港下船（和具港有接送服務，需預約）

↑可聽著細微的海浪聲響，眺望星空的露天浴池

住宿DATE
住宿費	1泊2食 10800円～
IN 14:00	OUT 10:30
停車場 免費	信用卡 不可
露天浴池	包租浴池

※包租浴池僅平日，需洽詢

推薦Point：
位於鳥羽海中的當季海產最為新鮮

為招牌 活烤海鮮料理

位於能夠眺望海洋的絕佳地點

推薦Point：
露天浴池「夢之湯」晴天時有機會看到富士山

石鏡第一飯店 神俱良

● いじかだいいちホテルかぐら

☎ 0599-32-5301

建於能夠俯瞰石鏡港的高地上，可眺望志摩的自然風光，還可在溫泉露天浴池和絕景露台座「天空露台座」盡情享受奢華時光。餐點方面晚餐可享用季節海鮮的宴席料理。

MAP 附錄②9 C-2

所 鳥羽市石鏡町字与八338-5
JR/近鐵鳥羽站車程25分（鳥羽站有接送服務，需預約）

↑每天早上7:10起可免費體驗15分的野鳥餵食

住宿DATE
住宿費	1泊2食 15012円～（本館和室）
IN 15:00	OUT 10:00
停車場 免費	信用卡 可
露天浴池	包租浴池

↑有5間附溫泉露天浴池的客房（1泊2食25812円～）

Resort Hills 豐濱 蒼空之風 ~SORA no KAZE~

● リゾートヒルズとよはまそらのかぜ

☎ 0599-33-6000

融合和風休閒感和洋式裝潢的溫泉旅宿，建於海邊的高地上，為您精心打造美好回憶。享用豐盛海產，浸泡具美肌效果的榊原之湯，坐在吊床上，浸泡魚療足浴，和重要的人創造美好回憶。

MAP 附錄②9 B-3

所 鳥羽市相差町1471
JR/近鐵鳥羽站車程25分（有接送服務，鳥羽站15:00、16:30發車，需預約）

↑無障礙空間的大廳有吊床，可在這裡度過悠閒一刻

住宿DATE
住宿費	1泊2食 15120円～
IN 15:00	OUT 10:00
停車場 免費	信用卡 可
露天浴池	包租浴池

推薦Point：
可享用海女小鎮特有的海產。所有方案都附舟盛料理

位於能夠眺望千鳥濱的山丘上的度假勝地

相差
和風料理與溫泉旅館 和美
●わづくりのりょうりとゆのやど かずみ
☎0599-33-7676

位於港鎮相差，以料理自豪的旅宿。除了伊勢龍蝦、鮑魚、鯛魚、比目魚等生魚片之外，還因老闆曾是壽司師傅，因此握壽司也會登場。另外還有可眺望海的展望露天浴池，能夠療癒一天的舟車勞頓。

MAP 附錄②9 B-4
🏠 鳥羽市相差町1206
🚃 JR/近鐵鳥羽站車程30分
（鳥羽站有接送服務，需預約）

由原本是壽司師傅的老闆親自招待的料理旅宿

望露天浴池 使用白山溫泉的展

推薦Point
除了壽司之外，還有伊勢龍蝦、鮑魚、和牛等料理

住宿DATE
住宿費	1泊2食20520円～	
IN	15:00	OUT 10:00
停車場	免費	信用卡 不可
露天浴池		包租浴池

※也有1泊2食13110円～的方案

珍珠路
心之宿 芭新萃
●こころにやどるはなしんすい
☎0599-32-6100

建於自然風光明媚的海邊，設計師樣式的和風旅館。料理以伊勢龍蝦、鮑魚、松阪牛為主，還有浦村牡蠣、海膽、剝皮魚等各種方案可選擇。

MAP 附錄②9 C-1
🏠 鳥羽市石鏡町187
🚃 JR/近鐵鳥羽站車程20分
（鳥羽站有接送服務，需預約）

可眺望石鏡之海的和風旅宿

推薦Point
豐盛的鳥羽海產和富有野趣的露天石浴池

↑特別客房「星之華」的露天浴池
←大自然環繞的石造露天浴池內有滿滿的「豬倉溫泉」

住宿DATE
住宿費	1泊2食19000円～	
IN	15:00	OUT 10:00
停車場	免費	信用卡 可
露天浴池		包租浴池

※包租溫泉12～2月無法使用

珍珠路
海辺の温泉宿 まるさん
●うみべのおんせんやどまるさん
☎0599-32-5025

位於珍珠路沿途的麻生浦大橋旁。自豪的自家養殖「浦村牡蠣」堅持在料理前才會海中打撈。旅宿前方的棧橋可釣魚，釣到的魚可以請店家幫忙鹽烤。

MAP 附錄②9 A-1
🏠 鳥羽市浦村町156-3
🚃 JR/近鐵鳥羽站車程15分

可品嘗到自家養殖的牡蠣

推薦Point
牡蠣的盛產期從秋天到春天。可品嘗到自家養殖特有的新鮮美味

↑附伊勢龍蝦和舟盛料理的一例

住宿DATE
住宿費	1泊2食15594円～	
IN	15:00	OUT 10:00
停車場	免費	信用卡 不可
露天浴池		包租浴池

🦐 鳥羽地區

享用由老闆親自展現廚藝的宴席料理

↑風雅的包租露天浴池「月待姫之湯」

相差
味之宿花椿
●あじのやどはなつばき
☎0599-33-7733

「味之宿」如其名，在漁夫之鎮相差仍是首屈一指的著名料理旅宿。由掌廚30年的老闆親自發揮廚藝，伊勢龍蝦料理可從具足煮、炸唐揚、姿燒3種當中選擇喜歡的烹調方式。

MAP 附錄②9 C-4
🏠 鳥羽市相差町1189
🚃 JR/近鐵鳥羽站車程30分（鳥羽站有接送服務，4名～，需預約）

推薦Point
由掌廚30年的老闆展現精湛廚藝的頂級海鮮料理

↑充滿和風療癒感的旅宿

住宿DATE
住宿費	1泊2食14040円～	
IN	15:00	OUT 10:00
停車場	免費	信用卡 可
露天浴池		包租浴池

鳥羽市街
懷古浪漫之宿 季更
●かいこロマンのやどきさら
☎0599-21-1700

安樂島上占地約2500坪的廣大用地，客房位於離館。所有客房都設有社宮司溫泉的室內浴池和露天浴池。另有3棟別館，提供大人專屬的豪華私人空間。

MAP 附錄②2 F-2
🏠 鳥羽市安樂島町高山1075-11（鳥羽站有接送服務，需預約）
🚃 JR/近鐵鳥羽站車程6分

舒適開逸的大廳

推薦Point
所有客房都有室內溫泉和露天溫泉，可毫無顧忌地悠閒泡澡

所有房間都有露天浴池的悠閒空間

住宿DATE
住宿費	1泊2食32930円～	
IN	15:00	OUT 10:00
停車場	免費	信用卡 不可
露天浴池		包租浴池

◆嚴選住宿 鳥羽地區

推薦Point
有伊勢志摩罕見的正統療養泉「淡良伎之湯」

浸泡優質溫泉，肌膚滑溜有光澤，

鳥羽站
湯樂樂酒店
●ホテルメゆらら
☎0599-25-2829

運用小濱溫泉「淡良伎之湯」豐富的湯泉量，按摩池、泡泡池、水柱池等多種浴池。源泉為伊勢志摩最高溫的43.5度，能讓肌膚滑嫩。

MAP 附錄②8 D-1

所 鳥羽市小浜町272-46
交 JR/近鐵鳥羽站步行15分 (鳥羽站有接送服務，無需預約)

P.71

住宿 DATE
住宿費	1泊2食 9870円～	
IN	16:00	OUT 10:00
停車場	免費	信用卡 可
露天浴池		包租浴池

→可享用各種伊勢龍蝦料理

推薦Point
以運用新鮮海產和食材的料理為豪的民宿

大啖海產料理，享受悠閒片刻

相差
民宿旅館 山川
●みんしゅくりょかんやまかわ
☎0599-33-6986

料理為當地捕獲的新鮮海產，可享用活生生的伊勢龍蝦和鮑魚。展望大浴池、包租浴池、露天大浴池的景觀大受好評，也有很多回流客。

MAP 附錄②9 C-3

所 鳥羽市相差町千鳥ヶ浜1455
交 JR/近鐵鳥羽站車程30分 (有接送服務，需洽詢)

住宿 DATE
住宿費	1泊2食 9800円～ (不含稅)	
IN	14:00	OUT 10:00
停車場	免費	信用卡 不可
露天浴池		包租浴池

相差
海と味覺の宿 相浦
●うみとみかくのやどおおうら
☎0599-33-6036

能夠享用豐盛的新鮮海產，以及有能夠欣賞夢幻夕陽的免費包租露天浴池的旅宿。也可免費借穿女性限定的色彩浴衣。

MAP 附錄②9 B-4

所 鳥羽市相差町1089
交 JR/近鐵鳥羽車程30分 (鳥羽站有接送服務，需預約)

住宿 DATE
住宿費	1泊2食 10260円～	
IN	15:00	OUT 10:00
停車場	免費	信用卡 不可
露天浴池		包租浴池

在屋頂的露天浴池觀賞滿天星空

推薦Point
頂樓的包租露天浴池宛如浮在空中

浸泡伊勢志摩首屈一指的療養泉

住宿 DATE
住宿費	1泊2食 14040円～	
IN	15:00	OUT 10:00
停車場	免費	信用卡 可
露天浴池		包租浴池

推薦Point
送到浴池前盡量避免觸碰到空氣的優質溫泉

鳥羽站
濱離宮飯店
●ホテルはまりきゅう
☎0599-25-6868

以從地下2000m湧出的高溫自家源泉為招牌。除了包租浴池外，4間客房全都有使用溫泉的露天浴池。料理為海邊旅宿特有的當季海產料理。

MAP 附錄②8 E-2

所 鳥羽市鳥羽1-22-19
交 JR/近鐵鳥羽站步行6分 (鳥羽站有接送服務，需預約)

→可一覽鳥羽灣的露天浴池

鳥羽市街
湯巡遊海百景 Toba Seaside Hotel
●ゆめぐりうみひゃっけいとばシーサイドホテル
☎0599-25-5151

擁有不同旨趣的3個大浴場。露天浴池、三溫暖、按摩浴池、足浴等多種設施也很迷人。每個大浴場都能一覽海景。另外也有可包租的5種家庭浴池 (收費)，可毫無顧慮地盡情泡湯。

MAP 附錄②8 F-4

所 鳥羽市安楽島町1084
交 JR/近鐵鳥羽站車程10分 (鳥羽站有接送服務，無需預約)

推薦Point
浴池種類豐富，全都可以看到海景

享受滋潤心靈的一刻

住宿 DATE
住宿費	1泊2食 14190円～	
IN	15:00	OUT 10:00
停車場	免費	信用卡 可
露天浴池		包租浴池

近車站的療癒溫泉巡遊

吉田屋 錦海樓 よしだやきんかいろう
☎0599-25-3191　　**MAP** 附錄②8 E-2

可一家人一起泡湯的包租露天溫泉 (收費) 最有人氣，另有準備含玉子卷的早餐。

所 鳥羽市鳥羽1-13-1
交 JR/近鐵鳥羽站步行3分

住宿 DATE
住宿費	純住宿 4320円～	
IN	15:00	OUT 10:00
停車場	免費	信用卡 可
露天浴池		包租浴池
※僅提供包租露天浴池

吉田屋 和光 よしだやわこう
☎0599-25-2606　　**MAP** 附錄②8 E-2

距離車站很近，可當作觀光據點的純住宿旅館，早餐也有準備便當。屋頂有仿造捕烏魚小船的天空舟露天浴池。

所 鳥羽市鳥羽1-13-1
交 JR/近鐵鳥羽站步行4分

住宿 DATE
住宿費	純住宿 4320円～	
IN	15:00	OUT 10:00
停車場	免費	信用卡 可
露天浴池		包租浴池
※僅提供包租露天浴池

→景觀絕美的天空舟露天浴池

濱島
夕雅伊勢志摩 頂級度假村
●プレミアリゾートゆうがいせしま
☎0599-53-1551

建於夕陽名勝磯笛岬旁邊，從客房看到的海景特別令人感動。濱島有海港，因此海產特別新鮮。每一道料理都是算準季節提供的。

MAP 附錄②11 C-3
🏠志摩市浜島町浜島1645
🚃近鐵鵜方站車程20分
（鵜方站有接送服務，需預約）

→位於鄰近海邊的地點

佇立於濱島海岸的度假勝地

↑附浴池的和洋室。所有房間都能看到海景

推薦Point
傍晚的夕陽美景令人讚嘆，夜晚的星空堪稱絕景

住宿DATE
住宿費	1泊2食 13000円～	
IN	15:00	OUT 10:30
停車場	免費	信用卡 可
露天浴池		包租浴池

※露天浴池施工中無法使用
（竣工時間未定）

↑寬廣的大浴場能盡情享受泡湯樂趣

沉穩平靜的 海邊小鎮
志摩地區
這裡是超有人氣的海邊度假勝地，有很多能夠盡情觀賞英虞灣等大自然風光的旅宿。

↑店家自豪的伊勢龍蝦料理。能享用以當地食材烹煮的宴席料理

推薦Point
附豪華露營、晚餐的住宿方案最有人氣

豪華露營 享受度假樂趣

濱島
NEMU RESORT
●ネムリゾート
☎0599-52-1211

位於伊勢志摩國立公園，森林與海洋環繞的度假村設施。當地的大自然得天獨厚，可享用各種美食料理，浸泡舒適的溫泉。廣大的腹地裡除了住宿設施之外，還有附設高爾夫球場和碼頭。

MAP 附錄②10 D-3
🏠志摩市浜島町迫子2692-3　🚃近鐵鵜方站車程15分
（近鐵賢島站有接送服務，限住宿者，需預約）

→在瑜伽專用的露台放鬆身心

住宿DATE
住宿費	1泊2食 23400円～	
IN	15:00	OUT 11:00
停車場	免費	信用卡 可
露天浴池		包租浴池

南歐風度假勝地

位於海峽處遠闊的

推薦Point
有出租自行車、網球等豐富的設施，讓遊客旅居於此時也能玩得開心

大王町
奧志摩水森 都度假酒店
●都リゾート 奧志摩アクアフォレスト
☎0599-73-0001

有豐富活動的度假村飯店。有娛樂性游泳池、可眺望英虞灣的「登茂山之湯」，此外還有可用大型望遠鏡觀察星象的天文館等，有許多可全天玩樂的設施。

MAP 附錄②10 E-4
🏠志摩市大王町船越3238-1
🚃伊勢西IC車程60分
（近鐵賢島站搭接駁巴士25分，需確認）

在大自然中享受幸福的假日

住宿DATE
住宿費	1泊2食 15000円～	
IN	15:00	OUT 11:00
停車場	免費	信用卡 可
露天浴池		包租浴池

推薦Point
大自然環繞的大型度假村。從上層客房可眺望海景

賢島
志摩海灘 都度假酒店
●都リゾート 志摩ベイサイドテラス
☎0599-43-7211

位於眺望英虞灣絕景的位置。有爽朗的海風吹拂的中庭，飯店客房的床鋪全部採用「羽絨被式」，也有Villa專用的庭院。能在此度過優雅的時光。

MAP 附錄②10 D-2
🏠志摩市阿兒町鵜方3618-33
🚃近鐵賢島站車程7分

→在法式餐廳「hd'or」能邊眺望英虞灣，邊享用菜色豐富的南歐風料理

住宿DATE
住宿費	1泊2食 18000円～	
IN	15:00	OUT 11:00
停車場	免費	信用卡 可
露天浴池		包租浴池

奢侈地獨占英虞灣的絕景

推薦Point
從客房的信樂燒露天浴池可眺望海洋

住宿DATE
住宿費	1泊2食 27000円〜	
IN	15:00	OUT 10:00
停車場 免費	信用卡 可	
露天浴池	包租浴池	

賢島
螢旅館
●ほたる
☎0599-44-3111

面臨英虞灣，占地1500坪，但僅有9間客房。本館客房和平屋、複合式別館都有客房，全都有露天浴池。另外可在客房或包廂餐廳享用旅宿特製的宴席料理。

MAP 附錄②10 D-2
所 志摩市阿兒町鵜方タチメ3618-37
駅 近鐵賢島站車程5分 (近鐵賢島站有接送服務，需預約)

↑附有伊勢龍蝦、鯛魚等新鮮生魚片拼盤的宴席料理

賢島
志摩觀光酒店灣景套房
●しまかんこうホテルザベイスイート
☎0599-43-1211

所有客房皆為套房。有女性主廚掌管的餐廳「La Mer」和貴賓室等許多豪華設施。

住宿DATE
住宿費	1泊2食 53400円〜	
IN	15:00	OUT 12:00
停車場 免費	信用卡 可	
露天浴池	包租浴池	

MAP 附錄②11 A-4
所 志摩市阿兒町神明731
駅 近鐵賢島站車程3分 (賢島站有接送服務，需預約)

所有客房皆為套房的閒逸空間

推薦Point
室內裝潢沉著穩重，是寬敞的優質空間

濱島
海濱飯店
鯨望莊
●シーサイドホテルげいぼうそう
☎0599-53-0029

位於濱島地理位置絕佳的旅宿。從展望露天溫泉可看到夕陽沒入海中的美景。餐點為在眼前活烤伊勢龍蝦的名產「濱島燒」。附半露天浴池的客房也很有人氣。

MAP 附錄②11 C-3
所 志摩市浜島町浜島1550-1 駅近鐵鵜方站車程20分 (近鐵賢島站有接送服務，需預約)

推薦Point
太平洋展望露天浴池有和海連為一體的開放感

從鄰近海洋的露天溫泉眺望夕陽

住宿DATE
住宿費	1泊2食 13000円〜 (不含稅)	
IN	15:00	OUT 10:00
停車場 免費	信用卡 可	
露天浴池	包租浴池	
※露天浴池採男女互換制		

推薦Point
可眺望海洋的庭園露天浴池溫泉「朝凪之湯、夕凪之湯」

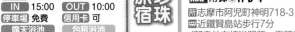
←燦陽棟客房的一例

賢島
賢島寶生苑
●かしこじまほうじょうえん
☎0599-43-3111

以引用賢島源泉的天然溫泉為豪的和風旅館。庭園露天浴池就在海旁邊，可眺望珍珠筏漂浮的英虞灣美景。晚餐可大啖以海產為主的和風宴席料理。

MAP 附錄②11 B-4
所 志摩市阿兒町神明718-3
駅 近鐵賢島站步行7分 (賢島站有接送服務，需預約)

近鄰孕育珍珠的英虞灣旅宿

住宿DATE
住宿費	1泊2食 19440円〜	
IN	15:00	OUT 10:00
停車場 免費	信用卡 可	
露天浴池	包租浴池	

渡鹿野
HAIFU ●はいふう
☎0599-57-2255

搭乘3分鐘的迷你巡航就能抵達的度假村溫泉旅館。所有客房內都有溫泉露天浴池。館內傢俱都堅持訂製進口，亞洲風情的客房充滿度假氛圍。晚餐可吃到巧妙置入和洋風味的料理。

MAP 附錄②10 E-1
所 志摩市磯部町渡鹿野524
駅 近鐵鵜方站車程15分，自渡鹿野島對岸乘船處搭船3分，下船即到

↑晚餐採用開放式廚房形式，可品嘗大量使用志摩產海鮮的料理

住宿DATE
住宿費	1泊2食 26150円〜	
IN	15:00	OUT 11:00
停車場 免費	信用卡 可	
露天浴池	包租浴池	

推薦Point
所有客房都有能夠近距離眺望的矢灣的露天浴池

在離島享受悠閒度假樂趣

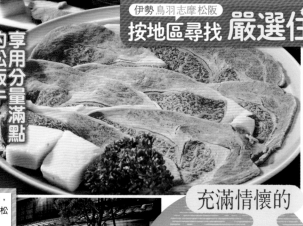

享用分量滿點的松阪牛

還有其他飯店

推薦旅宿

按地區

其他還有很多很棒的旅宿。在此將介紹推薦的嚴選住宿！可配合目的地來選擇。

充滿情懷的

松阪 商人小鎮 地區

＆周邊地區

從老字號旅館到度假村飯店、商務飯店都有

松阪站
鯛屋旅館
●たいやりょかん
☎0598-23-1200

江戶時期創業，為參拜旅客下榻的客棧。這是間注重木頭溫暖和人情的老字號館，充滿風情的外觀還保留當時的面貌。名產料理為道地的松阪肉壽喜燒和涮涮鍋。

MAP 附錄②12 B-3

所 松阪市日野町780　JR/近鐵松阪站步行5分（鵜方站有接送服務，需預約）

推薦Point
除了住宿之外，午餐也可享用松阪肉料理

住宿DATE
住宿費	1泊2食 7020円～	
IN	16:00	OUT 10:00
停車場	免費	信用卡 可
露天浴池		包租浴池

可以感受到木頭溫暖的建築物木

伊勢
大啖當季海產，欣賞壯觀美景。適合當作觀光據點的地區

二見
二見溫泉清海飯店
ふたみおんせんホテルせいかい
☎0596-43-2046　　**MAP** 附錄②4 F-1

| 住宿費 | 1泊2食 10800円～ | IN 15:00 | OUT 10:00 |
| 停車場 | 免費 | 信用卡 不可 | |

所 伊勢市二見町松下1349-136　JR二見浦站車程5分（二見浦站有接送服務，需洽詢）

二見
旅莊 海の蝶
りょそううみのちょう
☎0596-44-1050

MAP 附錄②2 E-2

住宿費	1泊2食 22680円～
IN 15:00	OUT 10:00
停車場 70輛	信用卡 可

所 伊勢市二見町松下1693-1
JR/近鐵鳥羽站車程10分（鳥羽站有接送服務，固定時刻行駛）

二見
Hotel Resort Inn 二見
ホテルリゾートインふたみ
☎0596-43-1818

MAP 附錄②4 E-1

住宿費	Ⓣ6800円～
	Ⓦ5300円～
IN 16:00	OUT 10:00
停車場 免費	信用卡 可

所 伊勢市二見町茶屋537-20　JR二見浦站步行15分

湯山溫泉
AQUA IGNIS
●アクアイグニス
☎059-394-7733

位於湯山溫泉的複合溫泉度假村舍師。拉丁語的AQUA是水，IGNIS是火的意思，大地的火和水的恩惠構成的良質溫泉自豪。設施內有草莓園可採草莓。

MAP 附錄②3 A-1

所 菰野町菰野4800-1
近鐵湯之山溫泉站步行8分

↓採草莓的季節為12～5月

水和火孕育出來的溫泉

推薦Point
以療癒和飲食為主題的度假勝地。溫泉為源泉放流的片岡溫泉

住宿DATE
住宿費	1泊2食 14000円～	
IN	15:00	OUT 11:00
停車場	免費	信用卡 可
露天浴池		包租浴池

※僅別館有包租浴池

的《枕草子》中所讚賞的美人湯

推薦Point
平靜沉著的溫泉和充滿情懷的客房大受好評

住宿DATE
住宿費	1泊2食 10800円～	
IN	15:00	OUT 10:00
停車場	60台	信用卡 可
露天浴池		包租浴池

榊原溫泉
清少納言
せいしょうなごん
☎059-252-0048

MAP 附錄②3 A-2

住宿費	1泊2食 10800円～
IN 15:00	OUT 10:00
停車場 60輛	信用卡 可

所 津市榊原町6010
近鐵榊原溫泉口站車程20分（榊原溫泉口站有接送服務，需預約）

可浸泡深受清少納言喜愛，並譽為「三大名泉」的榊原溫泉美人湯的旅館。除了舒適悠閒的開放式和室之外，還有多功能廳、桌球場等許多館內設施。

松阪站
HOTEL ROUTE-INN MATSUSAKA EKIHIGASHI
●ホテルルートインまつさかえきひがし
☎0598-50-3900

全部客房和大廳都可使用免費Wi-Fi，早餐也是免費。另外所有客房內都有加濕功能的空氣清淨器等貼心女性的設備。也有人工溫泉大浴場「旅人之湯」，最適合團體旅行。

MAP 附錄②12 C-3

所 松阪市京町1區35-2
JR/近鐵松阪站步行7分

推薦Point
所有客房都能使用Wi-Fi，也很適合商務用

住宿DATE
住宿費	1泊附早餐 6950円～	
IN	15:00	OUT 10:00
停車場	免費	信用卡 可
露天浴池		包租浴池

附大浴場的商務旅館

二見神宮・ P.14
鳥羽 P.51
志摩 P.73
松阪 P.94
旅行伴手禮 P.100

嚴選住宿

松阪地區／推薦住宿

志摩
從豪華度假勝地到家庭式民宿應有盡有

賢島
伊勢志摩國立公園 賢島 滿潮
いせしまこくりつこうえん かしこじまのやど みちしお
☎0599-43-1067　MAP 附錄②11 A-4
住宿費 1泊2食 10800円～
IN 15:00　OUT 10:00
停車場 免費　信用卡 可
所志摩市阿児町神明754-9　近鐵賢島站步行5分
（賢島站有免費接送服務，需告知到站時刻）

浜島
湯元館 新濱島
ゆもとかん ニューはまじま
☎0599-53-1502　MAP 附錄②11 C-3
住宿費 1泊2食 21600円～
IN 15:00　OUT 10:00
停車場 免費　信用卡 不可
所志摩市浜島町浜島3020　近鐵鵜方站車程20分
（鵜方站有接駁巴士，需預約）

大王町
ぢがみや旅館
ぢがみやりょかん
☎0599-72-2201　MAP 附錄②10 E-3
住宿費 1泊2食 13000円～
（附伊勢龍蝦或鮑魚）
IN 16:00　OUT 10:00
停車場 免費　信用卡 不可
所志摩市大王町船越1093　近鐵鵜方站車程20分

御座
海女と漁師の料理民宿 一葉
あまとりょうしのりょうりみんしゅくいちよう
☎0599-88-3253　MAP 附錄②11 C-3
住宿費 1泊2食 7560円～
IN 14:00　OUT 10:00
停車場 免費　信用卡 可
所志摩市志摩町御座161-3　近鐵賢島站步行2分，在定期乘船場搭船25分，御座港下船，有接送服務（需預約）

渡鹿野
風待ちの湯 福寿荘
かざまちのゆふくじゅそう
☎0599-57-2910　MAP 附錄②10 E-1
住宿費 1泊2食 16200円～
IN 15:00　OUT 10:00
停車場 免費　信用卡 可
所志摩市磯部町渡鹿野517　近鐵鵜方站車程15分，自渡鹿野島對岸乘船處搭船3分，下船步行1分

珍珠路
太陽浦島 悠季之里
サンうらしまゆうきのさと
☎0599-32-6111　➡P.71
MAP 附錄②9 B-2
住宿費 1泊2食 20670円～，附露天浴池 41190円～
IN 15:00　OUT 10:00
停車場 免費　信用卡 可
所鳥羽市浦村町本浦温泉15分（鳥羽站有接送服務，需預約）　JR/近鐵鳥羽站車程

鳥羽站
鳥羽汪汪樂園酒店
とばわんわんパラダイスホテル
☎0599-25-7000　MAP 附錄②8 D-2
住宿費 1泊2食 9990円～，每床 1000円～（不含稅）
IN 15:00　OUT 11:00
停車場 免費　信用卡 可
所鳥羽市小浜町272　JR/近鐵鳥羽站步行15分
（鳥羽站有接送服務）

珍珠路
AJI藏CaroCaro
あじくらカロカロ
☎0599-32-1515　MAP 附錄②9 A-2
住宿費 1泊2食 16350円～
IN 15:00　OUT 11:00
停車場 免費　信用卡 可
所鳥羽市浦村町今浦222　JR/近鐵鳥羽站車程15分（鳥羽站有接送服務，需預約）

答志島
答志島溫泉 壽壽波
とうしじまおんせんすずなみ
☎0599-37-2001　MAP 附錄②2 F-2
住宿費 1泊2食 10800円～
IN 15:00　OUT 10:00
停車場 免費　信用卡 可
（※餐點一例）
所鳥羽市答志町735　JR/近鐵鳥羽站步行10分，在鳥羽海運大慶搭市營定期船往答志島20分，和具港下船，步行3分

相差
讓您感到溫馨的海女之宿 丸善
こころにやさしいあまのやどまるぜん
☎0120-33-6734　MAP 附錄②9 B-3
住宿費 1泊2食 18000円～
IN 15:00　OUT 10:00
停車場 免費　信用卡 可
所鳥羽市相差町1484-1　JR/近鐵鳥羽站車程30分（鳥羽站有接送服務，需預約）

相差
さひち
☎0599-33-6373　MAP 附錄②9 C-4
住宿費 1泊2食 12960円～
IN 15:00　OUT 10:00
停車場 免費　信用卡 不可
所鳥羽市相差町1221　JR/近鐵鳥羽站車程30分（鳥羽站有接送服務，需預約）

伊勢市街
HOTEL ROUTE INN伊勢
ホテルルートインいせ
☎050-5847-7577　MAP 附錄②2 D-2
住宿費 ⑤ 6900円～　Ⓣ 13800円～
IN 15:00　OUT 10:00
停車場 免費　信用卡 可
所伊勢市小俣町宮前296-3　JR/近鐵伊勢市站車程10分

二見
波卡波卡村旅館
ぽかぽかむら
☎0596-42-0004　MAP 附錄②4 E-1
住宿費 1泊純住宿 3000円～
IN 16:00　OUT 10:00
停車場 免費　信用卡 不可
所伊勢市二見町荘2031　JR二見浦站步行15分

伊勢市街
料理旅館おく文
りょうりりょかんおくぶん
☎0596-28-2231　MAP 附錄②5 A-2
住宿費 1泊2食 10800円～
IN 16:00　OUT 10:00
停車場 免費　信用卡 不可
所伊勢市宮町1-9-49　JR/近鐵伊勢市站車程5分

鳥羽
可眺望碧藍海洋的天然溫泉，和極品美食的離島旅宿最有人氣！

鳥羽市郊外
御宿 The Earth
おやどジアース
☎0599-21-8111　MAP 附錄②9 C-2
住宿費 1泊2食 36828円～（小學以下無法入住）
IN 14:00　OUT 11:00
停車場 免費　信用卡 可
所鳥羽市石鏡町中ノ山龍の栖　JR/近鐵鳥羽站車程25分（鳥羽站有接送服務，需洽詢）

鳥羽站
戸田家
とだや
☎0599-25-2500　MAP 附錄②8 E-2
住宿費 1泊2食 16200円～
IN 15:00　OUT 10:00
停車場 免費　信用卡 可
所鳥羽市鳥羽1-24-26　JR/近鐵鳥羽站步行3分
（14:00～18:00鳥羽站有接送服務）

從**東京**方向前往

近鐵名古屋站位於地下，從JR名古屋站轉乘時，最好保留10分左右的空間。此外，也可從名古屋搭JR快速「三重號」前往志摩以外的區域，和JR各線較容易銜接。

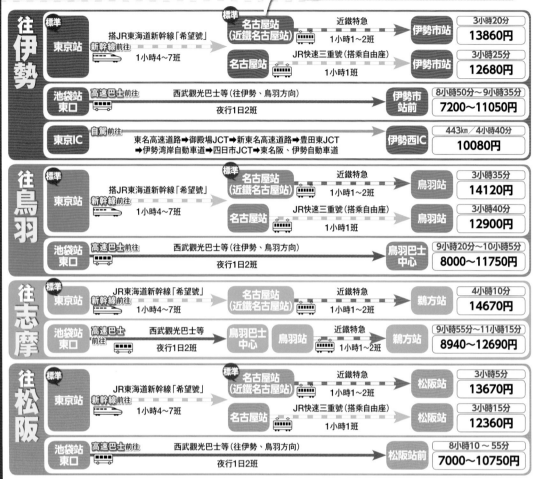

往伊勢

標準 東京站	搭JR東海道新幹線「希望號」 新幹線前往 1小時4~7班	標準 名古屋站（近鐵名古屋站）	近鐵特急 1小時1~2班	伊勢市站 3小時20分 13860円
		名古屋站	JR快速三重號（搭乘自由座） 1小時1班	伊勢市站 3小時25分 12680円
池袋站東口	高速巴士前往	西武觀光巴士等（往伊勢、鳥羽方向） 夜行1日2班		伊勢市站前 8小時50分~9小時35分 7200~11050円
東京IC	自駕前往	東名高速道路➡御殿場JCT➡新東名高速道路➡豐田東JCT ➡伊勢灣岸自動車道➡四日市JCT➡東名阪、伊勢自動車道		伊勢西IC 443km／4小時40分 10080円

往鳥羽

標準 東京站	搭JR東海道新幹線「希望號」 新幹線前往 1小時4~7班	標準 名古屋站（近鐵名古屋站）	近鐵特急 1小時1~2班	鳥羽站 3小時35分 14120円
		名古屋站	JR快速三重號（搭乘自由座） 1小時1班	鳥羽站 3小時40分 12900円
池袋站東口	高速巴士前往	西武觀光巴士等（往伊勢、鳥羽方向） 夜行1日2班		鳥羽巴士中心 9小時20分~10小時5分 8000~11750円

往志摩

標準 東京站	JR東海道新幹線「希望號」 新幹線前往 1小時4~7班	名古屋站（近鐵名古屋站）	近鐵特急 1小時1~2班	鵜方站 4小時10分 14670円
池袋站東口	高速巴士前往	西武觀光巴士等 夜行1日2班	鳥羽巴士中心 鳥羽站 近鐵特急 1小時1~2班	鵜方站 9小時55分~11小時15分 8940~12690円

往松阪

標準 東京站	JR東海道新幹線「希望號」 新幹線前往 1小時4~7班	標準 名古屋站（近鐵名古屋站）	近鐵特急 1小時1~2班	松阪站 3小時5分 13670円
		名古屋站	JR快速三重號（搭乘自由座） 1小時1班	松阪站 3小時15分 12360円
池袋站東口	高速巴士前往	西武觀光巴士等（往伊勢、鳥羽方向） 夜行1日2班		松阪站前 8小時10~55分 7000~10750円

※鐵道費用為平常時期的特急普通車對號座費用和一般費用（不使用新幹線、特急時則為一般費用）的合計總額。高速公路和收費道路的費用為不使用ETC的普通車一般費用。所需時間記載的是標準時間，視班次和交通狀況有所變更。

可使用的交通工具								哪裡購買？	優惠	洽詢處
近鐵電車	JR	三重交通巴士	鳥羽市海鷗巴士	鳥羽市營定期船	英虞灣定期船	其他				
○	×	○	○	○	○	○		伊勢中川以西、以北的近鐵特急券販售站窗口（部分除外，需確認）、全國的近畿日本TOURIST（部分除外，需確認）等	可進入20個指定觀光設施、ORIX租車享7折左右優惠、合作餐飲店、伴手禮店可享優惠服務等	近鐵電車電話客服中心 ☎050-3536-3957
○	× ○(僅伊勢地區)		×	×	×	×	○	大阪府下、愛知縣下和奈良線、京都府、吉野線下市口站以南的近鐵特急券販售站窗口（部分除外，需確認）、全國的近畿日本TOURIST（部分除外，需確認）等	可搭乘1次（單程）伊勢神宮內宮～近鐵指定度假村飯店接駁車PEARL SHUTTLE（需預約）、ORIX租車享7折左右優惠	近鐵電車電話客服中心 ☎050-3536-3957
○	× ○(僅鵜方、賢島~志摩西班牙村返1次)		×	×	×	×	×	近鐵特急券販售站窗口（部分除外，需確認）、全國的近畿日本TOURIST（部分除外，需確認）等	志摩西班牙村護照兌換券	近鐵電車電話客服中心 ☎050-3536-3957
○(僅往返)	×	×	×	×	×	×		近鐵特急券販售窗口（部分除外，需確認）等	享鳥羽灣巡航和海豚島的入場券折扣	近鐵電車電話客服中心 ☎050-3536-3957
×	○	×	×	×	×	○(僅伊勢鐵道)		自由區間的JR東海主要站、主要旅行代理店	（無）	JR東海 詳情請參閱 http://railway.jr-central. co.jp/tickets/aozora- free-holiday/index.html

以名古屋或大阪為起點搭乘近鐵 從各地前往伊勢志摩

近鐵在包含伊勢志摩的三重縣內有廣大的交通網絡，因此可以將名古屋站（近鐵名古屋站）或大阪（大阪上班町站）當作起點或中繼站。

也可搭乘觀光特急「島風號」愉快前往！➡P.93・116

札幌

仙台

金沢 東京

廣島 京都 名古屋

博多 大阪

伊勢志摩在這裡!!

三重縣

從**大阪·京都**方向前往

往伊勢

出發地	方式	目的地	時間／費用
大阪上本町站	電車前往 近鐵特急（部分由大阪難波站發車） 1小時 1〜2班	伊勢市站	1小時45分 3120円
吹田IC	自駕前往 名神高速道路➡草津JCT➡新名神高速道路➡龜山JCT➡東名阪·伊勢自動車道	伊勢西IC	176km／2小時 4530円
京都站	電車前往 近鐵特急（除了直達車以外，中途在大和八木站轉乘） 1日4〜5班	伊勢市站	2小時 3620円
京都東IC	自駕前往 名神高速道路➡草津JCT➡新名神高速道路➡龜山JCT➡東名阪·伊勢自動車道	伊勢西IC	139km／1小時30分 3620円

往鳥羽

出發地	方式	目的地	時間／費用
大阪上本町站	電車前往 近鐵特急（部分由大阪難波站發車） 1小時 1〜2班	鳥羽站	2小時 3650円
吹田IC	自駕前往 名神高速道路➡草津JCT➡新名神高速道路➡龜山JCT➡東名阪·伊勢自動車道➡伊勢IC➡縣道37號·二見鳥羽Line	鳥羽站前	192km／2小時20分 4530円
京都站	電車前往 近鐵特急（除了直達車以外，中途在大和八木站轉乘） 1日4〜5班	鳥羽站	2小時15分 3890円
京都東IC	自駕前往 名神高速道路➡草津JCT➡新名神高速道路➡龜山JCT➡東名阪·伊勢自動車道➡伊勢IC➡縣道37號·二見鳥羽Line	鳥羽站前	155km／1小時55分 3620円

往志摩

出發地	方式	目的地	時間／費用
大阪上本町站	電車前往 近鐵特急（部分由大阪難波站發車） 1小時 1〜2班	鵜方站	2小時30分 3920円
吹田IC	自駕前往 名神高速道路➡草津JCT➡新名神高速道路➡龜山JCT➡東名阪·伊勢自動車道➡伊勢IC➡縣道37號·二見鳥羽Line	鵜方	208km／2小時45分 4530円
京都站	電車前往 近鐵特急（除了直達車以外，中途在大和八木站轉乘） 1日3〜4班	鵜方站	2小時40分 4430円
京都東IC	自駕前往 名神高速道路➡草津JCT➡新名神高速道路➡龜山JCT➡東名阪·伊勢自動車道➡伊勢IC➡縣道37號·二見鳥羽Line	鵜方	171km／2小時15分 3620円

往松阪

出發地	方式	目的地	時間／費用
大阪上本町站	電車前往 近鐵特急（部分由大阪難波站發車） 1小時 1〜2班	松阪站	1小時30分 2880円
吹田IC	自駕前往 名神高速道路➡草津JCT➡新名神高速道路➡龜山JCT➡東名阪·伊勢自動車道	松阪IC	143km／1小時35分 3860円
京都站	電車前往 近鐵特急（除了直達車以外，中途在大和八木站轉乘） 1日4〜5班	松阪站	1小時45分 3120円
京都東IC	自駕前往 名神高速道路➡草津JCT➡新名神高速道路➡龜山JCT➡東名阪·伊勢自動車道	松阪IC	106km／1小時5分 2950円

從**名古屋**方向前往

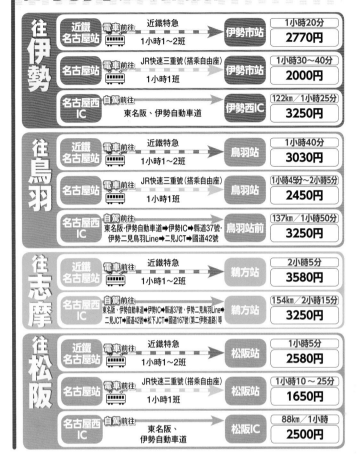

往伊勢

出發地	方式	目的地	時間／費用
近鐵名古屋站	電車前往 近鐵特急 1小時 1〜2班	伊勢市站	1小時20分 2770円
名古屋站	電車前往 JR快速三重號（搭乘自由座） 1小時1班	伊勢市站	1小時30〜40分 2000円
名古屋西IC	自駕前往 東名阪、伊勢自動車道	伊勢西IC	122km／1小時25分 3250円

往鳥羽

出發地	方式	目的地	時間／費用
近鐵名古屋站	電車前往 近鐵特急 1小時 1〜2班	鳥羽站	1小時40分 3030円
名古屋站	電車前往 JR快速三重號（搭乘自由座） 1小時1班	鳥羽站	1小時45分〜2小時5分 2450円
名古屋西IC	自駕前往 東名阪·伊勢自動車道➡伊勢IC➡縣道37號·伊勢二見鳥羽Line➡二見JCT➡國道42號	鳥羽站前	137km／1小時50分 3250円

往志摩

出發地	方式	目的地	時間／費用
近鐵名古屋站	電車前往 近鐵特急 1小時 1〜2班	鵜方站	2小時5分 3580円
名古屋西IC	自駕前往 東名阪·伊勢自動車道➡伊勢IC➡縣道37號·伊勢二見鳥羽Line➡二見JCT➡國道42號➡松下JCT➡國道167號（第二伊勢道路）等	鵜方站	154km／2小時15分 3250円

往松阪

出發地	方式	目的地	時間／費用
近鐵名古屋站	電車前往 近鐵特急 1小時 1〜2班	松阪站	1小時5分 2580円
名古屋站	電車前往 JR快速三重號（搭乘自由座） 1小時1班	松阪站	1小時10〜25分 1650円
名古屋西IC	自駕前往 東名阪、伊勢自動車道	松阪IC	88km／1小時 2500円

使用**划算**的**票券**

出發前先確認，靈活運用划算票券吧！

有可搭配各種交通機關的票券和電車、巴士乘車券和觀光設施票券的好康套票。視個人目的的靈活運用吧！

票券名稱	什麼樣的票券？	費用／有效期間
伊勢、鳥羽、志摩 SUPER PASSPORT「まわりゃんせ」	近鐵電車的來回車費（含特急費用）和伊勢、鳥羽、志摩指定地區內含特急的近鐵電車、路線巴士、鳥羽市營定期船、英虞灣定期船無限搭乘，附特典。	9800円／4日內有效
伊勢神宮 參拜票券	近鐵電車的來回車費（含特急費用）和伊勢、鳥羽、志摩指定地區內的近鐵電車、伊勢神宮周邊指定地區內的路線巴士無限搭乘（指定地區內的特急可使用2次），附特典。	關西出發6600円 東海出發5900円 3日內有效 ※購買期限為開始使用的前一天
志摩西班牙村 自由票券	近鐵電車的來回車費（含特急費用）和松阪〜賢島的近鐵電車無限搭乘、鵜方、賢島〜志摩西班牙村的巴士來回券及護照兌換券，附特典。	8300円／4日內有效 ※購買期限為開始使用的前一天
鳥羽水族館 優惠票券	鳥羽水族館入館券和近鐵電車的來回乘車券套票（特急券需另外付費），附特典。	大阪難波出發5520円 近鐵名古屋出發4960円 也有其他近鐵站出發的票券／4日內有效 ※購買期限為開始使用的前一天
青空 FREE PASS	週六、日、假日、年假期間當中的1天，可無限搭乘至伊勢、鳥羽地區的自由區間快速、普通列車普通車自由座。	2570円／1日內有效

鐵道、巴士、高速公路的洽詢處

鐵道
近鐵電車客服中心
☎052-561-1604
☎050-3536-3957
JR東海客服中心
☎050-3772-3910

巴士
西武巴士座席中心
☎03-5910-2525

高速公路
NEXCO中日本客服中心
☎0120-922-229
NEXCO西日本客服中心
☎0120-924-863

搭飛機要怎麼去？

從遠方前往伊勢志摩時，可搭飛機到中部機場當作起點，再從中部機場搭近鐵前往近鐵名古屋站。名鐵名古屋站和近鐵名古屋站有連結的地下道。

航空公司的預約、諮詢處
ANA（全日空）☎0570-029-222
JAL（日班航空）·JTA（日本越洋航空）☎0570-025-071
ADO（北海道國際航空）☎0120-057-333
IBX（伊別克斯航空）☎0120-686-009
SKY（天馬航空）☎0570-039-283
SNA（亞洲天網航空）☎0570-037-283
FDA（富士夢幻航空）☎0570-55-0489
JJP（捷星日本航空）☎0570-550-538
WAJ（日本亞洲航空）☎050-3176-1789
名鐵客服中心☎052-582-5151

取材筆記 在名阪國道自駕時需留意 從大阪、京都方面自駕前往伊勢志摩時，雖然也可經由近畿自動車道、西名阪自動車但、名阪國道前往，但名阪國道上有很多車會超速駕駛，意外事故也不少，駕駛時要特別小心。

利用路線巴士

搭乘鐵道到最近的車站，再從那裡

可搭乘近鐵或JR線前往伊勢志摩地區的各個最近車站。從最近的車站到
主要觀光景點通常會利用三重交通的路線巴士。抵達車站後，就馬上先確認吧！

搭 鐵道 前往目的地

搭乘近鐵在伊勢志摩地區移動最為
方便。也可搭乘JR快速三重號前往
松阪～伊勢～鳥羽。

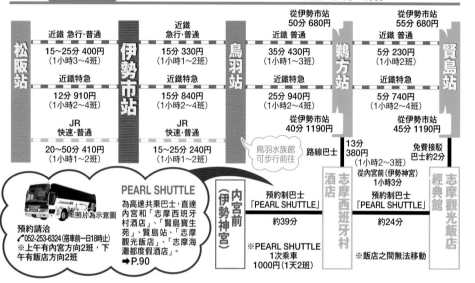

➡P.90

移動時也要享受奢華時光 前往伊勢志摩！
觀光特急「島風號」之旅

從大阪難波、京都、近鐵名
古屋直達伊勢志摩地區的觀
光特急。車上有美味的輕食
和舒適的座位，可享受頂級
之旅。

請參閱➡P.93

小介紹
推薦重點

沿線的美味食物

豪華包廂！
↑也有可眺望景色，悠閒舒適的包廂

↑咖啡廳座位可享用海鮮抓飯和甜點等美食

高級座椅
↑每個座位都有附插座，可使用電子產品
插座

行駛日（大阪難波出發）週二以外每日運行
（京都出發）週三以外每日運行
（近鐵名古屋出發）週四以外每日運行
※春假、黃金週等時期照常運行，無停駛日。

自駕 前往目的地

可利用連結伊勢～鳥羽的伊勢志摩Skyline
和連結鳥羽～志摩的珍珠路，行駛在美景之
間也很愉快。

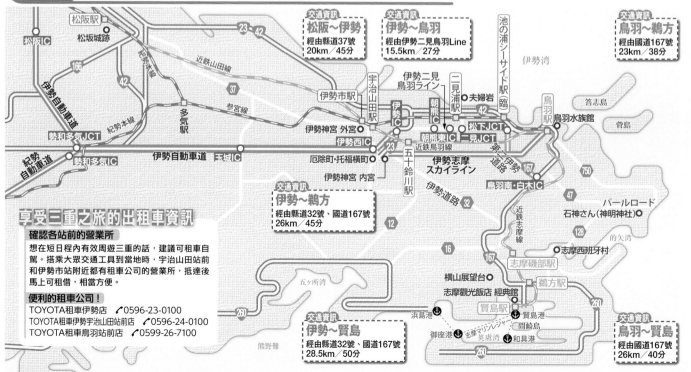

享受三重之旅的出租車資訊
確認各站前的營業所

想在短日程內有效周遊三重的話，建議可租車自
駕。搭乘大眾交通工具到當地時，宇治山田站前
和伊勢市站附近都有租車公司的營業所，抵達後
馬上可租借，相當方便。

便利的租車公司！
TOYOTA租車伊勢店　☎0596-23-0100
TOYOTA租車伊勢宇治山田站前店　☎0596-24-0100
TOYOTA租車鳥羽站前店　☎0599-26-7100

在距離遙遠的外宮與內宮之間順暢移動
遊逛伊勢神宮地區

事先預習前往伊勢神宮外宮、內宮的交通路線，讓觀光更順暢。也要順便確認巴士乘車處的位置，以防在當地迷路。※附錄①P.22也要CHECK!

搭巴士遊逛外宮、內宮（厄除町、托福橫丁）

地區內可搭乘路線巴士和周遊巴士最為方便。只是CAN巴士最晚的班次為16～17時，需特別留意。

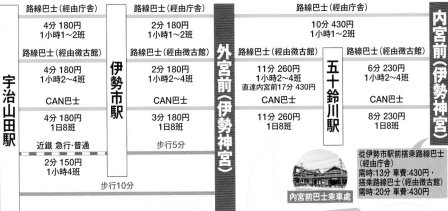

宇治山田駅

| 路線巴士（經由庁舍） |
| 4分 180円 1小時1～2班 |
| 路線巴士（經由徵古館） |
| 4分 180円 1小時2～4班 |
| CAN巴士 |
| 4分 180円 1日8班 |
| 近鐵 急行・普通 |
| 2分 150円 1小時4班 |

伊勢市駅

步行10分

| 路線巴士（經由庁舍） |
| 2分 180円 1小時1～2班 |
| 路線巴士（經由徵古館） |
| 2分 180円 1小時2～4班 |
| CAN巴士 |
| 3分 180円 1日8班 |

步行5分

外宮前（伊勢神宮）

| 路線巴士（經由庁舍） |
| 10分 430円 1小時1～2班 |
| 路線巴士（經由徵古館） |
| 11分 260円 1小時2～4班 直達內宮前17分 430円 |
| CAN巴士 |
| 11分 260円 1日8班 |

五十鈴川駅

| 路線巴士（經由庁舍） |
| 6分 230円 1小時2～4班 |
| CAN巴士 |
| 8分 230円 1日8班 |

內宮前（伊勢神宮）

從伊勢市駅前搭乘路線巴士（經由庁舍）需時：13分 車費：430円，搭乘路線巴士（經由徵古館）需時：20分 車費：430円

內宮前巴士乘車處

宇治山田站前巴士乘車處

乘車處	行駛方向
①	內宮前 志摩方面（五ヶ所・磯部・御座港・宿浦） 內宮前・二見・鳥羽（CAN巴士）
④	二見・鳥羽

伊勢市站前巴士乘車處

乘車處	行駛方向
③	志摩方面（五ヶ所・磯部）
⑧	二見・鳥羽
⑨	志摩方面（御座港・宿浦）
⑩	外宮前・內宮前 內宮前・二見・鳥羽（CAN巴士）

路線巴士的洽詢處
三重交通伊勢營業所
☎0596-25-7131

伊勢神宮、鳥羽地區觀光利用 CAN巴士 最方便！

「CAN巴士」是以宇治山田站前、伊勢市站前和鳥羽巴士中心為轉運站，主要行駛於伊勢神宮和鳥羽等觀光地區的伊勢二見鳥羽周遊巴士，可當作一般路線巴士使用。可自由上下車的票券「伊勢鳥羽道草車票」（1天用1000円，2天用1600円）可在宇治山田站前、伊勢市站前和鳥羽巴士中心的三重交通售票處購買。

也有出租自行車

要逛離車站很近的景點時，也可選擇使用可隨自己的時間移動的出租自行車。機動性高，可逛得更有效率。

志摩ちゃりレンタ

伊勢市的自行車出租

外宮前觀光服務處 MAP附錄②7 A-1
☎0596-23-3323
⏰8:30～17:00 休無休 所伊勢市班町14-6
¥4小時內800円、4小時以上1000円～

宇治山田站觀光服務處 MAP附錄②6 E-4
☎0596-23-9655
⏰9:00～17:00 休無休 所伊勢市岩渕2丁目1-43
¥4小時內800円～、4小時以上1000円～

志摩自行車出租 MAP附錄②11 C-4
☎0599-44-4450（一般社團法人志摩スポーツコミッション）
⏰9:00～18:00（12～3月→17:00）休週三 所志摩市阿兒町鵜方1670-2 ¥電動輔助自行車3小時1000円、1日2000円 ※平日為全預約制

海鷗出租自行車 MAP附錄②8 E-2
☎0599-26-3331（鳥羽一番旅コンシェルジュ）
⏰9:00～16:30（12～2月→16:00）休不定休
所鳥羽市鳥羽1-2383-13
¥電動自行車1日1000円（15:00後600円）一般自行車1日600円（15:00後300円）

CAN巴士所需時間表

	宇治山田站前	伊勢市站前	外宮	神宮徵古館	五十鈴川站前	內宮前	サンアリーナ	伊勢・安土桃山文化村	二見浦表參道	二見總合支所前	夫婦岩東口	伊勢シーパラダイス前	民話の站 蘇民前	池の浦	ミキモト真珠島	鳥羽水族館	鳥羽巴士中心
鳥羽方向		4	4	7	4	8	13	4	5	2	4	5	2	2	8	3	
伊勢方向		3	4	8	4	8	14	4	4	2	5	5	2	2	8	5	

※數字為各巴士站間所需時間（依時間帶有些許變動）
※往伊勢方向的巴士不會經過伊勢市站前

以方便的交通方式輕鬆參拜伊勢神宮

美麗之國觀光計程車
可有效觀光伊勢市、鳥羽市、志摩市內，也可自由決定目的地。2～5名搭乘一般計程車，6～9名搭乘大型計程車。
☎050-3775-4727（觀光販売システムズ）
所乘車處：伊勢市・鳥羽市・志摩市內
HP http://mie.visit-town.com
¥2～5名2小時10900円～

美麗之國周遊巴士
環繞伊勢神宮 內宮、外宮和猿田彥神社等地的周遊巴士。需於出發前一天的18時前預約。除了電話預約之外，也可在官網預約。
☎050-3775-4727（觀光販売システムズ）
所乘車處：鳥羽バスセンター、宇治山田站、伊勢市站 HP http://mie.visit-town.com
¥伊勢神宮兩宮參拜5900～10300円

【 MM 哈日情報誌系列 37 】

伊勢 志摩

作者／MAPPLE昭文社編輯部
翻譯／林琬清
校對／陳宣穎
編輯／林庭安
發行人／周元白
排版製作／長城製版印刷股份有限公司
出版者／人人出版股份有限公司
地址／23145 新北市新店區寶橋路235巷6弄6號7樓
電話／（02）2918-3366（代表號）
傳真／（02）2914-0000
網址／www.jjp.com.tw
郵政劃撥帳號／16402311 人人出版股份有限公司
製版印刷／長城製版印刷股份有限公司
電話／（02）2918-3366（代表號）
經銷商／聯合發行股份有限公司
電話／（02）2917-8022
第一版第一刷／2020年3月
定價／新台幣380元
　　　港幣127元

國家圖書館出版品預行編目（CIP）資料

伊勢 志摩 MAPPLE昭文社編輯部作；
林琬清翻譯. ──
第一版. ── 新北市：人人，2020.3
面；　公分. ──（MM哈日情報誌系列；37）
ISBN 978-986-461-206-2（平裝）

1.旅遊 2.日本三重縣

731.75609　　　　　　　　　109000536

Mapple magazine Ise Sima'20
Copyright ©Shobunsha Publications, Inc, 2019
All rights reserved.
First original Japanese edition published by
Shobunsha Publications, Inc. Japan
Chinese (in traditional characters only) translation
rights arranged with Jen Jen Publishing Co., Ltd
through CREEK & RIVER Co., Ltd.

●版權所有‧翻印必究●